Urs Jecker
Risse im Altar

W0413368

Urs Jecker

Risse im Altar

Der Fall Haas
oder
Woran die katholische Kirche krankt

Mit einem Vorwort
von
Hans Küng

WELTWOCHE

©
1993 Weltwoche-ABC-Verlag, Zürich
Alle Rechte vorbehalten
Coverphoto: RDB/Wunderlin, Zürich
Umschlaggestaltung: Heinz Unternährer, Zürich
Satz: Satztechnik Weltwoche, Zürich
ISBN: 3 85504 150 4

Inhalt

VORWORT

Der Fall Haas ist mehr als ein Fall Haas. Das Problem Chur ist das Problem Rom. Und insofern hat der Fall Haas weltkirchliche Dimension, was denn auch der Grund dafür ist, dass die Entwicklungen in Chur überall mit Spannung verfolgt werden. Und ich gestehe, dass ich in diesem Fall stolz war und bin auf meine Schweizer Heimat: Hier war der Widerstand nicht bloss ein Strohfeuer, sondern ein kontinuierlicher und effektiver Prozess, der bis heute nicht abgeschlossen ist.

Es ist nun an der Zeit, dass die Skandal-Geschichte um diese Bischofswahl mit allen Einzelheiten und Implikationen zusammenfassend dargestellt wird. Das vorliegende Buch kommt diesem Interesse entgegen. Es schildert kenntnisreich die publizistische wie die rechtlich-theologische Dimension dieses Skandals. Zweifellos eine spannende Geschichte, die sich liest wie ein Kriminalroman.

Aber noch spannender ist das grundsätzliche Problem, das im Fall Haas zum Vorschein kommt. Dem Verfasser ist zuzustimmen, wenn er am Fall Haas zwei grundsätzliche Aspekte herausarbeitet, die von allgemeiner und bleibender Bedeutung sind:

- Zum einen: Hier geht es im Grunde um den Kampf von zwei Kirchenbildern, ja zwei Paradigmen oder Gesamtkonstellationen von Christentum: das mittelalterlich-römische, gegenreformatorisch zugespitzte und antimodernistisch mit Angst aufgeladene Paradigma von Kirche einerseits und ein primär vom Neuen Testament inspiriertes, für die Anliegen der Reformation und der Moderne offenes post-konziliares («postmodernes») Modell von Kirche.
- Zum zweiten: Hier geht es nicht nur um Pannen und Peinlichkeiten, sondern um grundlegende Mängel einer noch mittelalterlich-autoritären Kirchenverfassung, welche auf die Wünsche des Volkes Gottes keine Rücksicht nimmt, den Klerus bevormundet und die Bischöfe zu römischen Befehlsempfängern degradiert, die deshalb immer mehr in eine unmögliche Situation geraten; denn die Bischöfe sollten nach

biblischem Verständnis bekanntlich die Diener der Gläubigen und ihres Klerus sein, doch aufgrund eines absolutistisch regierenden Papstes werden sie immer wieder zu Aktionen und Apologien gegen die Interessen ihres Volkes und Klerus gezwungen, so dass diese ihnen zunehmend die Gefolgschaft verweigern.

Aber geht es denn auch anders? Zumindest im Fall der Bischofswahl haben einige Schweizer Bistümer alte Elemente einer stärker demokratischen Kirchenverfassung bewahrt, unter ihnen am meisten das Bistum Basel, das konkordatsrechtlich besser abgesichert ist als die Diözese Chur. Und deshalb dürfte es nicht uninteressant sein, zur Eröffnung dieses Buches auch positiv darzustellen, wie im Basler Bistum der Bischof gewählt werden kann. Darzustellen, welche strukturellen Möglichkeiten es gibt, dass ein zweiter Fall Chur in der Schweiz vermieden wird.

Was Rom erwartet

Machen wir uns nichts vor: Die skandalösen Bischofsernennungen auch in unseren Nachbarländern, in Deutschland (Köln, Fulda) sowie Österreich (Wien, Salzburg, Feldkirch, St. Pölten) – von Lateinamerika und anderen Kontinenten nicht zu reden – haben überdeutlich gemacht, nach welchen Kriterien der polnische Papst und Opus-Dei-Freund Bischöfe ausgewählt haben will. Doch nie gelang es, irgendwelche *schriftlichen Belege für diese Auswahlkriterien* in die Hände zu bekommen! Zwar gab es immer wieder Gerüchte, dass eine geheime Kriterienliste von den apostolischen Nuntiaturen verschickt würde. An ganz bestimmte Vertrauensleute selbstverständlich, die unter Verpflichtung auf strikteste Geheimhaltung gebeten werden, zu möglichen Bischofskandidaten Stellung zu nehmen. Man wusste, dass eine Ausforschungsaktion grossen Stils seit Jahr und Tag betrieben wird. Aber erst kürzlich gelang es, einer solchen Liste habhaft zu werden – und zwar zusammen mit dem Schreiben, das von der apostolischen Nuntiatur an die Informanten verschickt wird (vgl. Dokumentationskasten Seite 269 ff.). Die entscheidenden Kriterien dieses Fragebogens stimmen exakt mit den Kriterien überein, von denen mir schon vor Jahren in den USA berichtet wurde. Der einzelne Nuntius kann in so wichtiger Sache ohnehin nicht selbständig tätig werden. Es handelt sich folglich um generelle Richtlinien der römischen Zentrale.

Aus diesen Dokumenten geht eindeutig hervor, wie generalstabsmässig und streng geheim zugleich (ich sage nicht stasimässig) die römische Maschinerie arbeitet. Die Informanten werden unter das «päpstliche Geheimnis» gestellt. Sie machen sich einer «schweren Sünde schuldig» (für die man, falls man nicht bereut, bekanntlich ewige Verdammnis verdient), wenn sie ihre Geheimhaltungspflicht verletzen. Auf diese Weise kann der römische Apparat in der Tat im Inneren reibungslos und nach aussen unsichtbar-geräuschlos arbeiten.

Man vergleiche den Kriterienkatalog des Basler Domkapitels und den römischen Kriterienkatalog. Zwei Welten, die verschiedener nicht sein könnten! Zuerst die Kriterien des Domkapitels:

- Der Bischof von Basel muss erfahren sein in den wesentlichen Bereichen täglichen Lebens: Aufbau kirchlicher Gemeinschaft in einem pluralistischen Umfeld – Dienst am Mitmenschen – Verkündigung – Gottesdienst.
- Da der Bischof von Basel die Diözese nicht allein leiten kann, muss er fähig sein, im Team am Ordinariat, aber auch mit seinen Mitarbeiterinnen und Mitarbeitern im ganzen Bistum zusammenzuarbeiten.
- Der Bischof muss offen sein für die Ökumene.
- Dem Bischof muss es ein Anliegen sein, seine Verbundenheit und Zusammenarbeit mit den Nachbar-Diözesen und mit der Weltkirche zu pflegen.

Was sind nun aber für Rom die entscheidenden Kriterien? Wahrnehmungsfähigkeit eines pluralistischen Umfelds? Kooperationsbereitschaft, ökumenische Sensibilität, Kollegialität und Weltkirchenverantwortung? Nichts von alledem. Vielmehr in erster Linie: *römische Rechtgläubigkeit und Linientreue!*

Denn: Der Kandidat muss – dies ist sicher der neuralgische Punkt – in erster Linie «überzeugte und treue Anhänglichkeit an die Lehre der Kirche und das Lehramt der Kirche» mitbringen.

Insbesondere darf er keinen Millimeter abweichen von der offiziellen Lehre bezüglich

- Priesteramt (Zölibatsgesetz),
- Priesterweihe der Frauen,
- Ehe und Familie, Sexualethik (vor allem: «Humanae vitae»),
- katholische Soziallehre.

Also: Nicht in erster Linie etwa Nachfolge Christi oder Treue zum Evangelium sind entscheidend (kein Wort darüber!), sondern *Treue zur kirchlichen Überlieferung und Gehorsam gegenüber dem Heiligen Vater,* dem Apostolischen Stuhl und der Hierarchie! Und das Vatikanum II kurial-rückwärts interpretiert! Es ist keine Frage, dass der gegenwärtige Bischof von Chur (und die beiden Weihbischöfe, die Volk und Klerus beschwichtigen sollen) genau nach diesen Kriterien ausgewählt wurden.

Man täusche sich nicht: Römische Geheimdiplomatie wird nicht rasten und wird keine Mühe scheuen, diese wegen ihrer juristischen «Privilegien» gefährlichen und wegen ihrer helvetischen Unabhängigkeit ungeliebten Schweizerischen Bistümer endlich unter vatikanische Kontrolle zu bekommen. Als der «Helveticus», der schon 1967 unter Bischof Franziskus von Streng zur Rettung der (beinahe abgeschafften) Freiheit der Basler Bischofswahl sich in letzter Stunde öffentlich an die Regierungen der Konkordatskantone wenden musste, weiss ich, wovon ich rede.

Der entscheidende Punkt ist: Nur in der Diözese Basel wird der Bischof aus dem Diözesanklerus völlig eindeutig allein vom Domkapitel ohne Einschaltung römischer Amtsstellen gewählt. Erst nachträglich erfolgt eine römische Bestätigung der Wahl. Die Regierungen der betroffenen Kantone haben dabei ein beschränktes Vetorecht. Mit anderen Worten: Dieser Schweizer Bischof wird aus dem Schweizer (Basler) Klerus einzig und allein von Schweizern gewählt – was die gute alte katholische Tradition hinter sich hat.

Die Rechtsgrundlage dafür sind die Verträge der betroffenen Kantonsregierungen mit dem Heiligen Stuhl: die Verträge vom 26. März 1828, geschlossen von den Kantonsregierungen von Luzern, Bern, Solothurn und Zug mit dem Heiligen Stuhl, vertreten durch den damaligen apostolischen Internuntius

Gizzi (dazu 1828 Aargau; 1929 Thurgau, später auch Basel). Bezüglich der Rechtsposition des Domkapitels und der Diözesankantone bestehen keine Zweifel. Der genannte Staatsvertrag setzt in Art. 12 fest: «Die den Senat des Bischofs bildenden Domherren haben das Recht, aus der Diözesangeistlichkeit den Bischof zu wählen. Der zum Bischof Erwählte wird vom Heiligen Vater die Einsetzung erhalten, sobald dessen kanonische Eigenschaften *nach den für die schweizerischen Kirchen üblichen Formen* dargetan sein werden» (vgl. Art. 5). Die Apostolische Bulle Leos XII. vom 7. Mai 1828 bestätigt dies und legt darüber hinaus fest, dass, wenn die päpstliche Bestätigung aus einem bestimmten Grund nicht erfolgen könne, wiederum nicht der Papst, sondern das Domkapitel zu einer neuen Wahl zu schreiten hätte.

Danach steht das Wahlrecht eindeutig dem Domsenat des Bistums Basel zu, der ohne irgendeine Konsultation oder Information römischer Amtsstellen die Wahl durchführt. Mit den «für die schweizerischen Kirchen üblichen Formen» ist insbesondere die durch päpstliche Breven ausdrücklich anerkannte Zusammenarbeit mit den Diözesankantonen gemeint: «...florere ecclesiam, quando imperium et sacerdotium inter se conveniunt» (die Kirche blühe, wenn weltliche und geistliche Gewalt miteinander übereinstimmten). Dies bedeutet nach demselben Breve Leos XII. vom 15. September 1828, dass keine Kandidaten gewählt werden sollen, die «gubernio minus grati» sind, die also den kantonalen Regierungen nicht genehm sind (vgl. auch das Breve vom 16. Dezember 1831).

Die vom Heiligen Stuhl bestätigten alten Rechte sowohl des Domkapitels wie der Diözesankantone, die nicht die geringste Einschaltung römischer Amtsstellen im Informationsprozess vorsehen, sind bisher bei jeder Bischofswahl, soweit man weiss, gewahrt worden. Sie finden sich in aller Form niedergelegt in den «Statuta Capituli Ecclesiae Cathedralis Basilensis», die nach der Kodifikation des Kirchenrechts bei geringfügigen Modifikationen ausdrücklich bestätigt wurden. Diese Statuten (vgl. Titel II,B über die Wahl des Bischofs) konkretisieren den Wahlmodus in einer Weise, die sowohl die traditionellen Rechte des Domkapitels wie der Diözesankantone in höchst eindrücklicher Weise bestätigen. Was ist da festgeschrieben?

Die Bischofswahl muss innerhalb dreier Monate stattfinden (Art. 74). Der Kapitelsvikar verhandelt für die Festlegung des Wahldatums mit den Regierungen der Diözesankantone (Art. 75; 76). Die Konsultation mit den Regierungen ist vor der feierlichen Wahl durchzuführen (Art. 78). Dabei hat das Kapitel jenen Kandidaten den Vorzug zu geben, die den Regierungen nicht »minus grati« sind (was auf verschiedene Weise festgestellt werden kann. Art. 79 mit Verweis auf die genannten päpstlichen Breven). Bei notwendiger Wiederholung der Wahl, auch bei päpstlicher Nichtapprobation, ist wiederum das Domkapitel zuständig (Art. 81 mit Verweis auf das genannte Breve vom 7. Mai 1828).

Das Vorgehen der Wahl wird im einzelnen genauestens festgelegt (Art. 82–89). Nach vollzogener Wahl stellt der Dompropst oder sein Stellvertreter fest: »In meinem eigenen und des Basler Domsenats Namen verkündige und proklamiere ich als den zum Bischof und Hirten der Basler Kirche Erwählten den hochwürdigsten Herrn N. N. im Namen des Vaters, des Sohnes und des Heiligen Geistes. Amen« (Art. 90) Anschliessend hat in der Kathedrale die Bekanntmachung der Wahl zu geschehen, wobei das feierliche »Te Deum« gesungen und die Wahl mit der feierlichen Danksagung an Gott geschlossen werden soll (Art. 91). Sollte der Erwählte abwesend sein, so ist ihm sogleich die Wahl kundzutun und seine Zustimmung zur Wahl zu erfragen (Art. 92), die er innerhalb von acht Tagen zu geben oder zu verweigern hat (Art. 93). Die von allen wählenden Domherren unterzeichnete authentische Urkunde von der vollzogenen Wahl ist dann zugleich mit den notwendigen Zeugnissen von den Qualitäten des Erwählten in üblicher Weise an den Papst zu schicken (Art. 94). Nach der erfolgreichen Bestätigung durch den Heiligen Stuhl kann die feierliche Bischofsweihe erfolgen (Art. 95).

Aus all dem ergibt sich: Bis zur Mitteilung der Wahl haben Nuntius und römische Bürokratie mit dem Wahlverfahren rein nichts zu tun. Doch ein Erfolg der römischen Geheimdiplomatie: Bei der Wahl des vorletzten Bischofs von Basel (1967) hat das Domkapitel den massiven Pressionen von seiten der römischen

Kurie und der Nuntiatur in einem Punkt nachgegeben. Ein heikler Punkt: Statt die Wahl, wie es dem Konkordat und der bisherigen Gewohnheit entsprach, sofort zu verkündigen, verpflichtete sich das Domkapitel unter Eid zu Stillschweigen, hielt den Namen des Erwählten zunächst geheim, informierte statt Klerus und Volk die römische Bürokratie und holte deren Nihil obstat ein, bevor es den Erwählten öffentlich verkündigte. Ein Missbrauch des Eids gegen das konkordatär Festgelegte. Als ob es für den Heiligen Stuhl eine »Zumutung« darstellte, die völlig rechtlich erfolgte Wahl (kein Fait accompli) zu bestätigen! Die unfreiwillige Ironie der Sache war: Statt vom Domkapitel, wie im Konkordat vorgesehen, mussten Klerus und Volk dann den Namen des Erkorenen – aufgrund römischer Indiskretionen! – aus der Presse erfahren. Auf römischen Partys wusste man früher als zwischen Rhein und Alpen, wer der neue Bischof von Basel sein würde. Dank des damaligen Domkapitels, von dem kein einziger den Mut aufbrachte, den satzungswidrigen Eid auf Geheimhaltung schlicht zu verweigern!

Basel – ein Sonderfall?

Basel ist ein Sonderfall – was katholische Bischofsernennungen angeht –, zugegeben. Ein Sonderfall aber nur, weil die übrige Kirche immer noch nicht Ernst gemacht hat mit dem, was das Zweite Vatikanische Konzil eigentlich wollte. Legt man nämlich diesen Geist des Zweiten Vatikanischen Konzils als Massstab an, dann ist Basel kein Sonderfall, sondern ein *Modellfall*. Ja, ein Modellfall. Denn die Basler Regelung hat – abgesehen von der (heute ungefährlichen) Einspruchsmöglichkeit des Staates – mehr als andere nicht nur das Zweite Vatikanische Konzil, sondern auch die katholische Tradition des ersten Jahrtausends hinter sich, derzufolge der Bischof (wie damals Ambrosius oder Augustin oder auch die römischen Bischöfe) von Klerus und Volk gewählt wurde: Wahl des Bischofs durch ein (zumindest im Prinzip) *repräsentatives Organ der Ortskirche*, das Domkapitel (hoffentlich bald ergänzt durch den diözesanen Seelsorgerat, in welchen sowohl Priester als auch Laien Einsitz nehmen).

Denn es lässt sich nicht übersehen, dass das Basler Wahlverfahren vieles dem Geist und dem Recht nach vorweggenommen hat, worauf das *Vatikanum II*, heute in Rom schmählich verraten, besonders Gewicht legte, ohne daraus freilich bezüglich der Bischofswahl die praktischen Konsequenzen zu ziehen:

- die theologische wie praktische Aufwertung der Partikular- und Ortskirche, des Bistums und der Gemeinde (vgl. besonders Konstitution über die Kirche, Nr. 26 und Konstitution über die Bischöfe, zum Beispiel Nr. 27);
- die Forderung der Dezentralisation, die einen Machtabbau der römischen Kurie gegenüber den Kirchen in den einzelnen Ländern bedingt (Einrichtung der Bischofskonferenzen usw.; vgl. Dekret über die Bischöfe, Nr. 36–38);
- die Forderung der Kurienreform, die keine Erweiterung der kurialen Kompetenzen gegenüber den Bistümern der einzelnen Länder, sondern im Gegenteil die Einschaltung von Repräsentanten der verschiedensten Länder in die kirchliche Zentralverwaltung vorsieht (vgl. Dekret über die Bischöfe, Nr. 9–10);
- die vom Konzil gewünschte genaue Abgrenzung (bzw. Begrenzung) der Befugnisse der Nuntien: «Desgleichen wünschen sie (die Konzilsväter), dass unter Berücksichtigung des den Bischöfen eigenen Hirtenamtes das Amt der päpstlichen Legaten genauer abgegrenzt werde.» (Dekret über die Bischöfe, Nr. 9; vgl. Nr. 10)

Wir alle haben es in der Hand, ob in der Schweiz künftig romhörige Statthalter nach Churmodell regieren, Knechte der Kurie und Sympathisanten des Opus Dei, oder wirkliche Seelsorge-Bischöfe, Diener ihres Volkes: Servi servorum Dei, Diener der Diener Gottes (Gregor der Grosse).

Deshalb sei die Lektüre des vorliegenden Buches dringend empfohlen. Es kann allen eine Warnung sein, was passiert, wenn die rechtlichen Strukturen innerhalb der Kirche in autoritärem Geist eingerichtet sind und nicht im Geiste der neutestamentlichen Kirchenverfassung. Der Fall Chur ist eine Warnung. Der Fall Basel eine Hoffnung.

Tübingen im Dezember 1993
Hans Küng

Einleitung

Akute Kolik in der katholischen Kirche

Der Fall Haas deckt strukturelle Probleme auf

Was kann man sich über einen einzigen Menschen nur so aufregen? So und ähnlich mögen sich Nichtkatholikinnen und -katholiken seit fünf Jahren schon wundern, wenn sie sehen, welchen Wirbel ein einziger Bischof in der katholischen Kirche auslösen kann. Namentlich Gläubige protestantischer Herkunft verstehen nur mit Mühe, warum der Hierarche Wolfgang Haas die gläubigen Katholiken dermassen aus dem Gotteshäuschen zu bringen vermag. Dass Wolfgang Haas eine polarisierende Figur ist, mag als Erklärung allein nicht ausreichen. Denn auch in der protestantischen Kirche gibt es allerlei Kostgänger am Tische des Herrn, integrierende und polarisierende. Dass Wolfgang Haas ein Vertreter konservativerer Glaubenshaltung ist, dient ebenfalls nur oberflächlich betrachtet als Erklärung. Denn eine konservative Grundhaltung ist keineswegs eine kirchliche – und innerhalb der Kirchen keine typisch katholische – Erscheinung. Sie gibt es in allen politischen Systemen, in allen Religionen, in allen Konfessionen. Auch das autokratische Amtsverständnis von Wolfgang Haas vermag allein die Ereignisse nicht zu erklären.

Vielmehr sind es zwei andere Umstände, die es zu beachten gilt. Durch das Verhalten von Wolfgang Haas werden die strukturellen Mängel der katholischen Kirche als Institution offengelegt. Das aber wird von nicht wenigen Klerikern – selber in Amt und Würden dieser Institution – nicht gern gesehen. Sie hätten lieber, wenn sich das Problem allein auf die Wolfgang Haas vorgeworfene Unfähigkeit zum Bischofsamt abschieben liesse. Doch gerade das geht nicht, betrachtet man die Sache mit genügend innerer Distanz und intellektueller Ehrlichkeit.

Auch handelt es sich beim Fall Haas nicht einfach um einen fünfjährigen Dauerprotest gegen eine umstrittene Person. Dies auch. Doch darunter verbirgt sich der Streit um zwei grundlegend verschiedene Kirchenbilder, die hier mit voller Wucht aufeinanderprallen und die scheinbare Entwicklung seit dem Zweiten Vatikanischen Konzil teilweise als Illusion platzen lassen: Die alte hierarchische Kirche, wie sie von Haas repräsentiert wird und von der das Konzil in Pomp und Würde Abschied genommen hat, hat sich nach 30 Jahren keineswegs zur neuen Kirche der gemeinschaftlichen Partnerschaft (Communio-Kirche) zwischen den Kirchenmitgliedern entwickelt. An Wolfgang Haas wird offenbar, dass die beiden Bilder jahrzehntelang nebeneinander einherlebten, sich nicht weh taten, weil die Auseinandersetzung fehlte. Haas hat sie – wohl ungewollt – ins Rollen gebracht. Dafür gebührt ihm eigentlich Dank.

Warum denn also in einem Buch noch einmal auf die Geschichte von Wolfgang Haas eingehen? Erstens, weil die Geschehnisse von historischer, politischer und soziologischer Bedeutung sind. Zweitens, weil die Ereignisse selbst eine Anfrage an die katholische Institution Kirche darstellen. Der Fall Haas macht deutlich, woran die heutige katholische Kirche krankt. Nicht an Glaubensmangel, wie Haas-Befürworter immer wieder betonen, sondern an Unaufrichtigkeit, Starrheit, Verbohrtheit und längst überholten Menschenbildern, an Neo-Pharisäertum, Besserwisserei und Unbelehrbarkeit. Heerscharen von Theologen predigen tagtäglich dagegen an. Doch die Worte führen zu keinen Veränderungen. Die katholische Kirche – das sehen auch viele Haas-Befürworter so – ist krank. Der Fall Haas hat aus dem chronischen Leiden der katholischen Kirche eine akute Kolik gemacht. Wie wird sie daraus hervorgehen?

TEIL I
KAPITEL I
Zur Nachfolge bestimmt

Wolfgang Haas erklimmt den Churer Bischofssitz

1. Wolfgang Haas wird Koadjutor – Ein Papstentscheid mit Folgen

Mit einem einzigen Entscheid aus unzähligen Schweizer Katholiken «Protestanten» zu machen, war nie die Absicht von Papst Johannes Paul II. Denn nichts liegt dem bis ins Mark mit konservativer Katholizität gesegneten Polenpapst mehr am Herzen als die Einheit seiner Herde mit Rom. Und kaum etwas beschäftigt und bedrückt das katholische Oberhaupt mehr als der Umstand, dass immer mehr Katholikinnen und Katholiken – Priester inbegriffen – weltweit ihrer Kirche den Rücken kehren. Dennoch ist es – Ironie der Geschichte? – gerade dieser einheitsverliebte Papst, der die katholische Kirche Schweiz mit der Ernennung von Wolfgang Haas zum Weihbischof mit Nachfolgerecht (Koadjutor) in einem Ausmass entzweien sollte, wie es wohl niemand für möglich gehalten hat. Hätte er an jenem 5. April 1988 auch nur geahnt, dass er damit selbst den Samen des Spaltpilzes über die trutzigen Hänge des Bistums Chur ausstreut, wäre wohl auch der kantige Karol Wojtyla noch einmal in sich gegangen. Doch er hat es nicht geahnt. Oder er hat es in Kauf genommen. Oder, so mutmassen einige Kleriker, gar beides.

Der Proteststurm gegen die Koadjutorenernennung des *«Domherrli»* Wolfgang Haas, wie ihn eine Klosterfrau schon zu Studienzeiten zu nennen pflegte, sollte sich zu einem chronischen Widerstand auswachsen, dessen Beharrlichkeit und Unnachgiebigkeit derjenigen des Vatikans um nichts nachsteht. Fünf Jahre nach dem folgenreichen Entscheid wird der päpstliche Statthalter in Bern, Nuntius Karl Joseph Rauber, offen zugeben: *«Rom hat damals die möglichen Reaktionen unterschätzt.»*

Rom hat geglaubt, dass sich der Protest mit vatikanischen Zeitdimensionen aussitzen lasse.

Rom hat keine Zeit, sich zu lange mit dem weltkirchlichen Nebenschauplatz Chur aufzuhalten. Denn Rom hat in den achtziger Jahren noch andere Sorgen. Die Aufbrüche des Zweiten Vatikanischen Konzils, welche die katholische Kirche in ein neues Jahrhundert führen sollten, setzen sich in vielen Ortskirchen in einem solchen Ausmasse fort, dass besorgte Exzellenzen und Eminenzen ob dem munteren theologischen Treiben schon bald die Stirn zu runzeln beginnen. Allzu eigenständiges kirchliches Leben, weitab von Rom, und oft genug auch gegen Rom, kann der Heilige Stuhl denn doch nicht dulden. Wie, so fragen sich daher purpurberockte Würdenträger besorgt, kann man dem grassierenden «antirömischen Affekt» in grossen Teilen der Weltkirche begegnen? Wie kann man aufmüpfige Bistümer nördlich der Alpen wieder an die kurze Leine nehmen? Die Lösung ist so alt wie das römische System: Man markiert Präsenz. Und was Caesar noch mit Legionen, eine Reihe von Päpsten anschliessend mit Dogmen versuchten, bewerkstelligt Papst Johannes Paul II. mit seiner Personalpolitik: Er schickt absolut verlässliche, romtreue Bischöfe in die Provinzen. Sie sollen für mehr Ruhe und Ordnung, vor allem aber für mehr Loyalität gegenüber Rom sorgen.

Doch mit der neuen Disziplinierungspolitik hat sich der Vatikan verrannt. In Feldkirch, Salzburg, Wien, Köln, St. Pölten und in Chur werden die neuen von Rom gesandten Hirten mit Ablehnung und offenem Widerstand empfangen. Der Vatikan muss einsehen, dass die von ihm gepredigte Mündigkeit aller Gläubigen auch römische Machtworte entzaubert und wirkungslos gemacht hat. Vorbei die Zeiten, wo die Herde sich allein durch die Amtsgewalt eines Hirten disziplinieren lässt. Ein Umstand, zu welchem fünf Jahre später derselbe Nuntius Rauber vielsagend meinen wird: *«Man hat in Rom in dieser Hinsicht Fehler gemacht. Heute ist man vorsichtiger geworden.»* Die Ereignisse in Chur müssen auf Rom traumatisierend gewirkt haben. Denn, so Nuntius Rauber, bei Bischofsernennungen gelte in Rom die Devise: Nur kein zweites «Chur» mehr.

*

Am 5. April 1988 ernennt Papst Johannes Paul II. den bischöflichen Kanzler (Leiter der Kanzlei) und Offizial (Leiter des kirchlichen Gerichts) Wolfgang Haas zum Weihbischof mit Nachfolgerecht (Koadjutor) für das Bistum Chur. Damit ist Haas designierter Nachfolger von Bischof Johannes Vonderach. Gemäss Kirchenrecht wird er also dereinst – ohne sich einer Wahl stellen zu müssen – die Leitung des zweitgrössten Bistums der Schweiz übernehmen. Der Mann, der da über Nacht zum Nachfolger von Johannes Vonderach ernannt wird, ist zu diesem Zeitpunkt einer breiteren Öffentlichkeit noch weitgehend unbekannt.

Am 7. August 1948 wird Wolfgang Haas in Vaduz/FL als Bürger von Mauren geboren. Zu Füssen der fürstlichen Burg, sie dürfte sein Welt- und Staatsbild entscheidend geprägt haben, besucht klein Wolfgang die Schulen und macht eben die Reifeprüfung, als die 68er Generation die freie Sexualität übt und in Zürich die Globusscheiben klirren. Doch Wolfgang Haas lässt sich von solchem weder beirren noch anstecken. Vielmehr begibt sich der strebsame Jüngling, der vielen irdischen Genüssen abhold ist und nach eigenen Angaben *«nie ins Kino geht»*, nach Fribourg, wo er sich dem Studium der Philosophie und Theologie verschreibt. Für die Studienkollegen ist es eine ausgemachte Sache, dass Theologiestudent Wolfgang Haas für höhere Weihen bestimmt ist. Sie nennen ihn schon damals scherzhaft *«Bischöfli»*. Es sei allerdings Unsinn, sagt Haas heute, wenn man glaube, er habe ein solches Amt schon früh angestrebt. 1974 schliesst er die Studien mit dem Lizentiat ab und wird im gleichen Jahr in Chur zum Priester geweiht. Die Lehr- und Wanderjahre ziehen den jungen Priester nach Süden. Das Zentrum der katholischen Kirche, der Vatikan, lockt ihn. In den Jahren 1975–1978 vertieft er sich in die Materie des Kirchenrechts an der päpstlichen Universität Gregoriana. Bald kennt der eifrige Mann den *«Codex iuris canonici»*, das Rechtsbuch der katholischen Kirche mit seinen 1752 Paragraphen, in- und auswendig.

In kirchlichen Dingen numehr *«doctus»*, gelehrt, zeigt seine innerkirchliche Laufbahn steil nach oben. 1978 wird *«Dr. theol.*

Wolfgang Haas» Kanzler des Bistums Chur. 1980 wird er gar in den Administrationsrat (zuständig für Vermögensverwaltung) bestellt. 1982 übernimmt er die Leitung des kirchlichen Gerichts (Offizial). 1986 wird aus dem «Domherrli» Wolfgang ein richtiger Domherr des Bistums Chur. Er wird also Mitglied des sogenannten Domkapitels. Damit sitzt er im 24köpfigen Gremium, welches den Bischof von Chur wählen darf. Im April 1988 wird «Bischöfli» Wolfgang Haas zum Weihbischof mit Nachfolgerecht (Koadjutor) für das Bistum Chur ernannt. Aus dem Kollegenscherz ist Ernst geworden. Im Mai 1988 wird er in Chur zum Bischof geweiht. Seit Mai 1990 ist er (leitender) Diözesanbischof des Bistums Chur.

Wolfgang Haas hat es geschafft. Eine eigene Mischung aus Ehrgeiz und Sendungsbewusstsein, verbunden mit der nötigen Portion Loyalität gegenüber der Hierarchie und der Kirchenleitung in Rom, haben ihn zum Hirten von 700 000 Menschen gemacht. Doch Würde bringt Bürde. Wohl kaum ein Bischof muss dies so hart und unbarmherzig erleben wie Wolfgang Haas. Vom ersten Tag seiner Ernennung an sieht er sich mit Protesten gegen seine Person konfrontiert. Proteste, die ihn zu diesem Zeitpunkt noch nicht allzusehr beunruhigen und von denen er glaubt, dass sie bald verebben werden.

*

Schon «Bischöfli» Wolfgang Haas gilt bei den Kommilitonen als netter, immer freundlicher Mensch, den nie jemand zornig gesehen haben mag. Darauf angesprochen, meint Wolfgang Haas einmal: *«Wenn ich die Gabe habe, freundlich und angenehm zu wirken, dann will ich dafür dankbar sein.»* Kritik erwächst ihm aus andern Gründen. *«Meine Identifizierung mit der Kirche, mit ihrer Lehre, mit ihrer Ordnung, ist für viele stossend. Sie können nicht verstehen, dass auch ein junger Bischof diese Übereinstimmung leben möchte»*, analysiert er später als Bischof seine Situation. Es liegt im Naturell dieses Menschen, dass er auch gegenüber harten Angriffen auf seine Person, zumindest nach aussen hin, scheinbar unberührt reagiert. Seine Anhänger wissen dies als Stärke zu werten. Seine Gegner werden darin eine geradezu beängstigende Emotionslosigkeit sehen. Auch als Weihbischof und Bischof wird man Wolfgang Haas nie wütend erleben. Hinter seiner fast aufreizenden Freundlichkeit verbirgt sich jedoch ein Charakter, der unerschütterlich seine Ziele verfolgt. Dieser Charakterzug ist ihm schon vor seinem Bischofsamt eigen. Namentlich durch sein klar hierarchisches, streng romtreues Kirchenbild, seine äusserst konservativen theologischen Ansichten und seine Äusserungen in bezug auf Frauen und Laien in kirchlichen Ämtern, hat Wolfgang Haas in aufgeschlossenen Kirchenkreisen schon früh für Aufregung gesorgt. Offen und klar steht er dazu, dass ihm die katholische Kirche Schweiz zu weit von Rom entfernt ist. Die grosse schweizerische Kirchenversammlung im Anschluss an das Zweite Vatikanische Konzil, die sogenannte «Synode 72», hat sich nämlich zu einigen Neuerungen durchgerungen, welche für Wolfgang Haas nicht im Sinne Roms sind. Wolfgang Haas macht kein Geheimnis daraus, dass ihm der *«Sonderfall»* der *«Kirche Schweiz»* ein Dorn im Auge ist.

Wolfgang Haas wird sich, zumindest am Anfang seiner Amtszeit, Mühe geben, auch seine Gegnerinnen und Gegner anzuhören. Er wird ihnen geduldig, scheinbar interessiert, aber stumm zuhören. Bald jedoch werden seine Kritiker bemängeln, dass er keine echten Gespräche zu führen fähig sei und stets mit fertigen Antworten aufwarte. Sie werden auch bemängeln, dass er auf keines der gehörten Argumente wirklich eingehe und kein Gespräch seine unverrückbare Meinung zu erschüttern vermöge. Der geneigten Leserschaft fällt da eine eigenartige Parallele zu Papst Johannes Paul II. auf, von welchem die Kritiker genau das gleiche sagen. Die Gegner werden ihm vorwerfen, dass er keinen wirklichen Kontakt zur Aussenwelt suche, sich in seiner bischöflichen Burg verschanze, man ihn nie auf der Strasse sehe und dass er die Menschen in seinem Bistum nicht kenne. Selbst den «eigenen» Leuten versuche er mitunter auszuweichen, indem er mal schnell hinter eine Säule, mal kurz um die Ecke huschend sich deren Blicken zu entziehen versuche, stellt der spätere Weihbischof Paul Vollmar verblüfft und mit Befremden fest. Doch Wolfgang Haas wird kontern: «*Gelegentlich sieht man mich schon, beim Spazieren oder auf dem Weg zum Friseur. Mitunter komme ich da mit Leuten ins Gespräch.*» Wolfgang Haas verschwendet nicht allzuviele Kräfte darauf, solche Vorwürfe zu entkräften und lässt die Kritik an sich abprallen, lässt sie an sich herunterfliessen. Die haaskritische Basis-Zeitung «*Aufbruch*» wird ihn deshalb «*Öl-Mantel-Bischof*» nennen. Andere sprechen von ihm als «*Teflon-Bischof*». Doch das ist nur der äussere Schein. Auch ein Wolfgang Haas erleidet Schmerz. «*Ich habe innerliche Schmerzen empfunden, die ich aber nicht nach aussen zeige*», verrät der frischgeweihte Bischof einem Journalisten. Denn Schmerz zeigen, bedeutet für ihn Schwäche zeigen. Da nimmt er, wie er selber sagt, den Schmerz lieber ins Gebet hinein und reicht ihn an Gott weiter. Es ist der Schmerz, in seinen Anliegen nicht verstanden zu werden, der Schmerz, dass man den Papst wegen seiner Entscheidung kritisiert, der Schmerz, dass man nicht sieht, dass er, Haas, in Liebe die Wahrheit verkünden muss. Der Schmerz des ganz und gar Unverstandenen. Der Schmerz eines Ungeliebten.

*

Bald wird sich zeigen, dass mit Wolfgang Haas ein formverliebter bischöflicher Zeremoniar das Zepter schwingt. Ein Mann, der dem monarchisch anmutenden Hofzeremoniell näher steht als den entlaufenen Schafen, den Zöllnern, Huren und Sündern. Ein Mann, der nicht nur den nötigen Respekt gegenüber sich und seinem Amt verlangt, sondern seinerseits am liebsten mit Autorität und bischöflichen Insignien auftritt. Äusserlich wird er nie aus der Ruhe zu bringen sein. Seine tiefe, ruhige Stimme wird Ausdruck davon sein, wie sehr ein Wolfgang Haas in sich ruht. Unerschütterlich. Mit der Gewissheit, letztlich nicht ein irdisches Amt auszuüben, sondern berufen zu sein, der von Gott gewollten Heiligen Ordnung, der Hierarchie, zu dienen. Denn die Kirche ist keine politische Einrichtung und das Bischofsamt nicht einfach ein weltlicher Job, sondern es ist eine Teilnahme am Amt Christi selber, die durch die Weihe vermittelt wird. So die Überzeugung von Wolfgang Haas. «*Wir betrachten die Dinge von einer übernatürlichen*

Sicht her. Wir müssen also in der Welt deutlich machen, dass wir unsere Aufgabe von einem andern Prinzip her wahrnehmen. Das jedoch braucht eine gläubige Sicht», meint Haas einmal.

Wo Wolfgang Haas auftaucht, wird immer ein Hauch Triumphalismus mit dabei sein, den einen sehr zur Freude. Denn sie sind überzeugt, dass er die eine, unveränderliche, der ewigen Wahrheit verpflichtete Kirche repräsentiert. Sie werden ihn als Retter und Verteidiger der Tradition begrüssen. Andere werden davon eher peinlich berührt sein. Sie werden diese sichtbare barocke Katholizität als Anachronismus empfinden. Sie werden nicht verstehen, warum da noch einmal ein Kirchenbild aus längst vergangenen Zeiten aufleben soll. Sie werden nicht verstehen, dass die Hierarchie in der Kirche von neuem über die «Communio», die Gemeinschaft, gestellt werden soll.

2. Ein «Fall Haas», ein «Fall Vonderach» – oder ein «Fall für Zwei»?

Kirchliche Würdenträger fallen nicht gerade vom Himmel. Die überraschende Ernennung von Wolfgang Haas zum Koadjutor sorgt aber immerhin dafür, dass sowohl der Klerus wie die Öffentlichkeit aus allen Wolken fallen. Der erste Aufschrei richtet sich gegen die fragwürdige rechtliche Basis dieser römischen Aktion. In Domkapitel (Gremium, welches den Bischof wählt), Priesterrat und Seelsorgerat (beratende Gremien), in Kantonsregierungen und Expertenkreisen, ja sogar im Bundesrat ist man nämlich der Ansicht, dass diese Ernennung verbrieftes Recht verletzt hat (vgl. Exkurs I). Das Domkapitel pocht auf das ihm von Rom schriftlich zugestandene Recht, den Bischof von Chur selber wählen zu dürfen. Doch bei Wolfgang Haas gibt es nichts zu wählen. Als Koadjutor ist er vom Papst direkt ernannt worden. Ein Koadjutor muss sich keiner Wahl stellen. Und so richtet sich das öffentliche Interesse bald einmal auf die Schlüsselfrage: Warum hat der Vatikan überhaupt einen Koadjutor (mit Nachfolgerecht) und nicht lediglich einen Weihbischof (ohne Nachfolgerecht) zur Unterstützung von Johannes Vonderach berufen? Die Frage ist deshalb so brisant, weil Vonderach immer wieder beteuert, er habe in Rom «nur» um einen Weihbischof nachgesucht. Rom habe sich dann aber entschlossen, einen Koadjutor einzusetzen. Doch die Ernennung von Wolfgang Haas zum Koadjutor ist ein von langer Hand vorbereiteter Akt, in welchem Bischof Johannes Vonderach – zusammen mit Nuntius Edoardo Rovida – eine entscheidende Führungsrolle innehat. Was war geschehen?

*

Im Jahre 1987 tönt Johannes Vonderach an, dass er gedenke, in Rom einen Weihbischof («Hilfs»-Bischof) zu erbitten. Seit 25 Jahren leitet er das zweitgrösste Bistum in der Schweiz allein. Eine Entlastung durch einen Weihbischof wäre für den mittlerweile über 70jährigen Vonderach also durchaus angebracht. Johannes Vonderach denkt aber weniger an eine persönliche Entlastung. Vielmehr geht es ihm um die Regelung der Nachfolge für den Churer Bischofssitz. Der als romtreu und konservativ bekannte Johannes Vonderach wünscht sich einen Nachfolger, der die Kontinuität der konservativen Amtsführung des Bischofes von Chur garantiert. Dafür braucht er erst einmal einen geeigneten Kandidaten. Und so macht sich Vonderach an die Arbeit.

Im Frühling 1987 lässt Johannes Vonderach in einer geheimen Umfrage Namen für einen möglichen Weihbischof zusammentragen, um sie Rom als mögliche Kandidaten vorzulegen. Doch die Umfrage von Johannes Vonderach verläuft eigenartig. Die innersten klerikalen Kreise, das Domkapitel, die Dekane (Vertreter des Bischofs in den Pfarreien), sowie der Priesterrat (beratendes Gremium) werden als Ganzes nicht befragt. Vielmehr sucht Vonderach die befragten Personen nach einem für niemanden durchsichtigen Schlüssel aus. Da über die ganze Befragung vom Bischof ein absolutes Schweigegebot verhängt wird, kennen auch die meisten Befragten den involvierten Personenkreis nicht näher.

Die Vertretung des Heiligen Stuhls in der Schweiz, die Apostolische Nuntiatur in Bern, diplomatische Drehscheibe und

Verbindungsglied zwischen Chur und Rom, behauptet später, dass Johannes Vonderach *«im Jahre 1987–1988 (...) eine Kandidatenliste vorgelegt»* habe. *«Er hatte sie ausgestellt, nachdem er die Mitglieder des Domkapitels, andere kirchliche und religiöse Gruppierungen und auch zahlreiche Laien der Diözese befragt hatte»*, heisst es im apostolischen Schreiben. Die Nuntiatur impliziert hier, dass **alle** Mitglieder befragt wurden, was von einzelnen Mitgliedern des Domkapitels aber bestritten wird. Zudem fällt auf, dass Vonderach offenbar in **zwei** Jahren **eine** Liste vorlegt. Deutet dies daraufhin, dass sich das Kandidatenkarrussell über zwei Jahre hin dreht? Heisst es, dass Vonderach gar mehrere Listen, zumindest aber mehrere Namen, in zeitlichem Abstand nach Rom weitergibt?

Fest steht schliesslich, dass Vonderach rund 190 Personen nach möglichen Namen für einen Weihbischof befragt. Da die ganze Umfrage äusserst geheim abgewickelt wird, vermag niemand zu sagen, ob Wolfgang Haas wirklich einer der Meistgenannten oder gar der klare Favorit unter den Befragten ist. Aufgrund des Widerstandes gegen Wolfgang Haas im Domkapitel und im Diözesanklerus ist dies allerdings mit Fug zu bezweifeln. Spätere Ereignisse lassen berechtigterweise die Vermutung zu, dass der Name von Wolfgang Haas zum vornherein feststeht und die Konsultationen und Vernehmlassung nur dazu dienen, dem Buchstaben Genüge zu tun. Offensichtlich hat Johannes Vonderach «seinen» Kandidaten für das Amt eines Weihbischofs schon vor der Umfrage gefunden.

Doch ein Kandidat alleine genügt noch nicht. Denn selbst wenn sein Wunschkandidat auch Weihbischof werden sollte, so kann er nur Nachfolger von Johannes Vonderach werden, wenn er vom 24köpfigen Domkapitel zum Bischof von Chur gewählt werden sollte. Ein Weihbischof hat nämlich kein Nachfolgerecht. Johannes Vonderach weiss jedoch, dass Wolfgang Haas an dieser Hürde straucheln müsste. Eine Mehrheit der 24 wahlberechtigten Domherren würde Haas die Stimme verweigern. Eine Einschätzung, die durch den Umstand gestützt wird, dass 14 der 24 Domherren der Bischofsweihe von Wolfgang Haas aus Protest fernbleiben werden.

Es gibt also nur noch einen denkbaren Weg, Wolfgang Haas, an einem drohenden Wahldebakel vorbei, auf den Bischofssitz zu hieven: den Umweg über das Amt eines Koadjutors, eines Weihbischofs mit dem Recht auf direkte Nachfolge bei Rücktritt oder Tod des Diözesanbischofs. Denn ein solcher Koadjutor wird gemäss Kirchenrecht direkt vom Papst eingesetzt und besitzt unbedingtes Nachfolgerecht. Das mögliche Hindernis einer Wahlniederlage wäre damit umschifft, weil sich ein Koadjutor keiner Wahl stellen muss. Genau das geschieht denn auch. Wolfgang Haas wird zum Koadjutor für das Bistum Chur ernannt und übernimmt nach dem Rücktritt von Johannes Vonderach automatisch die Bistumsleitung.

Mit der Behauptung, «nur» um einen Weihbischof gebeten zu haben, schiebt Johannes Vonderach, wie gesehen, den Schwarzen Peter und damit die Verantwortung für die Koadjutoren-Ernennung offiziell auf Rom ab. Doch mit diesem Schwarz-Peter-Spiel beschwört Bischof Vonderach eine Reihe von Schwierigkeiten herauf, die ihn selber immer mehr ins Zwielicht bringen sollten.

*

Es beginnt damit, dass Wolfgang Haas selber verkündet, bereits am 25. März 1988 durch Nuntius Edoardo Rovida über seine Ernennung zum Koadjutor ins Bild gesetzt worden zu sein. Bischof Vonderach jedoch richtet am 28. März, also drei Tage später, dem Priesterrat aus, in Sachen Weihbischof noch keine Antwort von den römischen Stellen erhalten zu haben. Warum Vonderach dem Priesterrat zu diesem Zeitpunkt keinen reinen Wein einschenken will, bleibt offen. Unter dem enormen Druck der öffentlichen Kritik wiederholt Vonderach stattdessen unablässig sein Credo: Er habe «nur» um einen Weihbischof nachgesucht. Da zu diesem Zeitpunkt kein Anlass besteht, diese Beteuerung Vonderachs in Zweifel zu ziehen, richtet sich die allgemeine Empörung daraufhin immer heftiger gegen Rom und dessen eigenmächtige Entscheidung. Doch solches wiederum will der Klerikaldiplomat Edoardo Rovida nicht auf Rom sitzen lassen. In einem Interview zieht er Johannes Vonderach öffentlich mit in die Verantwortung und macht eine Aussage, die darauf schliessen lässt, dass Vonderach, entgegen seinen eigenen Aussagen, in Rom explizit um einen Koadjutor nachgesucht hat, zumindest aber mit der Absicht Roms, einen Koadjutor zu ernennen, einverstanden gewesen sein muss. In diesem Interview vom 26. April 1989, also über ein Jahr nach der Ernennung, meint Rovida: *«Es handelt sich dabei* (bei der Einsetzung von Koadjutoren, der Verf.) *um eine Praxis, die – wenn sie auch tatsächlich im freien Ermessen des Papstes liegt – niemals ohne die vorgesehenen Konsultationen auf der Ebene der Ortskirche angewandt wird, wobei der Rolle des Diözesanbischofs entscheidende Bedeutung zukommt.»* Diese diplomatische Verklausulierung bedeutet im Klartext: Wolfgang Haas wurde weder gegen den Willen noch ohne das Wissen von Johannes Vonderach zum Koadjutor ernannt. Diese öffentliche Desavouierung seines Mitbruders in Chur lässt aufhorchen. Johannes Vonderach hat also zumindest von einem Koadjutor gewusst, vermutlich aber – entgegen seinen Beteuerungen – gar selber um einen solchen gebeten.

Diese Vermutung verdichtet sich nahezu zur Gewissheit, als am 1. Juni 1991 der zum Kardinal ernannte Bischof von Sitten, Henri Schwery, in einer Sendung von Schweizer Radio DRS noch deutlicher wird. Schwery erklärt, dass alt Bischof Vonderach offen hätte zugeben müssen, dass er in Rom um einen Koadjutor und nicht nur um einen Weihbischof nachgefragt habe. Die letzten Zweifel zerstreuen sich schliesslich, als die «Schweizerische Kirchenzeitung», offizielles Informationsorgan der katholischen Schweizer Kirche, im September 1991 – erst drei Jahre nach der Ernennung (!) – die pästliche Ernennungsbulle von Wolfgang Haas veröffentlichen kann. Die darin gemachte Aussage des Papstes dürfte zugleich die Erklärung dafür sein, warum die Bulle drei Jahre lang unter Verschluss gehalten wird. Der Papst schreibt nämlich: *«Wir glaubten deshalb, es sei der Erwartung des ehrwürdigen Bruders Johannes Vonderach Folge zu leisten, der von Uns zur Förderung der Seelsorge einen bischöflichen Koadjutor erbat.»* Johannes Vonderach hat also doch einen Weihbischof mit Nachfolgerecht (Koadjutor) erbeten. Damit ist offensichtlich geworden, dass

Johannes Vonderach in diesem Punkt nicht die Wahrheit gesagt hat.

Spekulationen über die Frage, warum Vonderach so lange die Unwahrheit gesagt hat, schiessen ins Kraut. Unter der Priesterschaft des Bistums Chur wird von Protektion gemunkelt, von kirchenpolitischen Machtinteressen und von persönlichen Überlegungen, die eine Rolle gespielt haben sollen. Munkeleien, die auch fünf Jahre danach in vielen Pfarrhäusern zu hören sind. Beweisen lassen sie sich nicht. Klar ist letzlich nur: Vonderach will Wolfgang Haas partout zu seinem Nachfolger machen. Da das Risiko einer Nichtwahl zu gross ist, bleibt nur der Umweg über einen Koadjutor. Später bestätigen einige Domherren, dass Johannes Vonderach ihnen gegenüber genau diese Überlegung angestellt habe.

Eine erste Korrektur der Einschätzung muss also vorgenommen werden: Der «Fall Haas» ist also eigentlich ein «Fall Vonderach». Die Akte könnte geschlossen werden. Wären da nicht noch weitere sonderbare Umstände.

*

Ohne Zweifel hat nebst Bischof Johannes Vonderach auch Rom ein immenses Interesse an Wolfgang Haas. Beide Seiten wollen ihn auf dem Bischofssitz von Chur sehen. Die Vorliebe Vonderachs für Wolfgang Haas dürfte in der grundsätzlichen theologischen Verwandtschaft der beiden liegen. Beide sind sie loyale, romtreue Hirten. Beide sehen als oberstes Ziel die Einheit der Ortskirche mit Rom. Überdies erkennt Johannes Vonderach in Wolfgang Haas eine Fähigkeit, die ihm selber abgeht: Entscheidungsfreudigkeit. Johannes Vonderach ist ein Mann, der bis an die Grenze der Skrupelhaftigkeit sein Amt ausgeübt hat. Auch von Bischofskollegen wird bestätigt, dass Vonderach oft unsicher und ängstlich agierte und bischöfliche Zivilcourage vor allem gegenüber dem Vatikan fast vollständig vermissen liess. Kein Entscheid ohne grünes Licht aus Rom. Schlaflose Nächte bei Dingen, die zwischen Chur und Rom nicht vollständig geregelt sind. Dagegen ist Wolfgang Haas ein Mann, der, immer im Sinne Roms, auch gegen erbitterten Widerstand an der Basis Entscheidungen fällen und dafür gerade stehen kann. Umgekehrt, so hört man aus Klerikerkreisen, habe sich Wolfgang Haas über die Entscheidungsunlust von Bischof Johannes Vonderach mehrmals geärgert. Dass Johannes Vonderach in Wolfgang Haas den wohltuend starken Mann sieht, wird auch vom späteren Apostolischen Nuntius, Erzbischof Karl Josef Rauber, bestätigt: *«Ich bin überzeugt, dass Johannes Vonderach Wolfgang Haas wollte, weil er in Haas den starken Mann fühlte. Vonderach war ängstlich und mühte sich um jeden Entscheid. Haas entscheidet da leichter. Das hat Vonderach gespürt.»*

Auch Rom sieht das Problem eines möglichen Wahldesasters. Es ist daher nicht abwegig anzunehmen, dass die Idee für eine Koadjutor-Lösung zuerst von Rom ins Spiel gebracht worden sein könnte. Diese Möglichkeit wird unter anderem von Erzbischof Karl Joseph Rauber nicht ausgeschlossen. Rauber bestätigt zuerst, was nun alle wissen: *«Bischof Vonderach hat eine objektive Unwahrheit gesprochen, wenn er behauptet, «nur» einen Weihbischof erbeten zu haben.»* Aber *«subjektiv»*, so vermutet Rauber, könne Vonderach dies durchaus anders erlebt haben. Rauber hält es für möglich, dass Johannes Vonderach zuerst tatsächlich «nur» einen Weihbischof (ohne Nachfolgerecht) erbeten wollte. Erst im Austausch mit «Rom» sei in ihm dann möglicherweise der Gedanke an einen Koadjutor gereift oder, ebenfalls denkbar, von römischer Seite an ihn herangetragen worden. So betrachtet hätte Johannes Vonderach selber tatsächlich nie einen Koadjutor erbeten, sondern zur «römischen» Idee eines Koadjutors «lediglich» Ja gesagt. Wenn Erzbischof Rauber hier lauter Vermutungen anstellt, dann deshalb, weil er nach eigenen Aussagen die geheimen Akten darüber in Rom nie eingesehen habe. Nicht einsehen wollte, wie er selber betont.

Hat also Rom, bzw. der damalige Nuntius Edoardo Rovida, Vonderach einen Koadjutor erst «schmackhaft» gemacht? Hat man Bischof Johannes Vonderach gar einen Koadjutor «aufgeschwatzt»? Es ist ausgerechnet das Bischöfliche Ordinariat Chur selber, welches drei Jahre später in einem Schreiben ein Faktum ausplaudert, welches diese These stützt. Chur lässt die Öffentlichkeit wissen, dass der damalige Nuntius Edoardo Rovida selber ins Umfrageprozedere von Johannes Vonderach eingegriffen habe: *«Bischof Dr. Johannes Vonderach hat um Namensnennung für die Bestellung eines Weihbischofs nachgesucht. Später hat* ***der Apostolische Nuntius****, Msgr. Edoardo Rovida, aber, wie es für die Ernennung von Diözesanbischöfen* ***und Bischofskoadjutoren vorgesehen ist****, die Meinung von verschiedenen Gläubigen der Diözese, auch von Domherren, über die Eignung von mehreren Kandidaten eingeholt. Damals erkundigte er sich nach der Eignung der Genannten, und dies sowohl für den Fall einer Ernennung als Auxiliarbischof wie auch für das Amt eines Diözesanbischofs.»* (Hervorhebungen durch den Verf.). Edoardo Rovida hat aber nicht nur eingegriffen, sondern in Tat und Wahrheit im September 1987 eine zweite Umfrage gestartet. Seine Frage, ob sich die Genannten auch für das Amt eines (leitenden) Diözesanbischofs eignen, deutet an, dass es nicht nur um einen Weihbischof, sondern um die Nachfolge von Johannes Vonderach geht. Rom hat also das Heft in die Hand genommen.

Bischof Johannes Vonderach dürfte darüber zwar froh gewesen sein. Dennoch hat er sich dabei kaum sehr wohl gefühlt. Denn er weiss, dass er dereinst die Koadjutorenernennung dem Domkapitel ankündigen muss und dass er in einen Argumentationsnotstand geraten wird, da er selber immer nur von einem Weihbischof gesprochen haben will. Der Nuntius dürfte ihn schliesslich von der Unbedenklichkeit dieses Weges überzeugt haben, da Koadjutoren immer vom Papst – und damit von der höchsten kirchlichen Instanz – direkt eingesetzt werden. Eine eventuelle Kritik könnte sich somit nicht gegen Bischof Vonderach richten – und gegen das Oberhaupt der katholischen Kirche würde es wohl niemand wagen, allzu laute und heftige Kritik anzubringen.

Es drängt sich also eine zweite Korrektur auf: Der «Fall Haas», der vorübergehend zu einem «Fall Vonderach» mutierte, wäre demnach ein «Fall für Zwei»: Edoardo Rovida und Johannes Vonderach. Beide hätten gemeinsam diese Idee verwirklicht, weil sich beide Seiten davon Vorteile versprochen haben: Vonderach eine Nachfolgeregelung, die ganz in seinem Sinne läge, Rom einen absolut treuen und loyalen Bischof in Chur.

*

Die Ungereimtheiten gehen weiter. Im Spätsommer 1987 müssen zumindest Nuntius Edoardo Rovida und Bischof Johannes Vonderach gewusst haben, dass es einen Koadjutor geben wird. Vermutlich aber fällt der Entscheid noch früher. Am 26. Oktober 1987 jedenfalls erklärt Bischof Vonderach dem völlig verdutzten Domkapitel, dass Papst Johannes Paul II. statt einen Weihbischof, einen Koadjutor ernennen werde. Bereits fünf Monate vor der Ernennung wissen die Domherren also, dass sie einer Wahlmöglichkeit beraubt sein werden. 21 (!) der insgesamt 24 Domherren protestieren daraufhin am 17. November 1987 beim apostolischen Nuntius in Bern. Die Antwort darauf kommt direkt aus Rom. Rechtlich sei alles in Ordnung, heisst es kurz. Rom empfängt im Januar 1989 überdies eine Delegation des Domkapitels und macht klar, dass alle rechtlichen Zusammenhänge *«sorgfältig beachtet und respektiert»* worden seien.

Obwohl die Domherren damit wissen, dass sie gar nicht werden zur Wahl schreiten können, dringt nichts über den drohenden Eklat an die Öffentlichkeit. Kein öffentlicher Protest der Domherren, keine Kritik, keine Äusserungen dazu. Es bleibt merkwürdig still. Den Domherren wird ein striktes Redeverbot auferlegt. Bischof Vonderach – mittlerweile bekannt für die geheime Behandlung der Sache Haas – hat den Domherren zu schweigen geboten. Die Domherren fühlen sich hintergangen. Doch von ihnen wird verlangt, gute Miene zum seltsamen Spiel zu machen. Als 14 von 24 Domherren nicht bei der Bischofsweihe von Wolfgang Haas erscheinen und auch sonst mit Kritik am Vorgehen nicht völlig zurückhalten, werfen ihnen die Haas-Befürworter unkirchliche Gesinnung vor. Das führt dazu, dass sieben amtierenden und einem ehemaligen Domherrn der Kragen platzt. In einer Stellungnahme gelangen sie am 18. Februar 1991 – rund drei Jahre nach der Ernennung von Wolfgang Haas zum Koadjutor – mit einigen Fakten an die

Öffentlichkeit. Die unterzeichnenden Domherren ertragen es nicht länger, dass sie zu der *«nicht den Tatsachen entsprechende(n) Informationspolitik der Bistumsleitung»* schweigen sollen. Damit zielen sie vor allem auf die Behauptung, das Domkapitel sei bei der Umfrage befragt worden. Der Protest der Domherren vom 17. November 1987 habe sich überdies nur gegen einen Koadjutor, nicht aber gegen Wolfgang Haas gerichtet, da *«von keinen Namen die Rede war»*. Die Domherren äussern auch ihre Überzeugung, wonach Wolfgang Haas ihnen in den Rücken gefallen sei. Denn: *«Unter Wahrung der Ehrenhaftigkeit konnte unter den gegebenen Umständen kein Mitglied des Domkapitels eine Ernennung zum Koadjutor annehmen, ohne seine Mitbrüder zu desavouieren.»* Wolfgang Haas ist zu jenem Zeitpunkt selber Mitglied des Domkapitels und muss wissen, dass er durch Annahme der Ernennung eine Bischofswahl verhindern hilft. Das empfinden seine Amtskollegen im Domkapitel als *«Geringschätzung dieses Gremiums»*.

Das offizielle Chur reagiert postwendend. Es spielt die Stellungnahme als *«private Meinung von sieben Domherren und eines emeritierten Domherrn»* herunter. Bekanntlich bestehe das Domkapitel aber aus 24 Mitgliedern. Obwohl der Protest vom 17. November 1987 von 21 Mitgliedern unterzeichnet wird, suggeriert «Chur», es handle sich hier lediglich um sieben Abtrünnige. Eine Minderheit also. Provoziert durch die öffentliche Aussage der sieben Domherren, lässt sich Chur zu einem weiteren Patzer hinreissen. Chur bestreitet weiter, dass die Domherren von *«keinen Namen»* gewusst hätten. *«Einzelne* (!) *Domherren»* seien *«vertraulich und ausführlich»* bezüglich verschiedener Kandidaten befragt worden. Das heisst, dass zumindest einzelne Domherren vom Kandidaten Wolfgang Haas (mit Namen) gewusst haben dürften. Wichtig zu sehen ist hier, dass auch Chur nicht vom ganzen Domkapitel, sondern – im Gegensatz zur Nuntiatur! – lediglich von **einzelnen** Domherren spricht, die in die engere Befragung einbezogen wurden. Damit bestätigt Chur zumindest indirekt die Behauptung der Domherren, sie seien als ganzes Kapitel nicht befragt worden.

Die einzige Hoffnung ist wohl für manchen Domherr im

Herbst 1987, dass Noch-Kanzler und Domherr Wolfgang Haas auf ein so zustande gekommenes Nachfolgerecht aus Solidarität gegenüber seinen Amtskollegen verzichten könnte. Von ihm wird erwartet, dass er sich zurückzieht. Doch er hat dafür kein Gehör. Kein Wunder, dass diese Haltung in breiten Kreisen des Klerus Wut auslösen wird. Auch die Beteuerungen, alles sei mit Rom abgesprochen, verfehlen ihre Wirkung. Das Rom hinter der ganzen Geschichte stehen soll und «Chur» offensichtlich stützt, steigert in gewissen Kreisen die Wut noch mehr. Ein Innerschweizer Pfarrer wagt gar öffentlich die Behauptung: *«Wolfgang Haas ist nicht ein rechtmässig geweihter Bischof; er hat sich sein Amt erschlichen.»*

3. Wirbel um falschen Doktortitel und Wertschätzung für «Opus Dei»

Die steife Brise der Ablehnung, die Wolfgang Haas ins Gesicht bläst, wird noch eisiger, als bald schon unangenehme Enthüllungen die Runde machen. Am 26. April 1988 meldet die *«Bündner Zeitung»*, dass Weihbischof Wolfgang Haas bis ins Jahr 1979 einen falschen Doktortitel geführt habe. Bei seiner Wahl zum Bischöflichen Kanzler sei Haas in allen Veröffentlichungen mit dem akademischen Titel eines *«Dr. theol.»* aufgeführt worden. Tatsächlich meldet auch die *«Schweizerische Kirchenzeitung»* vom 17. August 1978, dass *«Dr. theol. Wolfgang Haas zum neuen Kanzler ernannt wurde»*. Und auch das *«Liechtensteiner Vaterland»* feiert den damals 30jährigen *«Dr. Wolfgang Haas»* als neuen bischöflichen Kanzler. Weiter fungiert Haas auf verschiedenen Personallisten und im erweiterten Personalverzeichnis der Diözese Chur als *«Dr. theol.»*. Auch der damalige Bischof Johannes Vonderach bezeichnet Kanzler Wolfgang Haas als *«Doktor»*. Im April 1979 wird in der Kirchenzeitung folgende Korrigenda veröffentlicht: *«Auf den Seiten (...) muss es heissen: Wolfgang Haas, lic. theol., Bischöflicher Kanzler.»* Der Doktortitel wird also still und heimlich fallengelassen. Denn Wolfgang Haas besitzt keinen Doktorhut.

Tatsächlich verfasst Wolfgang Haas an der Universität Freiburg eine Arbeit über den Dogmenbegriff in der Geschichte. An der päpstlichen Universität Gregoriana in Rom schreibt er überdies eine kirchenrechtliche Arbeit über das *«Ehesakrament als Grundbegriff des kanonischen Eherechts»*. Faktisch ist die Freiburger Arbeit eine Lizentiatsarbeit, welche das Hochschulstudium abschliesst, jedoch keiner Doktorarbeit (Dissertation) gleichkommt. Dass Haas dennoch mit einem Doktortitel daherkommt, wird offiziell als *«Versehen»* angegeben, welches bei nächster Gelegenheit berichtig worden sei. Und Bischofsvikar Christoph Casetti, der für seinen Vorgesetzten die Scharte auswetzen muss, gibt der *«Bündner Zeitung»* zu Protokoll, dass der Eintrag eines *«Dr. theol.»* vermutlich wegen einer besonderen Sprachregelung erfolgt sei, wonach Lizentiatsarbeiten in Freiburg als Lizentiats*dissertationen* bezeichnet würden. Eine etwas dürftige Begründung. Denn in der Schweiz ist die Regelung bezüglich einer Doktorwürde eigentlich klar. Auch Haas-Vorgänger *Dr.* Johannes Vonderach hätte darüber wohl genaue Kenntisse haben müssen.

Bischofsvikar Christoph Casetti, durch die Angelegenheit in argen Argumentationsnotstand geraten, versucht weiter, Wolfgang Haas vom Makel des bewussten Titelmissbrauchs zu reinigen. Wolfgang Haas habe persönlich den Doktortitel nie gebraucht, meint Casetti und impliziert damit, andere hätten ihn zum «Doktor» gestempelt. Haas selber habe stets gewusst, dass er eigentlich nicht «Dr. theol.» sei. Damit manövriert Casetti seinen Vorgesetzten auch hier in die unschuldige Opferrolle hinein. Schuld sind – einmal mehr – die andern. Dem muss entgegengehalten werden, dass Wolfgang Haas nichts unternimmt, den ihm offenbar angedichteten Doktortitel ins Reich der Märchen zu verbannen. Er lässt es durchaus geschehen, dass er überall als *«Dr. theol.»* geführt wird. Unter dem Titel *«Ein falscher Doktor wird Bischof – Chronik eines Skandals»* erscheint ein offener Brief der Gruppe *«Bündnerinnen und Bündner für eine glaubwürdige Kirche»*. Darin wird behauptet, Haas habe auch aktiv den Doktortitel getragen und *«damit die Öffentlichkeit belogen»*. Nicht nur habe Haas in einem von ihm selber verfassten Zeitungsartikel im August 1978 im *«Liechtensteiner Volksblatt»* gleich viermal den Doktortitel verwendet, sondern er figuriere auch im Verzeichnis der Motorfahrzeughalter 1991 weiterhin als *«Wolfgang Haas, Dr.»*. Die Gruppe behauptet auch, *«hieb- und stichfeste Beweise»* dafür zu haben, dass Haas *«sich selbst auch aktiv als Dr. Wolfgang Haas verkauft»* habe. Vorgelegt werden die Beweise nicht. Wolfgang Haas seinerseits ist klug genug, diese angeblichen Beweise nicht einzufordern. Er schweigt. Seine Taktik geht auf. Schon bald erinnert sich kaum mehr jemand an diese Geschichte.

*

Die Titelverliebtheit, das sich Schmücken mit Namen, mit (teilweise nicht vorhandenen) Titeln und Funktionen, mit äusserlichen Insignien und Abzeichen ist nachgerade ein Markenzeichen des Würdenträgers Wolfgang Haas. Sie markieren nach aussen hin seine Würde und seinen Stand. Darauf legt er wert. Auch im Umgang mit seinen engsten Beratungsgremien kann Wolfgang Haas offenbar seinen Hang zu äusserlichen Rangabzeichen nicht ablegen. So wirft ihm ein entnervter Dekan in einer Priesterratssitzung an den Kopf: *«Wir gestehen Ihnen gerne zu: Behalten Sie Ihre violetten Schärpen und Ihre glitzernden Insignien, die Ihnen so erstrebenswert waren. Behalten Sie bitte auch Ihren dicken Ring, damit Sie vor dem Fernsehen daran herumdrehen können und der Zuschauer den Eindruck erhält, wenigstens etwas bewege sich an Ihnen!»*[1]

Doch Titel, die in Tat und Wahrheit nur in den Köpfen der Betroffenen existieren, gibt es auch im Umfeld von Haas-Befürwortern. So taucht etwa ein deutscher Priester auf, der sich gegenüber Schweizer Radio DRS als *«Professor»* bezeichnet. Nachfragen ergeben dann aber, dass der Professorentitel nur Schall und Weihrauch ist. Der Betreffende ist seit 1986 als Student an der Universität Fribourg eingeschrieben.

Auch viele junge Neupriester aus Chur schmücken sich mit klingenden Titeln wie *«Pater»*, *«Kaplan»* oder *«Presbyter»*. Einer preist sich gar als *«Ausspender der Geheimnisse Gottes»* an.

[1] Zitiert nach: Amherd Moritz (Hrsg), Wolfgang Haas: Bischof ohne Volk – Volk ohne Bischof, NZN Buchverlag 1991, S.22.

Auch der Präsident des haasfreundlichen Studentenvereins in Chur scheint sich nicht mit dem Los eines gewöhnlich Sterblichen abgeben zu wollen. Auf die Frage, warum der Betreffende vor seinen Geschlechtsnamen stets einen Gedankenstrich setze, erhält man die Antwort, dass er im Moment noch abklären lasse, ob er nicht adliger Abstammung sei. Der Gedankenstrich steht also vorsorglich für ein eventuelles späteres «von». Der Leiter des Priesterseminars St. Luzi heisst nicht einfach mehr «Regens», sondern «Moderator/Koordinator». Und in den heiligen Hallen des Luzius feiern die «Eminenzen», die «Exzellenzen» und die «hochwürdigen Herren» eine fröhliche Renaissance.

Dieses Streben nach Schein, nach Rang- und Ehrenabzeichen mag in der Biographie solcher Kleriker und somit in der persönlichen Psychologie begründet sein. Denn für die Qualität der pastoralen Arbeit und für die Lösung der drängenden Probleme in der Kirche tun sie nichts zur Sache. Auch im Zusammenhang mit Wolfgang Haas wird darauf verwiesen, dass seine Biographie letztlich das permanente Streben danach ist, die Ehre der Einwandererfamilie Haas aufzuwerten; der Familie Haas nebst dem Flor der Rechtschaffenheit noch das Velum der Zugehörigkeit zur Oberschicht umzulegen. Tatsächlich gehört die Familie Haas, im frühen 19. Jahrhundert vom Aargau ins Fürstentum Liechtenstein eingewandert, lange Zeit zur Unterschicht. Nicht selten sind die Ahnen von Wolfgang Haas offenbar als Zigeuner und Bettler gebrandmarkt worden. Mit Friedel Haas, dem Vater von Wolfgang, manifestiert sich dann jedoch der klare Wille, dem Ruf seiner Ahnen zu entfliehen. Und was Friedel Haas mit einem soliden Handwerk beginnt, versucht Sohn Wolfgang mit dem Streben nach höheren Weihen zu vollenden: die Erringung von Ansehen und Würde. Einmal erreicht, muss sie dann auch mit äusseren Zeichen sichtbar gemacht werden. Zumal im Kleinstaat Liechtenstein die Menschen noch stärker den Zeichen und Insignien monarchischer Lebensweise zugeneigt sind.

*

Weit hartnäckiger als die ärgerliche Doktortitelgeschichte

hält sich aber ein anderer Umstand in den Medien: die Sympathie von Wolfgang Haas für die als äusserst konservativ geltende Laienorganisation «Opus Dei», die sich unter anderem durch eine strenge Papsttreue und durch eine konsequente innere Hierarchie auszeichnet. Wolfgang Haas beruft mehrere Mitglieder dieser Organisation in seinen engsten Mitarbeiterstab. Dieses Verhalten macht die Priester des Bistums misstrauisch. Bedingt durch ihren von Rom anerkannten Status, gehören die Priester von Opus Dei nämlich nicht dem Bistumsklerus an, sondern sind direkt einem päpstlichen Prälaten in Rom unterstellt. Dass Wolfgang Haas mehrmals wichtige Stellen nicht mit Leuten aus dem Bistumsklerus, sondern mit Opus Dei-Leuten besetzt, erachten die Bistumspriester deshalb als offenes Misstrauensvotum ihnen gegenüber. In der Bevölkerung keimt deshalb ein ungutes Gefühl, weil Opus Dei für sie eine weitgehend undurchsichtige Organisation innerhalb der katholischen Kirche darstellt und weil durch ehemalige Mitglieder immer wieder seltsame Negativmeldungen über Opus Dei durch die Medien geistern.

Die vom Spanier Josemaria Escrivà de Balaguer 1928 für Männer, 1930 für Frauen gegründete Organisation mit dem Titel «Werk Gottes» (Opus Dei) will die vollkommene Christusliebe sowie die Christus-Nachfolge im Alltag anstreben. Die meisten Opus Dei-Mitglieder sind Laien, also Nicht-Priester. Sie leben teilweise dennoch zölibatär und widmen ihre Kräfte der Organisation. Schlagzeilen macht das «Werk Gottes» nicht nur wegen seiner konservativen und konsequent papsttreuen Haltung, sondern auch wegen seiner Organisationsstruktur.[2] Die Mitglieder leben in einer bis ins Detail vorgegebenen Ordnung, bei der auch die geistlichen Übungen und das Gebet genaustens vorgeschrieben sind. Die geistliche Durchdringung des Lebens beinhaltet unter anderem auch eine Abtötung körperlicher Begierden, die bis hin zum Flagellantentum und zu

[2] Vgl. dazu: Steiglеder Klaus, Das Opus Dei – Eine Innenansicht, Benziger 1983.
Hertel Peter: Ich verspreche euch den Himmel. Geistlicher Anspruch, gesellschaftliche Ziele und kirchliche Bedeutung des Opus Dei. Düsseldorf 1990.

Selbstgeisselungen durch das Tragen eines sogenannten Bussgürtels reichen. Kritiker werfen Opus Dei auch vor, eine international verflochtene, überaus elitäre Geheimorganisation zu sein, mit entsprechendem Einfluss auf Wirtschaft, Politik und Kirchenleitung in Rom. Auch innerhalb des Werkes praktiziere Opus Dei eine strenge Geheimhaltung und kontrolliere seine Mitglieder, die sich aus dem höheren Bildungsniveau rekrutierten und so für ein elitäres Gehabe von Opus Dei verantwortlich seien. Solches wird von Opus Dei selbst immer wieder bestritten.

Der Pressesprecher von Opus Dei Schweiz, Beat Müller, bezeichnet Opus Dei als «*Lebensform*», die nicht in Sakristeien oder hinter Klostermauern, sondern «*mitten in der Welt das ganze Christsein*» leben wolle. Von elitär könne nicht die Rede sein. Es seien alle sozialen Bildungsschichten vertreten: «*Strassenwischer, Hausfrauen, Bankangestellte, Schreiner, Direktoren, Professoren, Politiker.*» Ordnung, Disziplin und eine seriöse Berufsausübung gehörten zu diesem Verständnis des Christseins, betont Müller. Disziplin gehört auch zur persönlichen Spiritualität der Mitglieder: täglicher Besuch der Messfeier, tägliches Gebet, tägliche Bibellektüre, tägliche Werke der Abtötung. Opus Dei bestreitet zwar nicht grundsätzlich, dass in der Abtötung auch Selbstgeisselung und Bussgürtel eine Rolle spielen. Diese Praktiken würden aber, so Müller, nur von einer kleinen Minderheit ausgeübt, obwohl gemäss internen Vorschriften alle ehelosen Mitglieder – Kritiker Peter Hertel schätzt ihre Zahl auf gegen 50% der Mitglieder – zwei Stunden pro Tag den Bussgürtel zu tragen hätten. Wer zu Opus Dei Ja sage, sage freiwillig auch dazu Ja. Druckausübung auf die Mitglieder gebe es in keiner Form.

Der Vorwurf, das Opus Dei sei eine Geheimorganisation, wird vom Werk vehement zurückgewiesen. Beat Müller weist darauf hin, dass «*alles, was das Opus Dei tut, von den zuständigen Stellen eingehend untersucht und approbiert worden ist*». Alles, ausser dem wohl Wichtigsten, wie es scheint. Auf die Frage, ob demnach auch die interne Wegleitung des Opus Dei, das sogenannte «Vademecum», von Rom approbiert sei, krebst

Müller zurück: *«Es ist den Autoritäten sicher bekannt. Ob es in einem formellen Akt approbiert ist, das könnte ich nicht sagen. Sicher ist es jedoch nicht geheim»*, meint Müller. Eine doch etwas eigenartige Situation. Müsste doch Opus Dei grosses Interesse daran haben, gerade für das wichtigste interne Schreiben jedem Kritiker mit einer offiziellen päpstlichen Approbation den Wind aus den Segeln nehmen zu können. Darauf angesprochen, meint Müller zögernd: *«Es ist zumindest **informell** approbiert. Also so, dass man doch sagen kann: Es ist approbiert.»* Opus Dei arbeitet also im Bewusstsein, sich in völliger Übereinstimmung mit der Kirchenleitung in Rom zu befinden. Damit macht Müller klar, dass jede Kritik gegenüber Opus Dei letztlich eine Kritik gegen die römischen Stellen darstellt.

Tatsächlich geniesst das Opus Dei in Rom viele Sympathien und wird vom Papst mit viel Wohlwollen bedacht, obwohl der Verdacht einer römischen Vorzugsbehandlung von Opus Dei bestritten wird. Unbestritten bleibt jedoch, dass das Werk Gottes unter dem amtierenden Papst Johannes Paul II. eine besondere Förderung erfährt. Er erhebt Opus Dei 1982 zu einer sogenannten Personalprälatur. Opus Dei ist dadurch nicht mehr dem Ortsbischof, sondern durch einen Prälaten direkt dem Papst unterstellt und geniesst in der Ortskirche grössere Unabhängigkeit. Dass zumindest die Verbindungen des Opus Dei in den Vatikan gut funktionieren, zeigt auch die Seligsprechung des Gründers Josemaria Escrivà de Balaguer. In einem fast beispiellos schnellen Verfahren wird Balaguer nur gerade 17 Jahre nach seinem Tod vom Papst seliggesprochen. Andere Verfahren dauern mitunter mehrere hundert Jahre! Diese Seligsprechung ist für das Werk nicht nur ein Zeichen der Wertschätzung, sondern ermöglicht ihm auch die kultische Verehrung des Gründers. Ein Umstand, der dazu beiträgt, Opus Dei in der Welt bekannt zu machen, und damit mithilft, dem Werk missionierende Expansion zu ermöglichen.

Nach eigenen Aussagen, die Haas gegenüber mehreren Medien bestätigt, hegt er eine grosse Wertschätzung für das, was die Opus Dei-Leute tun. Haas betont aber gleichzeitig überall, dass er selbst nicht Mitglied der Organisation sei. Obwohl die

Kirchenleitung in Rom sowie Opus Dei selber alles daran setzen, das angeblich schiefe Bild zu korrigieren, bleiben die Schweizer Bischöfe der Seligsprechung des Gründers am 17. Mai 1992 in Rom fern – ausser Bischof Wolfgang Haas. Weder einzelne Bischöfe noch die Bischofskonferenz seien dazu offiziell oder inoffiziell eingeladen worden, lautet die Erklärung der Bischofskonferenz. Wolfgang Haas jedoch begründet seine Anwesenheit in Rom gegenüber dem Schweizer Fernsehen damit, dass er von Rom eingeladen worden sei – wie andere Schweizer Bischöfe übrigens auch. Aussage gegen Aussage. Eigenartig ist nur, dass auch der Sekretär von Bischof Wolfgang Haas, Heinz Meier, gegenüber einer Agentur davon spricht, dass Haas keine Einladung erhalten habe.

Am 25. Juni 1992 feiert Haas in der Zürcher Liebfrauenkirche einen Dankgottesdienst zu Ehren des Opus Dei-Gründers Balaguer. Die Feier des Gottesdienstes wird zwar im Mitteilungsblatt angekündigt. Dass dem Gottesdienst jedoch Wolfgang Haas vorsteht, wird nicht öffentlich gemacht. Haas demonstriert damit nicht nur seine Wertschätzung für das Opus Dei, sondern macht indirekt auch deutlich, unter welchen Umständen der Bischof von Chur in Zürich eine Messe lesen muss. Diese fast kryptisch gefeierte Messe, von der die Öffentlichkeit erst am Tag danach erfährt, ist Anlass für beide Seiten, sich heftig darüber zu empören. Während die Haas-Befürworter es als Skandal empfinden, dass die ablehnende Öffentlichkeit seinen eigenen Bischof zu solch verstecktem Handeln zwinge, ist der Geheimgottesdienst für seine Gegner eine Provokation. Denn, und davon wird noch zu reden sein, Wolfgang Haas ist in vielen Zürcher Pfarreien als Firmspender nicht willkommen.

4. Die Bischofsweihe wird zum Basisprotest

Während sich die Medien mit falschen Doktorhüten und Sympathien für eine eigenwillige Laienorganisation beschäftigen, häufen sich an der Basis die Proteste in Form von Manifestationen, Unterschriftensammlungen und Protestschreiben. Derweil laufen in Chur die Vorbereitungen für die Weihe von Wolfgang Haas auf Hochtouren. Der Tag der Bischofsweihe, der 22. Mai 1988, naht. Viele glauben, Wolfgang Haas mit ihren Protestaktionen doch noch zu einem Verzicht auf das Nachfolgerecht bewegen zu können. Aber auch die Haas-Befürworter werden aktiv. Die «*Schweizerische Katholische Wochenzeitung*», konservativ, papst- und haastreu, lanciert ebenfalls eine Unterschriftensammlung, worin Haas von 1500 Treuen aufgefordert wird, dem Druck nicht nachzugeben. Denn viele Gläubige spüren in Wolfgang Haas nicht nur den Retter der katholischen Tradition, sondern sehen ihn überdies als Opfer einer beispiellosen Kampagne, angezettelt von der Öffentlichkeit, den Medien und ungehorsamen, abtrünnigen Gläubigen. Durch sie will sich die verschworene Gemeinschaft der Haas-Treuen die Weihe jedoch nicht vermiesen lassen.

Schon im Vorfeld der Bischofsweihe wird bekannt, dass in der Kathedrale Chur nur offiziell geladene Gäste zugelassen sein werden. Gläubige und Medien sind unerwünscht. Offiziell ist nur ein einziger Journalist der katholischen Presseagentur KIPA eingeladen. Nach aussen wird dieser Schritt mit den prekären Platzverhältnissen begründet. Inoffiziell aber befürchtet man allgemein, dass die Weihefeier durch die angekündigten Protestkundgebungen gestört werden könnte. Die verschiedenen Protestbewegungen, die sich seit der Ernennung von Wolfgang Haas gebildet haben, sehen zwar von einer Besetzung der Kathedrale ab, sind aber entschlossen, sich als Basis bemerkbar zu machen. Die Bischofsweihe, der wohl grösste Tag im Leben von Wolfgang Haas, sollte von seinen Kritikern zu einem Höhepunkt des Protestes umfunktioniert werden.

Schon in der Nacht auf den Pfingstssonntag, dem Weihetag, durchwachen rund 50 Theologiestudierende aus Freiburg, Luzern und Chur die Nacht auf dem Domplatz in Meditation, Gebet und Stille. Sie wollen damit ein Zeichen für ihre Hoffnung auf eine offene und lebendige Kirche setzen. Am Pfingstsonntag, dem 22. Mai 1988, bilden dann rund 200 Haas-Gegner vor der Kathedrale einen Menschenteppich. «*Wer über uns geht, übergeht uns»*, heisst es auf einem Transparent. Durch eine winzig schmale Gasse, die die liegenden Menschen freilassen, quälen sich nun die ersten Gäste zwischen den Leibern hindurch und über sie hinweg. Da und dort kommt es zu kleineren, heftigen Wortwechseln zwischen erzürnten Gästen und Protestierenden. Einige wenige kleinere Handgemenge zwischen ganz in schwarz gekleideten Jungpriestern und Demonstranten sind kaum der Rede wert. Allgemein versucht man, Gewalt oder grössere Auschreitungen zu vermeiden. Kurz vor 16.00 Uhr übersteigen die fürstlichen Gäste aus dem Fürstentum Liechtenstein den Menschenteppich, flankiert von Schweizer Gardisten. Unter dröhnendem Glockengeläute verschwinden sie im Dom.

Nur Wolfgang Haas erscheint nicht. Ein feierlicher Einzug ist angesichts des Menschenteppichs undenkbar. Und den Medien will er das Spektakel nicht bieten, wie er als angehender Bischof über die Leiber seiner Kritiker klettern muss. Er nimmt den Weg über den Friedhof und gelangt von hinten in die Kathedrale. Der Weg zum Bischofsamt führt für Wolfgang Haas durch die Hintertür.

Der Weihegottesdienst, an dem unter anderem Bischof Johannes Vonderach, Bischof Henri Schwery (Präsident der Bischofskonferenz) und Bischof Otmar Mäder mitwirken, ist von zwei Ansprachen geprägt. Bischof Johannes Vonderach spricht von der Last und Bürde des Bischofsamtes und ermahnt Weihbischof Haas, nicht zu herrschen, sondern zu dienen. Zwar sei im Bistum Chur nicht gerade Nacht, aber immer mehr Menschen wendeten sich von der Kirche ab oder gingen in die Opposition, führt Vonderach weiter aus. Haas seinerseits gibt in seiner Ansprache dem Willen Ausdruck, offen für neue Erkenntnisse sein zu wollen. Anwesend ist auch der Nuntius Edoardo Rovida. Der Feier fern hingegen bleiben aus Protest 14 der 24 Domherren und ein grosser Teil der Dekane.

Auch nach der Weihefeier wird Haas beim Verlassen der Kathedrale von vier Gardisten abgeschirmt und vor dem Ansturm der Gegner und der Befürworter geschützt. Während die Gegner ein Protestlied anstimmen, wird dem neuen Bischof von den Treuen applaudiert. Haas schüttelt einige Hände, lächelt, grüsst in die Runde, und der ganze Tross bewegt sich Richtung bischöfliches Schloss. Später attestiert er seinen Gegnern, sie hätten sich lobenswert zurückhaltend verhalten. Ähnlich sieht es Weihbischof Kurt Krenn aus Wien, ebenfalls als Gast geladen, und in Sachen Protest Leidensbruder von Wolfgang Haas. Denn Krenns Ernennung zum Weihbischof von Wien stösst seinerzeit in Österreich auf nicht minderen Widerstand. Und als Kurt Krenn kurze Zeit später in St. Pölten als Bischof eingesetzt wird, drohen dort «Churer» Zustände. Auch Kurt Krenn lobt das friedfertige Verhalten der Unzufriedenen. Er selbst habe bei seiner Weihe gar vor Tätlichkeiten geschützt werden müssen.

Mit 400 geladenen Gästen feiert der neu geweihte Bischof am gleichen Abend im Hotel «Marsöl» in Chur. Unter den Gästen befindet sich viel Prominenz aus Politik und Kirche. So unter anderem auch Fürst Franz Joseph II. mit Gattin Gina sowie der Regierungschef von Liechtenstein, Hans Brunhart. Chur hat eine Bischofsweihe erlebt – hinter verschlossenen Türen.

5. Ein Jahr danach

Niemand – weder in Rom noch in Chur – hätte es für möglich gehalten, dass Protest und Widerstand unvermindert weitergehen und sich über ein volles Jahr hinziehen könnten. Doch der Frühling 1989 macht plötzlich allen klar, dass der Widerstand gegen Wolfgang Haas – es wird im nächsten Kapitel ausführlicher darüber zu reden sein – im Bistum Chur schon zur Tagesordnung gehört. Dennoch ist so etwas wie ein seltsames Innehalten zum ersten Jahrestag zu beobachten. Beiden Seiten wird unangenehm bewusst, dass sich die Kirche seit einem Jahr nur noch mit Streit befasst. Keine der beiden Seiten jedoch kann ernsthaft von der eigenen Position abrücken.

Für die Haas-Anhänger ist es skandalös, dass der Widerstand der Haas-Gegner sich über Monate hinzieht. Dass die

Haas-Gegner mit ihrer Meinung nicht zurückhalten, ihre Forderungen und ihre Kritik immer wieder laut formulieren, ist für die Haas-Befürworter unakzeptabel. Denn Kritik an Wolfgang Haas bedeutet Ungehorsam. Ungehorsam aber kommt für diese Kreise einem Glaubensabfall gleich. Immer wieder wird verlangt, Weihbischof Haas nun endlich *«in Ruhe»* zu lassen. In diesem Sinne haben sich auch mehrere Domherren und Dekane gegenüber der Tageszeitung *«Vaterland»* geäussert, welche am 7. April 1989 ein Stimmungsbild unter dem Motto *«ein Jahr danach»* veröffentlicht. Darin meint zum Beispiel der Kägiswiler Pfarrer und Dekan Martin Bruno Pfister, es sei nicht eben christlich, *«wenn man den Weihbischof bodigen»* wolle. Auch Domherr und Kaplan Jakob Fäh von Näfels sowie Dekan und Pfarrer Arnold Müller von Oberurnen äussern sich beschwichtigend und sprechen davon, aus der Situation das Beste zu machen. Auf Seiten der Haas-Kritiker spricht man von einer *«grossen Traurigkeit»*, die das *«Leben blockiert»*, von verhärteten Fronten und einer verfahrenen Situation.

*

In einer persönlichen Bilanz vom 10. Mai 1989 sieht Wolfgang Haas selber vor allem das Positive. Er habe *«sehr viel Positives und Konstruktives erlebt»*, schreibt Haas. Er spricht von *«mannigfachen unbeschwerten und beglückenden Begegnungen mit Kindern und Jugendlichen»* und von *«ergreifenden Begegnungen mit Kranken und Behinderten, Betagten und Gebrechlichen»*. Die *«öffentlichen Reaktionen»* auf seine Ernennung erachtet er als *«künstlich und realitätsfremd»*. Hier muss er sich fragen lassen, welche Realität er wahrnimmt. Er, der in so vielen Pfarreien von den Gläubigen zur unerwünschten Person erklärt wird, dem schachtelweise kritische Briefe ins Haus gebracht werden, der von unzähligen Organisationen, öffentlichen Personen und Klerikern zum Verzicht auf das Nachfolgerecht aufgefordert wird, der sich einer nahezu geschlossenen Wand von Ablehnung und Misstrauen gegenüber sieht. Doch Wolfgang Haas will das Ausmass des Widerstandes gegen ihn nicht wahrhaben. Zwar erwähnt er, dass das erste Jahr auch *«Schmerzliches in sich barg»*. Mehr sagt er dazu nicht.

Wolfgang Haas scheint diesem «Schmerzlichen» nicht nur abgeneigt. Für ihn bedeutet es die Schule der Demut. Darin will er sich üben. Er sieht offenbar im Leiden den grösseren Segen für die Kirche als in der Freude. Denn wörtlich schreibt er über die Begegnungen mit den Kranken und Gebrechlichen: *«Ihr Leiden ist für das Leben der Kirche besonders kostbar und segenbringend.»* Eine Aussage, die vermutlich mehr über Wolfgang Haas offenbart als alle seine Schriften zusammen. Schmerz erleiden heisst also der Kirche Segen bringen. So betrachtet, kann es ihn sogar mit einer gewissen Freude erfüllen, wenn er durch seinen Schmerz der geliebten Kirche ebenfalls zum Segen gereicht. Doch: Fordert das Bischofsamt wirklich solches?

Die Flucht in diese Leidenshaltung, in diese düstere Leidenstheologie, die übrigens in keiner Weise jesuanisch ist, mag etwas von der grundsätzlichen Lebensangst des Katholizismus ausdrücken. Unsere Hirten sind keine Frohbotschafter, sondern Drohbotschafter. Sie strahlen nicht die ansteckende Fröhlichkeit der Heilslehre aus, die sie so ernst, gravitätisch und traurig verkünden. Sie klammern sich ängstlich an Normen, Vorschriften und Gesetze, lehren einen strafenden Gott mit einer bilanzierenden Krämermentalität, der die Gläubigen erschrecken soll. Unsere Hirten leiden. Und weil sie leiden, wird Leiden zur Norm der Kirche, wird Leiden zum Normalfall. Ihre Theologie wird dann zur geistigen Akrobatik, die das Leiden ideologisch zu einer Art *«höherem Seinszustand»* hochstilisieren möchte. Aus Angst vor dem Leben. Aus Angst vor der Freude. Weil Freude Grenzen überwindet, Normen sprengt. Weil Freude, Fröhlichkeit und Heil die ganze düstere Dogmatik wie eine Seifenblase zerplatzen lassen – und dem Leben Platz machen...

6. Haas übernimmt die Bistumsleitung

Am 22. Mai 1990, Punkt 11.30 Uhr, ist es dann soweit. Exakt zwei Jahre nach der denkwürdigen Weihe in Chur übernimmt

Wolfgang Haas die Bistumsleitung, nachdem Papst Johannes Paul II. das vorzeitige Rücktrittsgesuch des bisherigen Bischofs von Chur, Dr. Johannes Vonderach (74), angenommen hatte. Die Überraschung ist perfekt. Denn nach geltendem Kirchenrecht hätte Johannes Vonderach erst auf den 6. Mai 1991 zurücktreten müssen. Selbst Wolfgang Haas äussert sich *«ein wenig überrascht»* über den Zeitpunkt. Dass der Papst aber genau den zweiten Jahrestag seiner Bischofsweihe gewählt habe, beweise die *«Sensibilität»* und *«Einfühlsamkeit»* des Papstes. Wie ein Lauffeuer verbreitet sich an diesem Morgen die Neuigkeit: Wolfgang Haas ist neuer Bischof von Chur. Die Schweizer Bischöfe wissen vom bevorstehenden Wechsel nichts. Selbst der Informationsbeauftragte des Bistums Chur, Franz Stampfli, ist nicht im Bilde. Besonders überrascht zeigt sich Stampfli, weil Johannes Vonderach noch kurz vorher gegenteilige Äusserungen gemacht habe.

Noch am 22. Mai 1990 erklärt das Bischöfliche Ordinariat Chur: *«Aus gesundheitlichen Gründen hat Msgr. Johannes Vonderach, Bischof von Chur, es für angezeigt gehalten, dem Heiligen Vater seine Demission vorzeitig, d.h. bereits mit Beginn des 75. Lebensjahres, zur Annahme vorzulegen.»* In einem öffentlichen Brief geht Bischof Vonderach noch weiter. Er bringt seinen gesundheitlichen Zustand in einen direkten Zusammenhang mit den seit zwei Jahren andauernden Protesten um die Person von Wolfgang Haas. Auch ruft Johannes Vonderach im gleichen Brief alle Diözesanmitglieder dazu auf, mit dem neuen Bischof Haas zusammenzuarbeiten, da dieser in den letzten zwei Jahren gezeigt habe, dass er den Willen zum *«wahren Dialog und zu jeder echten Kooperation»* habe. Auch der neue Bischof wendet sich bereits am 22. Mai 1990 erstmals mit einem Grusswort an die Öffentlichkeit. In einem *«Wort der Ermutigung und der Auferbauung»* drückt Neubischof Haas die Zuversicht aus, dass er mit Hilfe des Heiligen Geistes sowie des Gebetes die schwierige Verantwortung auf sich nehmen könne.

Zum gleichen Zeitpunkt, als der überstürzte Amtswechsel wie ein Paukenschlag bekannt wird, verschwindet nunmehr alt

Bischof Johannes Vonderach lautlos und einsam von der Bühne der Kirchenpolitik. Es ist für ihn ein trauriger Abschied. Denn auf einen Schlag steht er, der 28 Jahre lang die erste Geige im Bistum Chur gespielt hat, im Abseits, ist er ein Niemand mehr. Denn sein Abgang wird weder bedauert noch beklagt. Schlimmer noch; er vollzieht sich unbemerkt im Getöse der Amtseinsetzung von Wolfgang Haas. Es gibt weder eine offizielle Abschiedsfeier noch einen offiziellen Dank oder irgendwelche Würdigungen. Vonderach, der zusammen mit Rom seine Nachfolge von der Bestimmung des Kandidaten bis zur Amtsübergabe absolut minutiös geplant hat, bezahlt dafür den Preis der totalen Vergessenheit. Mit seinem Schachzug hat er nicht nur Wolfgang Haas auf den Bischofssitz gehievt, sondern sich selber zugleich lautlos eliminiert. Ein hoher Preis, der ihn wohl als Person sehr geschmerzt haben dürfte. Ein Umstand übrigens, der später von einem Kircheninsider bestätigt wird. Johannes Vonderach gibt von einer Minute auf die andere, verbittert und enttäuscht, die kirchliche Bühne frei.

KAPITEL II

Sanftwut im Bistum Chur

Entrüstung, Bestürzung, Protest

1. Protest und Widerstand

Rom ist überzeugt, mit Wolfgang Haas den richtigen Mann an die richtige Stelle berufen zu haben. Papst Johannes Paul II. schreibt seinem neuen Mitbruder: «*In Anerkennung Deiner vorzüglichen Eigenschaften und Fähigkeiten und der Leistungen in früheren Ämtern sind Wir, nicht ohne gründliche Beratung, der Meinung, geliebter Sohn, dass Du diesem Amt genügen kannst.*» Die päpstliche Einschätzung in der Ernennungsurkunde steht jedoch in krassem Widerspruch zu den Reaktionen in breiten Kreisen des Klerus sowie der Bevölkerung. Was immer mit der Person von Wolfgang Haas zusammenhängt, sei es seine Ernennung zum Koadjutor, die Übernahme der Bistumsleitung, seine Personal- oder Sachentscheide, löst sofort Protest und Widerstand aus. Der Bistums-Klerus reagiert grösstenteils ablehnend auf den «*geliebten Sohn*» und ist im Gegensatz zum Papst der Meinung, Haas könne diesem Amt ganz und gar nicht genügen. Eine Umfrage ergibt, dass drei Viertel der Seelsorger des Bistums Chur Haas als designierten Bischof von Chur ablehnen. Viele Pfarrer halten Wolfgang Haas für ungeeignet, ja sogar für unfähig. Sie führen dabei die fehlende Erfahrung in der pfarreilichen Seelsorge ins Feld. Tatsächlich hat Wolfgang Haas niemals eine Pfarrei geleitet und im Rahmen seines Studiums lediglich ein sechswöchiges (!) Pfarreipraktikum absolviert. Auch als Kanzler hat er vor allem verwalterische Tätigkeiten ausgeübt. Das offizielle Chur versucht diese Argumente zwar zu entkräften. In einem schon fast hilflos anmutenden Leserbrief in der «NZZ» vom 15. April 1988 lobpreist Bischofsvikar Christoph Casetti die pastorale Erfahrung seines neuen Chefs. Dieser leiste Sonntag für Sonntag in den Pfarreien Aushilfe, führe Taufen und Trauungen durch und höre die Beichte. Letztes verschaffe Haas eine *«eminent seelsorgliche Erfahrung»*. Seelsorger mit langjähriger Erfahrung schütteln darob bloss den Kopf. Und die kurialen Beteuerungen können nicht verhindern, dass schon kurz nach der Ernennung zum Koadjutor, erst recht aber nach der Übernahme der Bistumsleitung, ein Sturm der Entrüstung durch die Schweizer Kirche braust, der auch nach Wochen und Monaten nicht verebben will. Es hagelt Einzelproteste, Gruppenproteste, Communiqués und Verlautbarungen, Briefaktionen, Demonstrationen, parlamentarische Vorstösse, diplomatische Demarchen, staatspolitische Aktionen, Vorsprachen beim Bundesrat, fasnächtliche Spottverse, Solidarisierungsaktionen und Aufrufe zum zivilen Ungehorsam. Auch die Anti-Haas-Zeitung «Aufbruch» ist ein Kind dieses Protestes.

Es beginnt am 18. April 1988 mit einer offenen Stellungnahme von 209 Seelsorgerinnen und Seelsorgern des Bistums Chur. Das zentralistische Gehabe des Vatikans spotte dem Geist des Zweiten Vatikanischen Konzils und trete die Bedürfnisse der Ortskirche mit Füssen, zürnt das Kirchenpersonal. Hart attackiert wird auch Wolfgang Haas selber. Er sei für dieses Amt fachlich nicht qualifiziert. Ihm fehle die Erfahrung in der Seelsorge. Mit Haas als zukünftigem Bischof werde der Graben zwischen Kirchenleitung und Kirchenbasis noch tiefer, geben sich die Unterzeichner überzeugt. Das Domkapitel, nach aussen noch immer dem Gebot des Schweigens verpflichtet, wird ebenfalls aktiv. Es will Wolfgang Haas zum Verzicht auf das Nachfolgerecht bewegen. Dasselbe fordert die kantonal Schwyzerische Priesterkonferenz mit 54 zu 9 Stimmen. Drei der vier Zürcher Dekane schliessen sich in mehreren Schreiben der Forderung an. Und auch die Laientheologinnen und -theologen verlangen von ihrem neuen Hirten in einem offenen Brief, auf das Nachfolgerecht zu verzichten. Eine mehrstündige Mahnwache durch Theologie- und Katechetikstudierende aus Luzern, Freiburg und Chur soll die Forderung unterstreichen. Die Katholiken der Gemeinde Kerns verlangen, dass der Bistumsbeitrag des Kirchgemeindeverbandes Obwalden gestrichen wird, falls Haas nicht auf das Nachfolgerecht verzichtet. Eine Unzahl von Protestbriefen werden nach Chur geschickt. Organisiert und lanciert wird der Rundbrief mit «Schneeballeffekt» von der *«Aktion Basismeinung»* Mitte Mai. Innert Wochen gelangen auf diese Weise über 7500 Briefe nach Chur. Bischofsvikar Christoph Casetti gibt zu, dass diese Flut von Protestschreiben *«Probleme geschaffen»* habe.

Überrascht – und wohl auch etwas konsterniert – vom Ausmass der Negativreaktionen, reagiert Chur mit fast verdächtiger Ruhe. Auch Wolfgang Haas macht sich zu diesem Zeitpunkt noch nicht allzu grosse Sorgen. Und selbst zwei Jahre später zeigt sich Wolfgang Haas über die Proteste nicht allzu beunruhigt. Er zeigt in einem Radio-Interview sogar Verständnis für die kritischen Reaktionen. Die Proteste gegen seine Person münzt Wolfgang Haas in Proteste gegen das Amt schlechthin um. Ein Bischof sei heute schon von der Aufgabe her umstritten. Diese Erfahrung, so tröstet er sich selber, machten viele Bischöfe: *«Ich stehe da nicht allein.»* Der Protest, so glaubt man in Chur, werde sich schon legen. Jetzt gilt es erst einmal ins Amt einzusteigen und die Lage zu konsolidieren. Von einem Verzicht auf das Nachfolgerecht oder gar von einem eventuellen Rücktritt kann jedenfalls nicht die Rede sein. Schliesslich liegt hier eine päpstliche Entscheidung vor. Da muss auch ein Wolfgang Haas gehorchen.

*

Noch heftiger wird der Protest nach der überraschenden Amtsübernahme der Bistumsleitung. Von neuem glaubt man sich in der Schweiz von Rom übertölpelt. Die Schlagzeilen am 23. Mai 1990 sprechen für sich: *«Bischof Haas steht schwere Prüfung bevor»* (Tages-Anzeiger), *«Rom hat Gewaltlösung durchgeboxt»* (Luzerner Neuste Nachrichten), *«In eiligem Schritt auf den Bischofsstuhl»* (Der Bund), *«Der Rücktritt Bischof Vonderachs und die Ernennung von Haas lösen Überraschung aus»* (Bündner Zeitung), *«Spaltet Neubischof Wolfgang Haas die Diözese Chur?»* (Berner Zeitung) und selbst die NZZ spricht in ihrem Artikel von *«belastender Nachfolgeregelung»* und von *«besorgten Reaktionen»*.

Einzig die rechts-konservative Presse jubelt. Die *«Schweizerische Katholische Wochenzeitung»*, Sprachrohr der rechtskonservativen Volksbewegung «Pro Ecclesia», richtet eine *«Glückwunsch- und Solidaritätsadresse an Bischof Wolfgang Haas»*. *«Hunderttausende»* (!) glaubenstreue Katholiken werden sich darüber freuen, jubelt «Pro Ecclesia» und versichert Wolfgang Haas, dass er sich in Zeiten des Abfalls und der Verwirrung an die *«kleine Herde»* halten kann. Ein seltsamer Widerspruch. Einerseits glauben die haastreuen Kreise an ihre Grösse («Hunderttausende»), andererseits verstehen sie sich als «kleine Herde», die in besonderer Treue zum neuen Bischof steht, und lassen damit etwas von der urchristlich-kryptischen Solidarität und Verschwörungsatmosphäre im gottlosen Modernismus aufleben. Denn schon die Propheten hatten es mit den kleinen Herden, mit den Angefeindeten, mit den Verlachten. Kein Grund zur Beunruhigung also, wenn die grosse Mehrheit gegen Wolfgang Haas ist.

Bei Protestanten, Christkatholiken, evangelischen Freikirchen oder bei kirchenfernen Taufscheinkatholikinnen und -katholiken lösen die Vorgänge in Chur allenfalls ein müdes Kopfschütteln aus. In engagierten katholischen Kreisen herrschen jedoch – quer durch die innerkirchliche Hierarchie – Enttäuschung und Resignation vor. Vielen ist nun klar, dass alle Proteste gegen das Nachfolgerecht von Haas sowie gegen dessen Person selbst nichts gefruchtet haben. Negative Reaktionen kommen von vielen Theologinnen und Theologen, Seelsorgerinnen und Seelsorgern, Dekanen, Domherren, Laien, Politikern und Pfarreien. Kirchliche Institutionen, Verbände und Vereinigungen lassen sich mehrheitlich negativ vernehmen. Kantonsregierungen und Parteien äussern sich teilweise ebenfalls kritisch. Viele befürchten eine Polarisierung oder gar eine Spaltung in der katholischen Kirche. Manche sehen den konfessionellen Frieden in Gefahr. Vor allem die Frauen zeigen sich besorgt. Der Schweizerische Katholische Frauenbund befürchtet, dass Haas den Graben zwischen Geweihten (immer Männer) und Ungeweihten (Laien, Frauen) vergrössern werde. Der Schweizerische Katholische Jugendverband (SKJV) zeigt sich bestürzt über das *«autoritäre Vorgehen bei der Bischofsernennung»* und befürchtet eine *«Entfremdung der Jungen von der Kirchenleitung»*, denn Wolfgang Haas stehe für eine starre, nicht gesprächsbereite Kirche. Die Seelsorgerinnen und Seelsorger des Dekanates Innerschwyz bitten den Präsidenten der Bischofskonferenz in einem Brief um *«Ablösung von Bischof W. Haas»*.

Die Professoren der Theologischen Hochschule Chur sind ebenfalls grösstenteils konsterniert. Der Moraltheologe Hans Halter findet die Sache gar *«zum Heulen»*. Für Halter ist klar: Es wird zu einem grossen Konflikt kommen, da Haas viel zu wenig Rückhalt im Bistum habe. Am 17. Juni 1990 kommt es in Chur zu einer Kundgebung gegen die Einsetzung von Haas zum Bischof. 7000 Haas-Gegner finden sich ein und fordern in einer Resolution den Bundesrat auf, beim Vatikan vorstellig zu werden, damit dieses *«traurige und unwürdige Kapitel der Kirchengeschichte ein Ende finde»*. Derweil beten in Sachseln und Wil etwa 4500 Haas-Anhänger für die Einheit im Bistum. Doch weder die Demonstration noch das Gebet vermögen die Lage zu verändern.

2. Die Wut der Tellensöhne

In seiner Ehre verletzt und in seinen Rechten beschnitten, fühlt sich der Kanton Schwyz. Die offizielle Ernennung von Hochwürden Haas zum Koadjutor öffnet schliesslich die Schleusen der angestauten Wut im Kanton Schwyz. Die Innerschweizer haben schon längere Zeit Kenntnis davon, dass durch eine bevorstehende Koadjutorenernennung eine Bischofswahl verhindert werden wird. Der Stand Schwyz pocht jedoch auf das verbriefte Recht, wonach die beiden Schwyzer Domherren an einer Bischofswahl mittun dürfen. Doch der am 25. Januar 1988 beim Apostolischen Nuntius in Bern deponierte Protest bleibt ohne Wirkung. Umgekehrt sind dem Kanton Schwyz solange die Hände gebunden, bis die Ernennung offiziell auf dem Tisch liegt.

Am 5. April 1988 ist den Tellensöhnen dann klar, dass es keine Bischofswahl geben wird. Es ist Wolfgang Haas selber, der die Schwyzer darüber informiert, dass er nun Koadjutor sei. Der Kanton Schwyz steht vor vollendeten Tatsachen. Dies bringt das Fass zum Überlaufen. Erzürnt über das fait accompli, pocht die Schwyzer Regierung erneut an die Pforten der Nuntiatur in Bern. Ihr Argument ist ein apostolisches Schreiben. Ausdrücklich habe der päpstliche Nuntius am 29. Januar 1947 das Recht des Domkapitels zur Wahl des Bischofs von Chur gegenüber dem Schwyzer Regierungsrat anerkannt, zürnen die Standesvertreter. Doch ihr vermeintlicher Trumpf sticht nicht mehr. Rom spielt mit andern Karten. Dennoch ist Schwyz entschlossen, die Faust nicht nur im Sack zu machen.

Am 15. April 1988, also nur zehn Tage nach der Ernennung, reicht Kantonsrat Toni Dettling ein dringliches Postulat ein, in welchem er den Regierungsrat des Kantons Schwyz ersucht, «*möglichst umgehend bei den zuständigen Instanzen vorstellig zu werden, um dem institutionell garantierten Mitspracherecht der ortskirchlichen Vertreter des Standes Schwyz bei der Bischofswahl mit allen rechtlichen Mitteln zum Durchbruch zu verhelfen und dieses Recht namentlich in bezug auf die Nachfolge von Bischof Dr. Johannes Vonderach durchzusetzen*». Weiter verlangt Dettling, dass «*darauf einzuwirken*» sei, dass das «*Recht auf Nachfolge rückgängig gemacht wird*». Die Antwort des Schwyzer Regierungsrates auf diesen parlamentarischen Vorstoss ist so klar wie aufschlussreich. Die Regierung stellt sich auf den Standpunkt, dass den «*beiden Domherren des Kantons Schwyz ein staatsvertraglich zugesichertes Bischofswahlrecht zusteht*» und somit die vorliegende Ernennung einer Rechtsverletzung gleichkommt: «*Aufgrund der Überprüfung der Rechtslage gelangt der Regierungsrat zur Überzeugung, dass der Heilige Stuhl bei der Ernennung von H.H. Weihbischof Wolfgang Haas staatsvertragliche Abmachungen des Kantons Schwyz zu Gunsten seiner Domherren missachtet hat*» (vgl. Exkurs I).

Da dem Kanton Schwyz aber keine gerichtlichen Möglichkeiten offenstehen, sein Recht durchzusetzen – der Vatikan unterliegt nicht der völkerrechtlichen Jurisdiktion – will der Regierungsrat das Postulat mit der Antwort als erledigt abschreiben. Doch das Parlament zürnt weiter. Und wie! Drei Tage vor der Bischofsweihe erklärt der Kantonsrat das Postulat mit 79 gegen 3 Stimmen als erheblich. Das bedeutet, dass sich das Parlament nicht zufrieden gibt und von der Regierung einen ausführlichen Bericht zur ganzen Sachlage verlangt. Ein Jahr später liegt dieser Bericht vor. Erneut bekräftigt der Regierungsrat seine Überzeugung der Rechtsverletzung. Die regierungsrätlichen Interventionsmöglichkeiten seien aber beschränkt. Sowohl bei der Nuntiatur wie auch beim Bischof von Chur habe man mehrmals gegen das unrechtmässige Vorgehen protestiert.

Da diese Proteste nichts fruchten, beschliesst der Regierungsrat am 23. Mai 1989, den Bundesrat zu ersuchen, beim Heiligen Stuhl vorstellig zu werden. Verlangt wird die Rücknahme des verliehenen Nachfolgerechts. Weiter zieht die Schwyzer Regierung Retorsionsmassnahmen oder Repressalien gegenüber der Bistumsleitung in Chur in Betracht, falls die diplomatischen Schritte keine Wirkung zeigen sollten. Mit diesem regierungsrätlichen Entscheid wird auch der Bundesrat in die Diskussion mit hineingezogen. Allerdings sollte auch seine Intervention beim Heiligen Stuhl nichts einbringen. Der ins Bundeshaus zitierte päpstliche Nuntius Edoardo Rovida nimmt die diplomatische Note lediglich zur Kenntnis. Damit sind für den Kanton Schwyz alle völkerrechtlichen Mittel erschöpft. Enttäuscht und wütend reduziert der Kanton Schwyz deshalb die künftigen Beziehungen zum Bistum Chur auf das *«absolute Minimum»*. Der Fall Haas hat damit endgültig die rein innerkirchliche Dimension gesprengt. Wolfgang Haas sollte auch unter der Bundeshauskuppel mehrmals zum Thema werden.

3. Die Schäfchen verweigern sich ihrem Hirten

Auch nach dem heiligen Ereignis der Bischofsweihe verstummen die Proteste keineswegs. In gewissem Sinne nimmt der Proteststurm sogar noch zu, indem er neue Formen annimmt.

Den Anfang macht der Urner Kantonshauptort Altdorf. Als kurzfristig bekannt wird, dass nicht Bischof Johannes Vonderach, sondern der neue Weihbischof am 29. Mai 1988 das Sakrament der Firmung spenden soll, bricht bei den Eltern der Firmlinge offener Widerstand aus. Die Eltern bitten Bischof Vonderach, Wolfgang Haas als Firmspender zurückzuziehen. Der Protest zeigt Wirkung. Telephonisch teilt Bischof Vonderach den Altdorfer Priestern mit, dass die Firmung durch Generalvikar Walter Niederberger gespendet werde. Die Basis hat sich ihrem Bischof verweigert.

Die Altdorfer Verweigerung wirkt wie ein Signal. Im Juni 1988 entschliessen sich sechs Zürcher Stadtpfarreien, Wolfgang Haas als Firmspender nicht zu akzeptieren. Im August 1988 wünscht das Dekanat Ausserschwyz, Bischof Vonderach möge selber die Firmung spenden. Im Dezember 1988 erklärt die Churer Pfarrei «Heiligkreuz», dass sowohl Weihbischof Haas wie auch Bischof Vonderach als Firmspender unerwünscht seien. Im Januar 1989 wird im Schwyzerischen Lachen in einem offenen Brief zum Boykott der Firmung aufgerufen, sofern diese durch Weihbischof Haas erfolgen soll. Protest auch in der Schwyzer Kirchgemeinde Siebnen. Auch hier leisten die Eltern Widerstand, als kurzfristig Wolfgang Haas als Firmspender eingesetzt wird. Am 24. Juni 1990 teilen die Eltern der Firmkinder der Pfarrei Turbenthal ihm in einem Brief mit, dass er als Firmspender unerwünscht sei. In der Pfarrei Dübendorf firmt am 1. Juli anstelle von Wolfgang Haas Abt Dominikus Löpfe aus Sarnen. Mitte Juli wird Haas von den Pfarreien St. Agatha und St. Joseph in Dietikon ZH für die Firmung im Februar 1991 ausgeladen. Die Pfarreiräte des Dekanates Zürich-Oberland erklären, *«Herrn Haas als Firmspender nicht zu akzeptieren»* und lehnen zudem Pfarreibesuche durch Haas ab. Am 5. September beschliesst die Obwaldner Pfarrkonferenz einstimmig, dass sie als Firmspender weder Wolfgang Haas noch andere Personen aus der Bistumsleitung akzeptieren werden. Etwas später doppeln 240 Elternpaare (55%) nach, indem sie ihre Unterschrift unter ein entsprechendes Papier der Ablehnung setzen. Haas verzichtet schliesslich.

Der Widerstand in den Pfarreien verbreitet sich wie ein Lauffeuer. Bald schon steht ein grosser Teil des Bistums im Flächenbrand der Verweigerung. Dies mag den hilflosen Wolfgang Haas gleich dreifach schmerzen. Erstens ist er gegenüber diesem offensichtlichen Ungehorsam erstmals völlig machtlos. Es gibt im Kirchenrecht keinen Paragraphen, der diese konkrete Form des Widerstandes gegenüber einem Bischof regelt. Zweitens spürt er, dass sich dieser Widerstand ganz gegen seine Person richtet. Er, der erklärtermassen auch für seine Gegner ein guter Bischof sein will, sieht sich einer harten Front der Abwehr gegenüber. Und drittens sieht er sich in seinem bischöflichen Handeln behindert. Die Spendung des Firmsakramentes ist wesentliche Aufgabe eines Bischofs und kann vom Ortspfarrer nur dann vorgenommen werden, wenn er die bischöfliche Erlaubnis dazu hat. Bischof Wolfgang Haas ist durch diesen Widerstand sehr verletzt. Er erwartet vom Volk, dass es Kirchenpolitik bitte nicht mit Seelsorge vermischen solle. Dabei mag er übersehen, dass gerade der Widerstand gegen die Firmspendungen keineswegs nur kirchenpolitischer Natur ist.

Der Protest geht weiter. Die Nidwaldner Pfarrkonferenz beschliesst, dass im Schuljahr 1990/91 keine Firmungen stattfinden sollen. Doch besteht Wolfgang Haas gegenüber dem Nidwaldner Dekanatsvorstand darauf, 1991 persönlich im Kanton die Firmung zu spenden. Als der haastreue Pfarrer von Wolfenschiessen im September 1990 gleichwohl Wolfgang Haas als Firmspender ankündigt, sammeln die Eltern der Firmkinder Unterschriften. Haas entschliesst sich zum Rückzug. Er werde zwar am 20. Januar 1991, wie geplant, nach Wolfenschiessen kommen, jedoch «nur» Gottesdienst feiern, nicht aber die Firmung spenden. Gleichentags, am 12. November 1990, eröffnet Haas in einem weiteren offenen Brief, dass er auch auf die Firmreise durch den Kanton Obwalden *«aus seelsorglicher Rücksicht gegenüber allen Gläubigen»* verzichten werde. Dieser Entscheid sei für ihn *«schmerzlich»*. Da die Obwaldner Pfarrkonferenz auch andere Mitglieder der Bistumsleitung Chur als Firmspender ablehnt, ist vorerst noch nicht klar, wer

1991 im Kanton Obwalden firmen wird. Wie gross die Wut ist, zeigt die Forderung der Pfarrkonferenz: Sie will für die Pfarreien das freie Wahlrecht des Firmspenders.

*

Um solche neuen Formen des pfarreilichen Widerstandes möglichst im Keime zu ersticken, spricht Johannes Vonderach schon zur Zeit, als Wolfgang Haas noch Weihbischof ist, also rund ein Jahr vor der Wolfenschiessen-Affäre, ein bischöfliches Machtwort. Es stehe allein dem Bischof zu, die Firmspender zu bestimmen. Damit will Vonderach die Leitseile wieder in die eigenen Hände bekommen und verhindern, dass einzelne Pfarrer auf eigene Faust Firmungen vereinbaren und dabei die Spender quasi auf dem «freien Markt» der autorisierten Firmspender anwerben. Offiziell begründet Vonderach die Massregelung seines Basispersonals damit, dass auf diese Weise eine bessere Koordination und eine gleichmässigere Auslastung der Firmspender erreicht werden könne. Die Vermutung, Weihbischof Haas sei in Sachen Firmungen unterbelastet, weil unbeliebt, und werde nun durch ein bischöfliches Machtwort gewissen Pfarreien als Firmspender aufgezwungen, weist Bischofsvikar Christoph Casetti als falsch zurück.

Das Problem der Firmspenden ist damit aber nicht gelöst. Nach dem «Fall Wolfenschiessen» droht der verhinderte Firmspender Haas dem aufmüpfigen Kirchenvolk, Firmungen nurmehr an einem zentralen Ort durchzuführen. Die Drohung verhallt wirkungslos. Der Widerstand geht weiter und schleicht sich vom Grossraum Zürich langsam Richtung Chur. Und plötzlich bekommt es Wolfgang Haas direkt vor seiner Haustüre mit widerspenstigen Pfarreien zu tun.

So zum Beispiel mit der Pfarrei Bonaduz. Kurz vor Weihnachten 1991 spricht sie sich mit 90 zu 16 Stimmen gegen ihn als Firmspender aus. Doch der Ortspfarrer und Haas-Befürworter Max Herger legt sich mächtig ins Zeug und versucht das Debakel zu verhindern. Am 7. Februar 1992 informiert der stramme Gottesmann die Eltern der Firmlinge darüber, dass trotz Ablehnung Wolfgang Haas am 29. März 1992 in Bonaduz firmen werde. In Bonaduz bricht darauf hin der Streit zwischen

Anhängern und Gegnern offen aus. Am 13. Februar 1992 sprechen sich die Direktbetroffenen gegen Haas aus. 42 anwesende Eltern von insgesamt 61 Firmlingen wollen keine Handauflegung durch den unbeliebten Bischof. Die Wut der Anwesenden richtet sich auch gegen ihren haastreuen Pfarrer. Sie werfen ihm vor, er habe trotz Ablehnung im Volk, Wolfgang Haas explizit um die Firmung gebeten. Kirchenratspräsident Johann Nüssler spricht gar öffentlich davon, dass Pfarrer Max Herger, *«nicht mehr tragbar»* sei. Pfarrer Herger seinerseits wehrt sich. Der Kirchgemeinderat habe die Eltern gegen ihn und Bischof Haas aufgewiegelt.

Offensichtlich versucht Generalvikar Vitus Huonder in letzter Minute einen offenen Eklat zu verhindern, indem er – ohne Absprache mit Bischof Haas – den verärgerten Eltern einen alternativen Firmtermin am 30. Mai vorschlägt. An diesem Tag sollten alle diejenigen Kinder «nach»gefirmt werden, welche sich am 29. März der Firmung durch Bischof Haas verweigern. Doch Wolfgang Haas reagiert unwirsch auf Huonders Intervention. Eine Nachfirmung komme nicht in Frage. Vermutungen, dass damit eine Kontroverse zwischen Bischof Haas und Generalvikar Huonder entstanden sei, werden von der Bischöflichen Kanzlei verneint. Wie angeheizt sich die Stimmung im Bistum Chur präsentiert, zeigt der Umstand, dass Vitus Huonder – durch und durch loyaler Haas-Freund – nach seinen Bonaduzer Vermittlungsversuchen mit *«bösen, zum Teil anonymen»* Briefen von Haas-Anhängern eingedeckt wird. Auch erscheint ein *«sehr böser Artikel»* über ihn in einer haastreuen Postille. Huonder ist darüber dermassen *«tief erschüttert»*, dass er Wolfgang Haas die Vertrauensfrage stellt. Huonder macht ihm überdies klar, dass er sein *«Amt gerne zur Verfügung»* stelle, wenn all diese brieflichen Anwürfe sowie der *«böse Artikel»* so im Raum stehen blieben. Doch Wolfgang Haas schweigt. Auf eine öffentliche bischöfliche Antwort wartet man vergeblich, obwohl Vitus Huonder seinerseits seine Aussagen öffentlich gemacht hat. Das Vertrauen zwischen Huonder und Haas ist also, trotz allen Dementis aus Chur, durch die Bonaduzer Ereignisse nachhaltig gestört. Huonder dazu wörtlich: *«Die Verunsicherung im Bistum Chur hat seit Bonaduz auch auf mich übergegriffen.»* Auch in der Vermittlungstätigkeit – vor allem zwischen der Bündner Landeskirche und Wolfgang Haas – ist Huonder *«an seine Grenzen gestossen.»* Durch sein Verhalten hat es Wolfgang Haas also geschafft, auch engste und treuste Mitarbeiter zu brüskieren.

Die offizielle Firmung in Bonaduz wird schliesslich zu einem tragikomischen Auftritt von Wolfgang Haas. An einem regennassen, düsteren Sonntag zieht ein verlorenes Häufchen betend durch die Strassen von Bonaduz. Nur gerade 12 der über 60 Firmlinge lassen sich von ihm die Hand auflegen. Der Rest verweigert sich. Mitte Juni 92 findet dann doch eine Nachfirmung statt. Über 50 Firmlinge werden vom Abt des Klosters Disentis gefirmt.

Das Thema Firmung wird zum Dauerbrenner. Am 13. Dezember 1991 sickert durch, dass Bischof Haas dem ihm kritisch gesinnten Zürcher Pfarrer und Domherrn Franz Stampfli die Firmerlaubnis verweigern wolle. Stampfli hatte im Jahre 1991 in über 20 Pfarreien die Firmung gespendet. Wolfgang Haas sieht jedoch nach Intervention der Zürcher Dekane ein, dass im Raume Zürich ein Firmspender aus der Churer Bistumsleitung nicht willkommen sei, und macht am 20. Dezember den Entscheid rückgängig. Stampfli dürfe in jenen Fällen die Firmung erteilen, in denen er, Haas, es als *«angezeigt»* erachte. Damit will der Bischof ein Zeichen der Versöhnung setzen, wie er selber sagt. Dass er sich in der Firmfrage arg in der Defensive befindet, wird daraus deutlich, dass Haas von seinen Gegnern erwartet, dass alle Pfarrer und Pfarreien respektiert werden, die eine Firmung durch ihn als Bischof oder durch den Generalvikar wünschten. Viele sind dies allerdings nicht mehr. Im Jahr 1992 figuriert Haas nur gerade in 9 Gemeinden des ganzen Bistums als Firmspender – sieben davon im Kanton Graubünden.

*

An andern Orten des Bistums ist der Widerstand nicht so geschlossen. Selbst in der «Hochburg» der Haas-Kritiker, in Zürich, kommt es acht Monate nach der umstrittenen Ernennung von Wolfgang Haas zu einer ersten Firmspendung. Obwohl sich verschiedene Zürcher Stadtpfarreien gemeinsam gegen ihn als Firmspender aussprechen, schert die Pfarrei St. Joseph aus dieser Abmachung aus und lädt ihn zur Firmfeier ein. Am 29. Januar 1989 spendet Weihbischof Wolfgang Haas, trotz einer Bombendrohung ungestört, das Sakrament der Firmung. Er zeigt sich erfreut über die *«offenen Türen und offenen Herzen»*, die er hier antreffe. Für ihn bedeutet dies zweifelsohne einen Erfolg. Er hofft, seine bischöflichen Aufgaben auch im aufmüpfigen Zürich nach und nach wahrnehmen zu können. Dennoch, so glauben Beobachter, wird dies nicht zum Normalfall werden. St. Joseph sei eine Pfarrei mit einem Ausländeranteil von weit über der Hälfte. In diesen Kreisen sei die umstrittene Ernennung weniger oder kaum diskutiert worden. Und sie sollten recht bekommen. Im Jahre 1992 sollte Wolfgang Haas im ganzen Kanton Zürich keine einzige Firmung mehr spenden.

*

Doch auch solches vermag in Weihbischof Wolfgang Haas nichts zu bewegen. Weder die ganze Firmmisere, noch die vielen Aufforderungen, auf das Nachfolgerecht zu verzichten und schon gar nicht die Rücktrittsforderungen bewirken etwas in ihm. Dass die Mehrheiten des Priesterrates und des Seelsorgerates, dass gemäss verschiedenen Umfragen drei Viertel der Seelsorger im Bistum Chur ihn als Nachfolger von Johannes Vonderach ablehnen, nimmt er als unbewiesene Tatsache hin. Für ihn ist allein der Umstand von Bedeutung, dass er rechtmässiger Weihbischof mit dem Recht auf Nachfolge ist. Alles andere, so sieht es auch sein geistlicher Ziehvater Vonderach, ist von den Medien zu einem kontroversen Ereignis gemacht worden. Die für ihre Zurückhaltung bekannte «Neue Zürcher Zeitung» betitelt diese Medienschelte Vonderachs lapidar mit *«Der übliche Sündenbock»* (NZZ vom 15.9.89). Und während der damalige Bischofsvikar Christoph Casetti dem Seelsorgerat zu erklären versucht, Wolfgang Haas könne aus *«subjektiven und objektiven»* Gründen nicht auf sein Nachfolgerecht verzichten, versucht dieser der Vaduzer Jugend die Theo-Logik beizubringen, dass eben *«Bischof bleibt, wer einmal Bischof ist»*. Dies selbst dann, nota bene, wenn sich der Papst bei einer Bischofsernennung auch mal *«geirrt»* haben sollte. Später wird Weihbischof Paul Vollmar öffentlich erklären, dass sich der Papst in Sachen Haas zwar nicht geirrt habe, dass er aber nach eigenen Aussagen *«getäuscht»* worden sei.

4. «Schach-Matt»

Am 25. Mai 1990, Bischof Haas ist gerade drei Tage Leiter des Bistums, fällt ein erster Personalentscheid. Wolfgang Haas setzt den bisherigen Generalvikar für den Kanton Zürich, Gebhard Matt, kurzerhand Schach matt, indem er ihn für dieses Amt nicht mehr bestätigt. Der Generalvikar ist eine Art bischöflicher Statthalter. Sein Amt stellt deshalb eine wichtige Verbindung zwischen dem Bischof und den Gläubigen vor Ort dar. Gemäss Kirchenrecht erlischt das Amt eines Generalvikars bei einem Bischofswechsel automatisch, doch werden normalerweise die Amtsträger vom neuen Bischof bestätigt. Nicht so Wolfgang Haas. Er begründet diese «Entlassung» mit der unloyalen Haltung Matts gegenüber seiner Ernennung zum Bischof von Chur. Doch von einer Machtdemonstration will er nichts wissen. Er verweist auf das Kirchenrecht, welches ihm die Möglichkeit gibt, den Mitarbeiterstab so zusammenzustellen, dass er mit diesem *«eins und harmonisch»* zusammenarbeiten könne. Und Wolfgang Haas wäre nicht Wolfgang Haas, wenn er die Tatsache der bischöflichen Macht nicht weit von sich weisen würde. *«Ich habe mich in den letzten beiden Jahren sehr viel ohnmächtig gefühlt. Denn welche Macht hat ein Bischof schon? Er kann nur immer wieder versuchen, sein Amt überzeugend und glaubwürdig auszuüben. So betrachtet, besteht die Macht im weltlichen Sinn nicht. Natürlich kann ein Bischof Entscheidungen treffen im innerkirchlichen Bereich, auch in Personalfragen. Das sind aber immer Entscheidungen, wo andere miteinbezogen werden»*, erklärt er nur einen Tag später am Schweizer Radio DRS.

Doch bei der Nichtbestätigung von Gebhard Matt dürften auch persönliche Ressentiments eine Rolle gespielt haben. Matt hat nie mit Kritik an Wolfgang Haas zurückgehalten. Und dass Gebhard Matt auch theologisch nicht auf dessen Linie liegt, ist schon länger bekannt. Auch spätere Personalentscheidungen von Wolfgang Haas werden zeigen, dass er aber konsequent nur Leute in seinen Dienst nimmt, die ihm und seiner theologischen Ausrichtung vollumfänglich folgen. Pikant an der Sache ist überdies, dass Haas sein einziges sechswöchiges Praktikum in der pfarreilichen Seelsorge ausgerechnet bei Gebhard Matt absolviert hatte.

*

Aufgebracht über diesen bischöflichen Handstreich, erwartet Zürich die Ernennung des neuen Generalvikars. Allgemein wird befürchtet, Haas werde den Posten mit einem konservativen, linientreuen Mann, eventuell gar mit einem Opus Dei-Vertreter besetzen. Bereits am 26. Mai, nur einen Tag nach der Affäre Gebhard Matt, erklärt Wolfgang Haas in einem Gespräch mit Schweizer Radio DRS: *«Ich habe den Nachfolger bestimmt, aber ich publiziere den Namen erst dann, wenn ich es für richtig halte.»* Er spielt also auf Abwarten. Weshalb, ist nicht ganz klar. Möglicherweise will er in Zürich das Protestgeläute gegen seine Amtsübernahme etwas verklingen lassen. Er will den Namen noch für sich behalten und den Zeitpunkt der Bekanntgabe selber bestimmen. Doch Haas wartet zu lange.

Es ist ausgerechnet der designierte Nachfolger selbst, der ihm einen Strich durch die Rechnung macht. Am 29. Mai 1990 gibt der ehemalige Bischofsvikar Christoph Casetti während der Diskussionssendung *«Zischtigs Club»* des Fernsehens DRS bekannt, Bischof Haas habe ihn zum neuen Generalvikar für Zürich ernannt. Dieses Vorprellen seines neuen Generalvikars kommt dem neuen Oberhirten von Chur recht ungelegen. Sein Versuch, den besten Moment abzuwarten, bis er die Katze aus dem Sack lässt, ist damit gescheitert. Dass Wolfgang Haas ziemlich ungehalten gewesen sein mag, geht aus einem persönlichen Schreiben hervor, in welchem Haas es *«bedauert»*, dass die Ernennung *«zuerst in den Medien bekannt wurde»*.

Denn damit leitet Casetti ungewollt Wasser auf die Mühlen des Priesterrates, der einmal mehr betonen wird, dass er als Beratungsgremium übergangen worden sei. Haas bleibt also nichts anderes übrig, als die Aussage Casettis am Tag nach der Fernsehsendung offiziell zu bestätigen. In einer Pressemitteilung betont die Churer Bistumsleitung, dass es in der Freiheit des Bischofs liege, seine Mitarbeiter und Stellvertreter auszuwählen. Weiter wird bekannt, dass Haas für die Urschweiz den bisherigen Generalvikar Walter Niederberger bestätigt und für die Kantone Graubünden und Glarus sowie für das Fürstentum Liechtenstein den Bündner Vitus Huonder als Generalvikar einsetzt. Gerichtsvikar (Offizial) bleibt das erklärte Opus Dei-Mitglied Joseph M. Bonnemain.

Damit sehen die Zürcher ihre Befürchtungen bestätigt. Denn Casetti gilt als äusserst konservativ und als enger Vertrauter von Haas. Überdies gibt Casetti offen zu, dass auch er der konservativen Laienbewegung «Opus Dei» nahe steht. In einer Mitteilung appellieren die vier Dekane des Kantons Zürich sofort an die Schweizer Bischofskonferenz, beim Papst vorstellig zu werden. Haas soll zum Verzicht auf das Bischofsamt im Bistum Chur bewegt werden. Ebenso wird Haas aufgefordert, den nichtbestätigten Gebhard Matt wieder als Generalvikar einzusetzen. Auch in protestantischen Kreisen reagiert man beunruhigt über die Personalentscheide Haas'. Generell wird bedauert, dass die *«ausgezeichnete Zusammenarbeit»* mit dem *«oekumenisch aufgeschlossenen»* Matt durch diesen Entscheid nun beendet sei.

*

Die Zürcher Kantonalkirche reagiert promt und heftig. Mit einem Hinweis auf das Arbeitsrecht, wonach der «alte» Generalvikar eine dreimonatige Kündigungsfrist beanspruchen könne, verwehrt die Zürcher Kirche dem neuen Generalvikar Christoph Casetti Büro und Lohn. Casetti wird in Zürich zur unerwünschten Person erklärt. In den Räumlichkeiten des Generalvikariats Zürich erhält er Hausverbot. Auch darf er nicht mehr an den Sitzungen teilnehmen. Das bedeutet konkret, dass Generalvikar Christoph Casetti, Statthalter des Bischofs von Chur, seine Funktion nicht vor Ort wahrnehmen kann. Casetti wird zum «Minister ohne Portefeuille». Auch in Sachen Finanzen schickt Zürich eine klare Botschaft nach Chur: Kein Geld mehr für die bischöfliche Schatulle. Die Beiträge Zürichs an die Bistumskasse werden sistiert. Das Vizeoffizialat Zürich wird nicht mehr aus der Zürcher Zentralkasse bezahlt.

Chur bleibt nichts anderes übrig, als sich zu beugen. Am 3. Juni 1990 gibt Bischof Haas offiziell bekannt, Casetti werde seine Arbeit von Chur aus leisten. Solchermassen in die Defensive gedrängt, sieht sich die Bistumsleitung von Chur an der Lage völlig unschuldig. Christoph Casetti lässt die katholischen Medienschaffenden wissen, dass die ganze Krise nichts mit Chur zu tun habe, sondern nur die Glaubenskrise in der Kirche Schweiz offenlege. Dass es sich dabei eher um eine «Krise» des Gehorsams handelt, zeigt eine Solidaritätserklärung von 28 Schweizer Welt- und Ordenspriestern. Sie mahnen ihre Amtskollegen nicht etwa, wieder zu glauben, sondern wieder zu gehorchen. Denn für sie ist klar, dass hier *«eine Krise des Glaubensgehorsams, nicht nur der Laien, sondern zuerst der Priester»* vorliege. Glauben wird also im Kirchenbild dieser Priester zum Synonym für gehorchen. Die haasfreundliche Vereinigung «Pro Ecclesia» fordert schliesslich die sofortige Aufhebung des finanziellen Boykotts, wird aber mit grossem Mehr überstimmt. Auch ein Jahr danach verweigert die römisch-katholische Synode des Kantons Zürich sowohl die Besoldung Casettis als auch die Bistumsbeiträge.

*

Die Verweigerung von Finanzen setzen auch andere Gremien als Druckmittel und Zeichen des Protestes gegenüber Chur ein. Der grosse Kirchenrat des Kantons Nidwalden beschliesst an seiner ordentlichen Frühlingssession 1990, den Beitrag von Nidwalden an das Bistum Chur zu sistieren. Damit will Nidwalden ein Zeichen gegen den *«Monolog der Kirchenhierarchie»* setzen. Durch ein Rechtsgutachten, erstellt vom St. Galler Juristen Urs J. Cavelti und alt Bundesrichter Eduard Amstad aus Beckenried, lässt sich die Nidwaldner Kirche versichern, dass zwischen dem Kanton Nidwalden und dem Bistum Chur keine Rechtsbeziehungen bestehen. Daher gebe es für die Landeskirche auch keine rechtliche Verpflichtung, Bistumsbeiträge nach Chur zu bezahlen. Ein allfälliger Entscheid über die wirkliche Sistierung der rund 55'000 Franken müssten dann die Nidwaldner Katholiken fällen. Auch dieses Beispiel der Verweigerung sollte später durch mehrere Pfarreien und Dekanate noch aufgegriffen werden.

Auch die Urner Regierung kündigt an, dass der Bistumsbeitrag in der Höhe von rund 60'000 Franken vorderhand sistiert werde. Etwas länger braucht die Bündner Landeskirche, bis sie sich zu diesem Schritt entschliesst. Während im Juli 1990 eine Sistierung der Beiträge noch abgelehnt wird und lediglich der Versuch, Bischof Haas zum freiwilligen Amtsverzicht zu bewegen, eine Mehrheit findet, schliesst sich zwei Jahre später auch die Bündner Landeskirche an und stoppt am 18. November 1992 die Beiträge an die Bistumskasse in Höhe von Fr. 176'400.–.

Im Juni 1992 verweigern Zürich und die Innerschweiz die kirchliche Kollekte zugunsten des Churer Priesterseminars. Während in Zürich die Kollekte in einen speziellen Fonds fliesst und so Chur vorenthalten wird, rufen die Innerschweizer Dekane die Pfarreien auf, die Kollekte am sogenannten Dreifaltigkeitssonntag gar nicht erst einzuziehen. Der Sammelboykott wird jedoch nicht durchweg eingehalten. Der Aufruf zum Boykott führt bei Haas-Anhängern zu Trotzreaktionen. In der Pfarrei Schwyz zum Beispiel liegt das Sammelergebnis dreimal höher als in andern Jahren. Nach Auskunft des Pfarrers befinden sich auffällig viele grössere Beiträge in der Kollekte.

Dass finanzieller Boykott dem Bistum Chur kaum «schaden» kann, zeigt die Jahresrechnung 1991, die zwei Tage vor dem Dreifaltigkeitssonntag genehmigt wird. Dabei hat das Bistum Chur mit einem Einnahmeüberschuss von 234'645 Franken abgeschlossen, obwohl die Beiträge der Bistumskantone von knapp einer Million Franken auf die Hälfte geschrumpft sind. Hauptgrund der positiven Rechnung sind freiwillige Spenden in der Höhe von rund einer Million Franken. Haupteinnahmequellen bilden nebst freiwilligen Zuwendungen Erträge aus Baurechtszinsen (2,5 Mio Franken) sowie dem Weinbau (700'000 Franken). Trotz der ausgeglichenen Rechnung, ist die finanzielle Lage des Bistums angeschlagen. Grössere Investitionen – vor allem im Bereich Gebäudesanierung – werden zurückgestellt.

5. «Räubersynoden» in Altdorf – Es brodelt in der Innerschweiz

Heftige Reaktionen lösen die Vorgänge bei den rund 200 Innerschweizer Seelsorgerinnen und Seelsorgern aus. Am 26. September 1990 kommt es in Altdorf zu einer ersten sogenannten *«Urschweizer Pastoralkonferenz (URS)»*, bei welcher rund 100 hauptamtlich in der Pastoral tätige Pfarrer, Diakone, Laientheologinnen und -theologen, Katechtinnen und Katecheten anwesend sind und die von Haas-Befürwortern als «Räubersynode» bezeichnet wird. Während über 90 Personen sich als Haas-Gegner zu erkennen geben, sind auch rund zehn Haas-Befürworter anwesend. In zum Teil markigen Worten verschaffen die Beteiligten ihrem Ärger und ihrer Wut gegenseitig Luft. Dabei geht es vor allem um das Problem des traditionell-hierarchischen Kirchenbildes, welches Wolfgang Haas vertritt und welches nach Ansicht der Anwesenden zeitlich überholt sei und überdies dem Geiste des Zweiten Vatikanischen Konzils widerspreche. Es fallen aber auch offene und böse Worte gegen die Amtsführung von Wolfgang Haas.

Bereits am 16. Januar 1991 findet dann die zweite Konferenz der URS in Altdorf statt. Wiederum sind fast hundert Seelsorgerinnen und Seelsorger anwesend. Diesmal geht es darum, dass die von der Schweizer Bischofskonferenz von Bischof Haas geforderten *«signifikanten Zeichen»* (siehe Teil I, Kapitel III) ausgeblieben sind. In einer von der URS verabschiedeten Resolution wird daher Bischof Haas als *«untragbar»* bezeichnet. Sorgen macht man sich in der Innerschweiz vor allem auch wegen der Theologischen Hochschule Chur (THC) und dem Seminar «St. Luzi» (siehe Teil II, Kapitel I). Die Idee von Wolfgang Haas, aus dem «St. Luzi» ein «reines» Priesterseminar zu machen, Laien und Frauen also auszugliedern, stellt die Kantone vor schwierige Fragen der Seelsorgerausbildung. Der

Leiter des Seminars St. Luzi, Regens Franz Annen, gibt sich pessimistisch. «St. Luzi» werde einen *«langsamen Tod»* sterben, ist Annen überzeugt. In einer Resolution verlangt die URS deshalb, dass das Seminar «St. Luzi» weiterhin für Laientheologinnen und -theologen offen bleiben muss. Sollten von Chur her aber *«dirigistische Massnahmen»* erfolgen, sähe sich die URS gezwungen, über die Schaffung einer *«katholischen theologischen Fakultät in Zürich»* nachzudenken.

An der URS-Konferenz im Juni 1991 tönt es ähnlich. Haas sei auf dem Weg, eine neue Kirche zu gründen, erklärt der ehemalige Bischofsvikar Karl Schuler. Er begründet seine Aussage damit, dass Haas eigene Organisationen für die Verkündigung, die Liturgie und Diakonie schaffe. Haas wolle alles in seinem Bistum seiner eigenen Person unterstellen und so ein *«Personalbistum»* schaffen. Das Vertrauen in ihn sei *«nicht restaurierbar»*. Wieder fallen in bezug auf Haas Ausdrücke wie *«untragbar»*, *«unfähig»* und *«selbstherrlich»*. Schliesslich wird Haas gar Wortbrüchigkeit vorgeworfen. Noch am 22. Mai 1991 habe Haas dem Seelsorgerat mitgeteilt, dass das Projekt «Lauretanum» noch nicht publikumsreif sei. Bereits wenige Tage später sei jedoch der Beschluss, datiert vom 13. Mai, das als «Lauretanum» bezeichnete Vorbereitungsjahr für angehende Priesteramtskandidaten einzuführen, publiziert worden.

Im Vorfeld einer weiteren URS-Versammlung am 4. November 1992 wehren sich 45 haastreue Seelsorger mit einem Protest. Diese URS-Versammlungen seien *«antikirchlich, intolerant und auf Konfrontation ausgerichtet»*. Der Initiant dieses Protestes, Pfarrer Rudolf Nussbaumer aus Steinen, wirft den Haas-Gegnern vor, immer wieder Unruhe zu schüren und sich *«wie Pubertierende»* zu verhalten. Die Versammlung selbst stellt fest, dass Wolfgang Haas und seine Mitarbeiter die *«Zerstörung der Bistumseinheit eingeleitet»* hätten. Weiter hält die Innerschweizer Versammlung fest, dass man rechtlich vom Einflussbereich von Haas wegwolle und überdies auch Generalvikar Walter Niderberger nicht akzeptiere.

Altdorf entwickelt sich mit seinen URS-Versammlungen zu einem Zentrum des Innerschweizerischen Widerstandes. Es setzt damit eine Art Gegengewicht zum gewichtigen, und qualitativ verschiedenen, Widerstand aus der Region Zürich. In Zürich stehen die Probleme einer Grossstadt im Vordergrund, die eine ganz andere Seelsorge verlangen als die weitgehend traditionell katholischen Innerschweizer Dörfer. In Zürich ist auch die Oekumene eine viel vordringlichere Frage als im katholischen Stammland der Innerschweiz. Zürich verlegt sich in erster Linie darauf zu zeigen, dass Wolfgang Haas diesen Problemen nicht gewachsen ist und auch nicht auf der Höhe der aktuellen Fragen steht. Wenn auch die Innerschweiz keineswegs so kirchlich-konservativ ist wie Wolfgang Haas, so stehen viele Katholikinnen und Katholiken einem eher traditionelleren Kirchenbild – und damit Wolfgang Haas – näher als die Zwingli-Stadt Zürich. Trotzdem ist hier der Widerstand gegen ihn nicht minder heftig. Die Rütli-Wiese ist nicht weit. Hier spielt der alte Reflex der Abwehr fremder Vögte. Wer immer in der Innerschweiz Dinge verändern will und sich dabei die Todsünde erlaubt, die betroffene Bevölkerung dazu nicht zu befragen, macht sich zur unerwünschten Person. Schon bald verlegen sich auch die Innerschweizer darauf zu zeigen, dass Wolfgang Haas, als fremder Vogt in Chur, von den urschweizerischen Dingen keine Ahnung hat, sprich: für das Bischofsamt nicht geeignet ist.

Beide Arten von Widerstand ernähren sich aus ihrer konkreten Situation heraus. Und wenn sich der Stadt-Widerstand Zürichs mit dem Land-Widerstand der Urschweiz hier treffen, dann vor allem, weil sie einen gemeinsamen «Gegner» kennen. Die Solidarität der beiden Gebiete im Widerstand gegen Wolfgang Haas geht sogar soweit, dass schliesslich eine Teilung des Bistums und die Einrichtung einer Administratur Zürich verhindert werden kann.

6. Beten statt Demonstrieren!

Auffällig lange ist es um die Haas-Befürworter relativ ruhig. Zwar melden sich immer wieder haastreue Gruppierungen wie die konservativen Bewegungen «Pro Ecclesia» oder «Communione e Liberazione» zu Wort. Sie unterstützen in ihren Voten nicht nur die Linie von Wolfgang Haas, sondern greifen auch immer wieder die Medien an und werfen diesen vor, einseitig und hetzerisch zu berichten. Man wittert einen Komplott gegen Bischof Haas, inszeniert von diesen übermächtigen Medien.

Aktiv in Sachen Pro-Haas-Aktionen ist vor allem die Volksbewegung «Pro Ecclesia». Als Reaktion auf den Zürcher Synodenbeschluss vom Juni 1990 (kein Lohn und kein Büro für Casetti) arbeiten mehrere Juristen, die «Pro Ecclesia» angehören, ein Rechtsgutachten aus. Sie kommen darin zum Schluss, dass die Synode damit eindeutig gegen die Kirchenordnung von 1982 verstossen habe. «Pro Ecclesia» droht daraufhin mit einem möglichen Massenaustritt von bischofstreuen Katholiken.

«Pro Ecclesia» organisiert und veranstaltet auch mehrmals Kundgebungen für Bischof Haas sowie eine Unterschriftensammlung *«für gute Bischöfe»*, die später aber abgebrochen wird. So treffen sich auch am 7. Juni 1990 rund 500 Anhänger des neuen Bischofs an einer Solidaritätskundgebung in der Krypta der Liebfrauenkirche in Zürich. Dabei werden vor allem die *«bösen Angriffe in Presse, Predigten und Vorträgen»* gegenüber Wolfgang Haas verurteilt und als Versuch gebrandmarkt, die päpstlichen Entscheidungen für Bischof Haas hintertreiben zu wollen. Es werden Solidaritätsbekundungen an die Adresse von Bischof Haas und Generalvikar Casetti sowie Resolutionen und Briefe an die Nuntiatur in Bern, an den ehemaligen Generalvikar Gebhard Matt, an die Bischofskonferenz und die Kantonalkirche Zürich beschlossen.

Unter dem Motto *«Beten statt Demonstrieren»* treffen sich am 17. Juni 1990 in Sachseln und Wil (SG) rund 4500 Haas-Befürworter. Organisiert werden diese Gebets-Treffen von verschiedenen konservativen Gruppierungen. So etwa von Pro Ecclesia, von den Gebetsgruppen der Freunde Pater Pios, vom Rosenkranz-Sühnekreuzzug für den Frieden in der Welt, vom Fatima-Weltapostolat, von der Marianischen Priesterbewegung, von der Gebetsaktion Medjugorie, der Herz-Jesu-Ehrenwache sowie vom Lourdes-Pilgerverein Zürich, Thurgau und Schaffhausen. Koordiniert werden die Treffen von Pfarrer Jost Siegwart aus Leibstadt. Ziel ist es, *«für die Einheit der Kirche und die Erhaltung des papsttreuen römisch-katholischen Glaubens»* zu beten. Dass gleichentags in Chur eine Anti-Haas-Demonstration stattfindet – es finden sich rund 7000 Haas-Gegner ein -, bezeichnet Siegwart als Zufall. Auch die «Aktion für Kirche und Papst im Aargau» meldet sich zu Wort und verurteilt in einem Communiqué den *«Verrat an der christlichen und eidgenössischen Grundlage unseres Landes»* und sichert dem neuen Bischof seine volle Unterstützung zu. Auch die als äusserst konservativ geltende Gemeinschaft «Communione e Liberazione» stellt sich in einem Communiqué hinter Bischof Haas. Die lediglich 20 Mitglieder (!) umfassende Sektion Zürich sieht in der Kritik am neuen Bischof einen Vorwand, um in Zürich ein neues Bistum gründen zu können. Zürich jedoch müsse beim Bistum Chur bleiben. Zwar gibt man sich bei «Communione e Liberazione» recht offen und betont, dass man die *«legitime Meinungsvielfalt»* respektiere. Umgekehrt wirft man den Haaskritikern vor, lediglich eine Polemik um Haas aufzubauen, die daran zweifeln lasse, ob *«die andern einen Dialog aufbauen wollen.»* Stefano Braido, Kontaktperson für die Sektion Zürich, gibt dann allerdings zu, dass man *«von den andern niemand so genau kenne»* und man sich über die Arbeit der Zürcher Kantonalkirche nur über die Zeitungen informiert habe.

Am 25. Februar 1991 organisiert Pro Ecclesia eine Tagung in Einsiedeln zum Thema «Neuevangelisierung». 600 Anwesende erklären sich mit Haas solidarisch und empfangen ihn mit stehendem Applaus.

7. Die Apostolische Nuntiatur abschaffen!

Was als rein innerkirchlicher Disput beginnt und von gewissen Kreisen bis heute als solcher betrachtet wird, zieht immer weitere Kreise. Schliesslich geraten auch Parteien, Kantonsregierungen, der Nationalrat und der Bundesrat in den Strudel des «Falles Haas». Verschiedene Kantonsregierungen werden aktiv, und auf Bundesebene werden innert weniger Tage gleich mehrere parlamentarische Vorstösse eingereicht.

Am 1. Juni 1990 erklärt der Regierungsrat des Kantons Graubünden die Bischofsernennung von Wolfgang Haas als *«irregulär»*. In einer Antwort auf eine Interpellation gibt Regierungsrat Joachim Caluori bekannt, dass es aus rechtlichen Gründen nicht möglich sei, die Wahl von Bischof Haas als Diözesanbischof anzuerkennen. Dies sei solange der Fall, bis die Rechtsansprüche des Kantons bei einer Bischofswahl restlos geklärt seien. Die Regierung kündet an, diese Fragen innerhalb eines Jahres klären zu wollen.

Am 11. Juni 1990 verlangen mehrere Urner Landräte von der Regierung, dass sie die Zugehörigkeit zum Bistum Chur überprüfen solle. Uri gehört seit über 170 Jahren «nur» provisorisch dem Bistum Chur an. Man will mit diesem Postulat ein Zeichen nach Chur senden, wonach es Uri nicht gleichgültig sei, was in der katholischen Kirche passiere. Am 13. Juni 1990 beschliesst die Urner Regierung, verschiedene Zahlungen an das Bistum Chur zu sistieren.

Am 19. Oktober 1990 spricht sich auch der Obwaldner Kantonsrat dafür aus, die Bistumszugehörigkeit abklären zu lassen. Nur drei Monate zuvor hatte der Obwaldner Staatsarchivar Angelo Garovi nämlich für einen kleinen Aufruhr gesorgt. Der fleissige Historiker glaubt, Beweise dafür gefunden zu haben, dass die Kantone Uri, Ob- und Nidwalden rechtlich gar nicht zum Bistum Chur, sondern zum Bistum Basel gehören. Tatsächlich werden die drei Kantone bei der Aufteilung des Bistums Konstanz 1819 provisorisch dem Bischof von Chur unterstellt. Garovi hat nun ein von Papst Gregor XVI. 1831 genehmigtes Konkordat gefunden, das die drei Kantone dem Bistum Basel eingliedern sollte. Dieses Konkordat tritt jedoch wegen den innenpolitischen Wirren um die Regeneration nie in Kraft. 1861 wird die provisorische Zugehörigkeit zum Bistum Chur gekündigt, und die drei Urkantone streben ein eigenes Bistum an. Doch der Versuch scheitert. Die drei Kantone bleiben – in gekündigtem Status – beim Bistum Chur. Ein weiterer Anlauf des Kantons Obwalden – in Form einer Initiative im Jahre 1946 – scheitert als verfassungswidrig, da gemäss neuer Kantonsverfassung nicht das Volk, sondern der Regierungsrat für die Frage der Bistumszugehörigkeit zuständig ist. Ende Januar 1991 beschliesst auch die Nidwaldner Regierung, die (provisorische) Zugehörigkeit des Kantons zum Bistum Chur zu überprüfen.

*

Schliesslich erreicht der Fall Haas auch das politische Bern. Im Nationalrat kommt es zu mehreren Einzelvorstössen. Am 6. Juni 1990 wirft der Zürcher CVP-Nationalrat Rolf Seiler in einer dringlichen Interpellation die Frage auf, ob nicht eine diplomatische Vertretung der Schweiz im Vatikan zu prüfen wäre. Hintergrund der Interpellation ist der *«offene Aufruhr»* in der katholischen Kirche der Schweiz. Seiler sieht auch den konfessionellen Frieden in der Schweiz in Gefahr. Am 7. Juni 1990 verlangt der Bündner CVP-Nationalrat Theo Portmann in einem Postulat die Einsetzung eines schweizerischen Botschafters im Vatikan. Und am 20. Juni 1990 verlangt der Berner Nationalrat Otto Zwygart (EVP) in einem Postulat, die päpstliche Vertretung in der Schweiz, also die apostolische Nuntiatur, sei abzuschaffen. Zwygart erhält dabei Unterstützung des Schweizerischen Protestantischen Volksbundes (SPV), welcher überdies den Nuntius Edoardo Rovida vom Bundesrat zur «persona non grata» (zur unerwünschten Person) erklärt haben möchte. In der Begründung schreibt Zwygart: *«Die mit der Einsetzung des neuen Bischofs von Chur verbundenen Vorgänge können geeignet sein, den Frieden zwischen den christlichen Konfessionen zu gefährden.»* Am 22. Juni schliesslich fragt Nationalrat Franz Jaeger (LDU) in einer Interpellation, ob mit der Wahl von Wolfgang Haas Rechte einzelner Kantone verletzt worden seien.

Am 18. September 1990 nimmt der Bundesrat zu den Vorstössen Stellung. Dabei verzichtet er angesichts der kontroversen Rechtslage darauf, die Rechtmässigkeit der Ernennung von Bischof Haas zu beurteilen, verhehlt aber eine gewisse Nähe zum Standpunkt des Kantons Schwyz nicht. Die Argumente des Standes Schwyz, wonach hier eine Rechtsverletzung vorliege, könnten, so der Bundesrat, *«nicht leicht von der Hand gewiesen werden»*. Zur Interpellation Jaeger schreibt der Bundesrat weiter, dass es grundsätzlich Sache der Kantone sei, zu entscheiden, *«ob und inwieweit ihre Rechte bei der Ernennung von Bischof Haas verletzt worden sind»*. Den religiösen Frieden in der Schweiz sieht der Bundesrat nicht in Gefahr. In der Begründung auf die Interpellation Seiler erklärt der Bundesrat, dass es sich hier *«um eine rein innerkatholische Angelegenheit handelt»* und daher von einer *«Gefährdung des Friedens (...) grundsätzlich nicht gesprochen werden kann»*. Am gleichen Tag nimmt der Bundesrat auch Stellung zu den beiden Postulaten von Theo Portmann (Schweizer Botschaft im Vatikan einrichten) und Otto Zwygart (Nuntiatur abschaffen). Beide Vorstösse werden vom Bundesrat abgelehnt. Die Schweiz unterhalte mit dem Vatikan *«normale diplomatische Beziehungen»*, ist in der Stellungnahme nachzulesen. Allerdings weist der Bundesrat auf eine *«Anomalie»* dieser Beziehungen hin, *«da sie einseitig sind und in beiden Richtungen durch die Nuntiatur in Bern wahrgenommen werden.»* Überdies nehme die Nuntiatur nebst den diplomatischen auch religiöse Aufgaben wahr, welche sich dem Tätigkeitsbereich des Bundesrates entziehen. Eine Schliessung der apostolischen Nuntiatur in Bern steht für den Bundesrat klar *«ausser Frage»*. Aber auch die Eröffnung einer schweizerischen Vertretung beim Vatikan steht, zumindest noch in dieser Legislaturperiode, *«nicht zur Diskussion»*.

*

Die landesweite politische Unruhe um den «Fall Haas» setzt schliesslich auch die Diplomatie in Bewegung. Am 3. Juli 1990 ruft Staatssekretär Klaus Jacobi vom Eidgenössischen Departement für auswärtige Angelegenheiten (EDA) den Nuntius der Schweiz, Edoardo Rovida, zu sich und informiert ihn über die breite Beunruhigung, die die Ernennung von Wolfgang Haas zum Bischof von Chur sowie dessen erste Personalentscheide hervorgerufen haben. Auf eine Protestnote seitens des EDA wird bewusst verzichtet, da man den zu diesem Zeitpunkt noch nicht erfolgten Stellungnahmen des Bundesrates zu den hängigen parlamentarischen Vorstössen nicht vorgreifen will.

Im September 1990 reist Botschafter Jenö Staehelin, Chef der Politischen Abteilung I im EDA, nach Rom, um direkt mit Kurienvertretern über die heikle Angelegenheit zu sprechen. Doch viel bringt der versierte Diplomat nicht mit nach Hause. Der Vatikan verspricht ihm, *«in Zukunft»* derartige Situationen, wie sie im «Fall Haas» entstanden sind, zu vermeiden. Allerdings bekräftigt der Vatikan auch gegenüber Staehelin, juristisch korrekt gehandelt zu haben. Und Kardinal Bernardin Gantin, Chef der Bischofskongregation in Rom und zuständig für die Bischofsernennungen, gibt Botschafter Staehelin einen Aufruf zur Solidarität mit Bischof Haas mit auf den Weg. Damit scheint fürs erste der Fall auch diplomatisch erledigt.

Doch hinter den Kulissen dreht sich das diplomatische Karussell weiter. Rund ein Jahr später nämlich, am 30. Oktober 1991, wird der Protestant Jenö Staehelin zum Botschafter in Sondermission beim Heiligen Stuhl ernannt. Ziel dieser Ernennung soll es sein, die Beziehungen zwischen der Schweiz und dem Vatikan zu verbessern, indem Staehelin als eine Art «Reisenuntius» für einen verbesserten Informationsfluss zu sorgen habe. Diese Ernennung löst vor allem in protestantischen Kreisen Unmut aus. Der «Schweizerische Bund aktiver Protestanten» (SBAP) reagiert mit einer scharfen Kritik. Der SBAP zeigt sich überzeugt davon, dass der Bundesrat damit die konfessionelle Neutralität der Schweiz verletzt habe. Auch der «Schweizerische Evangelische Kirchenbund» (SEK) befürchtet durch diese Ernennung eine Gefährdung des konfessionellen Friedens in der Schweiz.

Am 10. Januar 1992 trifft sich Jenö Staehelin in Privataudienz mit Papst Johannes Paul II. Im rund 15 minütigen Gespräch seien keine problematischen Fragen behandelt worden, erklärt er nach der Unterredung. Damit beruhigt sich die politisch-diplomatische Auseinandersetzung aber noch nicht. Am 3. März 1992 überweist der Nationalrat mit 78 zu 14 Stimmen ein Postulat von Massimo Pini (TI), welches eine *«Normalisierung der diplomatischen Beziehungen mit dem Vatikan»* verlangt. Unerwartet gerät die Debatte über das Postulat zu einer eigentlichen Haas-Debatte. Erneut fordert Otto Zwygart (EVP) die Abberufung des Sonderbotschafters Jenö Staehelin und droht mit einer Initiative zur Abschaffung der Nuntiatur. Auch der Präsident des Schweizerischen Evangelischen Kirchenbundes (SEK), Pfr. Heinrich Rusterholz, empfindet die Ernennung eines Sonderbotschafters beim Heiligen Stuhl als einseitige Bevorzugung der römisch-katholischen Kirche.

*

Da die Angelegenheit sich weder klar lösen lässt noch zur Ruhe kommt, schaltet sich der Bundesrat ein. Am 9. September 1992 treffen sich Vertreter der sieben Bistumskantone (GR, ZH, UR, SZ, OW, NW, GL) in Bern mit Bundespräsident René Felber und Bundesrat Jean-Pascal Delamuraz. Dabei bitten die Kantone den Bundesrat, sich für eine Entspannung im Bistum Chur einzusetzen. Auch machen die Kantone klar, dass sie grösste Vorbehalte gegenüber einer «Zürcher Lösung» hätten. Denn es sickert durch, dass Rom das Gebiet Zürich in eine Administratur umwandeln könnte. Zürich würde dann direkt von einem päpstlichen Administrator verwaltet. Das Eidgenössische Amt für Auswärtige Angelegenheiten gibt daraufhin bekannt, dass man sich darüber einig sei, dass die Situation im Bistum Chur als *«ernsthafte Sache»* betrachtet werde und es sich hierbei um ein Problem handle, welches *«die Grenze des innerkirchlichen Konflikts sprengt»*. Die Kantone erklären sich einverstanden mit dem Vorschlag des Bundesrates, über den Kanal des Sonderbotschafters Jenö Staehelin wiederum mit Rom in Kontakt zu treten.

Gegen Ende September – die Sache wird erst am 12. Oktober öffentlich – erhält Bundespräsident René Felber Post von 14 der 16 Dekane des Bistums Chur. Darin wird der Bundesrat aufgefordert, nach Möglichkeit *«Rom zum Handeln zu bewegen»*. Die Dekane berufen sich auf das gemeinsame Gespräch vom 9. September 1992. Weiter bekräftigen sie noch einmal, dass die Krise im Bistum Chur für sie letztlich ein personelles

Problem darstelle, *«das in der Unfähigkeit von Bischof Wolfgang Haas für ein solches Amt begründet ist»*.

Am 18. November 1992 wird bekannt, dass der Bundesrat diplomatische Schritte einleiten will. Erstmals seit dem Bestehen der Churer Bistumskrise fordert der Bundesrat den Sonderbotschafter Jenö Staehelin offiziell zu einer *«diplomatischen Intervention»* beim Heiligen Stuhl auf. Der Besuch wird auf den 4. Dezember 1992 festgelegt. Über den Inhalt der Gespräche herrscht Stillschweigen. Staehelin erklärt lediglich, dass er dem Vatikan die Sorge der Bistumskantone sowie die Frage des Konfessionsfriedens in der Schweiz unterbreiten werde. Auch der amtierende Präsident der Bischofskonferenz, Bischof Pierre Mamie, erklärt gegenüber Journalisten, dass er nicht wisse, was Staehelin in Rom besprechen werde.

Die Aussagen, die Staehelin im Anschluss an die Gespräche in Rom macht, widersprechen im wesentlichen den Ankündigungen der Schweizer Bischöfe, wonach im Fall Haas eine Lösung *«in Kürze»* bevorstehe (vgl. Teil I, Kapitel III). Eine Lösung, so Staehelin, werde in den nächsten Monaten nicht zu erwarten sein. Immerhin glaubt er, dass er die entsprechenden Stellen im Vatikan für die Tragweite der Problematik habe *«sensibilisieren»* können. Der Papst habe offensichtlich grosses Interesse daran, das Problem zu lösen.

Ohne dass nach aussen hin irgendwelche Veränderungen oder Durchbrüche in dieser Frage auszumachen gewesen wären, zieht Jenö Staehelin im Januar 1993 eine persönliche Bilanz über seine Tätigkeit. Im Rahmen der üblichen diplomatischen Rotation gibt er im April 1993 seine Tätigkeit als Sonderbotschafter auf und geht als Botschafter nach Japan. Zu seinem Nachfolger wird im Mai 1993 der Genfer Diplomat François Pictet ernannt. Pictet war bis anhin Schweizer Botschafter in Österreich. Der scheidende Staehelin spricht von der *«schwierigsten»* und zugleich *«faszinierendsten»* Zeit seiner politischen Laufbahn. Als Protestant sei es für ihn schwierig gewesen, sich in der für ihn völlig fremden Welt der katholischen Kirche zurechtzufinden. Noch einmal betont er, wie *«komplex»* sich die ganze Problematik darstelle. Sie lasse sich keineswegs auf das einfache Muster Progressive gegen Konservative reduzieren. Auch betont er noch einmal, dass es dem Bundesrat fernliege, Lösungen des Konflikts anzubieten, da er die Sache als eine grundsätzlich innerkirchliche Angelegenheit betrachte.

Im Februar 1993 geht eine unscheinbare Meldung über die Nachrichtenagenturen. Bischof Wolfgang Haas habe sich zu Konsultationen im Vatikan aufgehalten. Er habe dort verschiedene Abteilungen besucht. Es habe jedoch kein Treffen mit dem Papst gegeben. Dass Haas mitunter in Rom weilt, ist nichts Aussergewöhnliches. Doch bald schon sollte es sich weisen, dass hinter diesem römischem Abstecher einiger Zündstoff gesteckt haben dürfte.

KAPITEL III

Ein Schauspiel wird zum Leidensweg

Die Schweizer Bischofskonferenz: Von der Hoffnung in die Resignation

1. Wolfgang Haas wird zur Zerreissprobe für die Schweizer Bischofskonferenz

Das halböffentliche Schauspiel um die Churer Ereignisse wird für die Herren Joseph Candolfi, Otto Wüst, Martin Gächter, Otmar Mäder, Pierre Mamie, Amédée Grab, Gabriel Bullet, Henri Schwery, Eugenio Corecco, Henri Salina und Georg Holzherr bald zu einem echten Leidensweg. Sie bilden – neu zusammen mit Wolfgang Haas – die Schweizer Bischofskonferenz, das Leitungsgremium der Schweizer Kirche. Fünf Jahre lang werden sie – unfreiwillig – ins Rampenlicht der Churer Bühne gestossen. Gegeben wird jedoch ein Spiel, von dem sie weder Inhalt noch Ausgang kennen. Denn die Regie führen fast immer andere. Ihnen bleiben nur die Statistenrollen. Die Hauptfigur, Wolfgang Haas, versteht es sich weitgehend im Hintergrund zu halten. Dort jedoch betätigt er sich kräftig als Kulissenschieber und zieht die Fäden oft mit derartigem Geschick, dass sich die andern Bischöfe gegenüber der Öffentlichkeit nurmehr mit Mühe zu erklären wissen.

Die alle drei Monate stattfindenden, ordentlichen Bischofskonferenzen werden schnell zu einem unruhigen Hin und Her zwischen Hoffnung und Enttäuschung, Zuversicht und Rückschlägen. Sie werden mehr und mehr zum rhythmischen Herzschlag der sinkenden Hoffnungslosigkeit und wachsenden Resignation des Patienten Katholische Kirche Schweiz. Denn es ist keineswegs nur das Verhalten von Wolfgang Haas, welches diese schwierige Situation heraufbeschwört. Vielmehr legt sein Verhalten schonungslos offen, welche strukturellen Probleme sich im Grunde genommen hinter der Institution Kirche verbergen. Umsichtiges und diplomatisches Verhalten eines Bischofs kann solchen Problemen weitgehend die Spitze nehmen. Gelöst sind sie damit nicht. Setzt sich ein Bischof jedoch auf den Standpunkt, kirchenrechtlich alles zu tun, was ihm nicht verboten ist, werden die Probleme plötzlich offenbar: absolutistische Machtfülle für die Bischöfe, hierarchische Entscheidungsstruktur, Vorherrschaft der Weiheämter über die Laienämter, fehlende Gesprächs- und Streitkultur. Es wird offenbar, dass Gleichberechtigung der Frau, Quotenregelung und «Brunner-Effekt» zwar die politische Schweiz, keineswegs jedoch die kirchliche Schweiz zu berühren beginnen. Plötzlich wird offenbar, wie stark diese Kirchenstruktur unserer schweizerischen Politik- und Gesellschaftsstruktur entgegensteht. Plötzlich wird vielen bewusst, wie heftig da Demokratie und Autokratie aufeinanderprallen.

Es ist eben dieses von vielen kritisierte Amtsverständnis von Wolfgang Haas, welches die lethargische katholische Kirche aus ihrem Dämmerzustand reisst und heftige Diskussionen auch über strukturelle Probleme der Kirche sowie über verschiedene Kirchenbilder provoziert. Dafür ist Wolfgang Haas eigentlich zu danken. Doch das Erwachen fällt nicht allen leicht. Eher unsanft geweckt werden die Amtsbrüder von Wolfgang Haas, die Schweizer Bischöfe.

*

Mit teils echter, teils gespielter Zuversicht, bemühen sich die Amtsbrüder von Wolfgang Haas redlich darum, das Bild einer kollegialen Kirchenleitung in der Öffentlichkeit zu retten. Doch die litaneiartig wiederholten Beteuerungen brüderlicher und loyaler Zusammenarbeit, können nicht verbergen, dass im Hirtenkollegium bald schon Erscheinungen innerer Zermürbung auszumachen sind. Erst bei einzelnen Bischöfen, schliesslich beim Gremium als Ganzem. Hin und wieder lässt sich einer der Bischöfe zu einer Aussage hinreissen, die – wird sie von den Medien öffentlich gemacht – sogleich abgeschwächt und «interpretiert» wird. Man habe es zwar so gesagt, tönt es etwa, nicht aber – Gott behüte – so gemeint. Doch die Nerven liegen bloss. Anspannung auf den Gesichtern, ein resigniertes Schulterzucken, ein hilfloses Durchatmen: Hin und wieder verraten nonverbale Zeichen mehr als das offizielle, meist nichtssagende Communiqué. Die Wahrung des Scheins gegenüber der Öffentlichkeit kostet Kräfte. Die Bischofskonferenz ist innerlich zerstritten. Bald schon ist es kein Geheimnis mehr, dass in vielen Fragen Wolfgang Haas Sukkurs vom Tessiner Bischof Eugenio Corecco erhält, bei einigen Fragen auch die Unterstützung anderer Bischöfe. Bischof Wolfgang Haas ist also in der Bischofskonferenz nicht völlig isoliert. Auf der andern Seite der beiden konservativen Bremser dürften vor allem die Bischöfe Joseph Candolfi, Otto Wüst (beide Bistum Basel) und Otmar Mäder (St. Gallen) stehen. Sie treten für eine offene und fortschrittliche Bistumsleitung ein und ermöglichen in ihren Bistümern Dinge, die Wolfgang Haas für Chur klar verbietet.

*

Dass der innere Druck zuletzt fast übermenschlich gross wird, mag der Umstand der euphorischen Erleichterung zeigen, als man im Frühling 1993 – nach fünf Jahren – endlich die Massnahme der beiden neuen Weihbischöfe für das Bistum Chur bekannt geben kann. Sonst vor den versammelten Medien eher ernst und gravitätisch wirkende Bischöfe sind plötzlich zum Scherzen aufgelegt. Die Verkündigung der neuen Aufgabengebiete der Bischöfe vermag im Frühjahr 1993 einem sichtlich entspannten und aufgeräumten Sekretär der Bischofskonferenz, Pater Roland-Bernhard Trauffer, eine gute Portion brüderlicher Ironie zu entlocken. Das neue Aufgabengebiet von Bischof Haas – er wird unter anderem zuständig für die Kultur, das Gesundheitswesen und die kirchlichen Heime – passe partout zu Chur und zu Bischof Wolfgang, meint Trauffer. Chur sei schliesslich die Stadt der Sanatorien und der guten Luft, scherzt er unter dem Gelächter der Medienleute. Und überdies sei Bischof Wolfgang bekannt als Mensch mit einem ausgeprägten Sinn für das Schöne und Wohlgeformte. Nüchterner betrachtet, muss festgehalten werden, dass Wolfgang Haas damit von zentraleren Aufgaben ferngehalten und weit unwichtigere Arbeitsgebiete zu verantworten haben wird als seine beiden Weihbischöfe, die Hauptverantwortliche für Glaubensfragen und die Seminarien werden.

Endlich, so atmet man in der Bischofskonferenz also hörbar auf, endlich hat Rom dem Spuk ein Ende bereitet, den Vorhang, so hofft man wenigstens, über ein langes, kräftezehrendes Schauspiel fallen lassen. Ob mit den beiden neuen Weihbischöfen die Churer Wirren tatsächlich ein endgültiges Ende erfahren werden, die Bischofskonferenz damit endgültig aus ihrer Resignation befreit sein wird, muss die Geschichte erst noch zeigen. Es ist mit Fug zu bezweifeln. Jüngste Ereignisse lassen schon bald nach der Ernennung vermuten, dass allein mit dieser Massnahme der Durchbruch nicht geschafft werden konnte und sich die Bischofskonferenz im Frühling 1993 lediglich in einem der fast unzähligen Zwischenhochs befindet – den zwölf Akten des Leidensweges noch weitere folgen könnten. Doch blenden wir zurück.

2. Die Zwölf Stationen von der Hoffnung in die Resignation

1. Akt: Überrumpelt

Die Amtsübernahme von Bischof Wolfgang Haas ist ein kirchlicher Paukenschlag. Der letzte unter der Regie von alt Bischof Johannes Vonderach. Und er erfolgt zu einem symbolträchtigen Zeitpunkt. Als Vonderach seinen Rücktritt auf den 22. Mai 1990 – ein Jahr früher als erwartet – einreicht, ist Wolfgang Haas auf den Tag genau zwei Jahre Weihbischof mit Nachfolgerecht. Rom nimmt den Rücktritt an und setzt damit den Automatismus der Nachfolge in Gang. Der Präsident der Bischofskonferenz, Weihbischof Joseph Candolfi, wird von den Ereignissen genauso überrumpelt wie die Öffentlichkeit. In einer Sitzung erfährt Candolfi, dass er in zwei Stunden einen Amtsbruder in neuer Funktion haben wird. Haas wird, so sickert am frühen Morgen durch, um 11.30 Uhr das Bischofsamt in Chur übernehmen.

Candolfi ist echt konsterniert. In einer ersten Reaktion nimmt er, sichtlich aufgewühlt und nervös, kein Blatt vor den

Mund: *«Das Vertrauen der Gläubigen gegenüber Bischof Haas fehlt.»* Für einen kurzen Moment lüftet Candolfi die Mitra bischöflicher Verschwiegenheit und berichtet den Medien von den zahlreichen Beschwerden über die Churer Bistumsleitung, die bei ihm in Solothurn (Bischofssitz des Bistums Basel) einträfen. Seine weiteren Ausführungen deuten an, dass er, Candolfi, zumindest in der ersten Enttäuschung, am liebsten einer Zusammenarbeit mit Haas ausweichen möchte. Es gebe aber für die Bischöfe keine andere Möglichkeit, als sich zusammenzuraufen und eine Zusammenarbeit zu suchen, da die Bischofskonferenz keine Kompetenz habe, einen Bischof zum Rücktritt zu zwingen, erklärt der entmutigte Candolfi den Medien. Jeder Bischof ist nämlich für das eigene Bistum allein verantwortlich. Und so versucht Candolfi im Hinblick auf die Sommersitzung Optimismus zu verbreiten: *«Wir müssen jetzt Brücken bauen»* meint Candolfi lakonisch. Doch der Pontifex der Schweizer Bischöfe hat dieses innerkirchliche Hochbauunternehmen offensichtlich unterschätzt.

2. Akt: Keine Lösung, aber Hoffnung

Nach der Sommersitzung der Bischöfe (11.-13. Juni 1990 in Einsiedeln) ist klar: Mit der erhofften Zusammenarbeit happerts gewaltig. *«Wir müssen offen zugeben, dass trotz aller Bemühungen noch keine Lösung der schwerwiegenden Probleme gefunden werden konnte»*, erklärt Bischof Candolfi gegenüber den Medien. Er kann seinen Ärger über den Verlauf der Dinge nur schwer verbergen und lässt die Öffentlichkeit einen kurzen Blick mitten auf sein Arbeitspult tun. Dort türmen sich nämlich über 800 Briefe zum Fall Haas auf; kiloschwere Zeugen der grossen Ablehnung gegenüber Haas im Kirchenvolk. Umfragen, die beim Volk und den Seelsorgern rund 80% Haas-Gegner ausmachen – die Zürcher Kirche spricht gar von 90%, eine Umfrage des Link-Institutes gar von über 90% Gegnern -, werden von Candolfi weitgehend bestätigt. Von den achthundert Briefen, die bei Candolfi innert kürzester Zeit eingegangen sind, enthalten 80% negative Äusserungen über die

Churer Ereignisse, erklärt Candolfi in einer Klarheit, die selbst erfahrene Medienleute verdutzt. Auch wenn Candolfi es wohlweislich vermeidet, Haas direkt zum Rücktritt aufzufordern, so spricht er – immer noch vor den versammelten Medien – klar und deutlich aus, dass er persönlich bei einer solchen Wand des Misstrauens die Konsequenzen ziehen und zurücktreten würde. Klare Worte des Präsidenten. Doch sie bleiben ohne Folgen.

Den Bischöfen bleibt nur die Hoffnung auf Besserung. In ihrer Erklärung weisen sie daraufhin, dass man sich weiterhin zu gegenseitigen Gesprächen und zur Zusammenarbeit finden müsse. Denn auch die heftige Diskussion um die Rechtmässigkeit der Ernennung von Wolfgang Haas zum Koadjutor führt nach Ansicht der Bischofskonferenz zu nichts. Und so erklären die Bischöfe offiziell, dass sie Wolfgang Haas, bei allen Vorbehalten, als rechtmässigen Bischof von Chur betrachten. Etwas anderes bleibt ihnen nicht übrig. Denn Wolfgang Haas wird nicht zurücktreten und Rom wird Wolfgang Haas nicht abberufen. Wolfgang Haas ist und bleibt Bischof von Chur.

Bischof Wolfgang Haas, der an dieser Pressekonferenz – trotz gegenteiliger Ratschläge einiger Kollegen – überraschenderweise persönlich anwesend ist, verteidigt seine ersten Personalentscheide und bekräftigt seinen Willen zur Zusammenarbeit. Fast erhält man den Eindruck, als wolle sich hier ein Musterschüler für die etwas unsauber gemachten Hausaufgaben rechtfertigen, den etwas harzigen Beginn der Zusammenarbeit im Bischofskollegium als vorübergehende Anfangsschwierigkeit darstellen. Immerhin lassen Haas' öffentliche Versprechungen hoffen. Candolfi hört sie sich mit eiserner Mine an. Angesprochen auf eine mögliche (Ab)Berufung nach Rom – bei der Frage mag der Wunsch der Vater des Gedankens gewesen sein –, meint Haas nur: *«Wenn der Papst ruft, wird man immer folgen!»* Haas macht überdies eine Aussage, die für die spätere Entwicklung von einer gewissen Bedeutung sein mag. Er verkündet, dass er vermutlich in Rom um einen oder mehrere Weihbischöfe nachsuchen werde. Als Rom drei Jahre später – ohne Haas zu fragen – ihm zwei Weihbischöfe zur Seite stellt, erhält er seine Bitte erfüllt, ohne sie gestellt zu haben...

3. Akt: Noch mehr Hoffnung

Die allseits schönen Worte lassen die Erwartungen der Öffentlichkeit auf die Herbstsitzung der Bischöfe (3.–5. September 1990 in Bigorio/TI) ansteigen. Und tatsächlich warten die Bischöfe mit einer Überraschung auf. Nach eingehenden Aussprachen habe Bischof Wolfgang Haas die Schweizer Bischofskonferenz offiziell um ihre *«guten Dienste»* ersucht. Diese offizielle Bitte löst der Bischofskonferenz die gebundenen Hände. Konnte sie aus rechtlichen Gründen von sich aus nicht aktiv werden, so kann sie nun auf diese Bitte brüderlich reagieren. Die Bischöfe entscheiden sich dafür, in den Konflikt vermittelnd einzugreifen. Flugs rufen sie eine dreiköpfige Gesprächsdelegation ins Leben. Mitglieder dieser Gruppe sind Weihbischof und Präsident der Bischofskonferenz Joseph Candolfi, Bischof Otmar Mäder (St. Gallen) und Abt Georg Holzherr (Kloster Einsiedeln). Offensichtlich ist Haas in seinem eigenen Streben, das Gespräch mit seinen Gegnern zu suchen, nicht weiter gekommen. Da und dort wird seine Bitte deshalb bereits als *«Fortschritt»* gewertet. Doch von einem gesinnungsmässigen Wandel kann nicht gesprochen werden. Später nämlich sickert durch, dass Haas die Bischofskonferenz nicht von sich aus um Hilfe gebeten, sondern dass er sich unter einem gewissen Druck zu diesem Schritt bereit erklärt hat. Und als haastreue Kreise der bischöflichen Dreierdelegation die Befugnis für eine solche Vermittlung absprechen, zeichnet sich das Scheitern der Gruppe bereits am Horizont ab. Trotzdem lässt die Dreierdelegation ihr Unternehmen in Rom offiziell absegnen. Murrend müssen die sonst durch und durch papsttreuen Kreise zur Kenntnis nehmen, dass die römischen Stellen das Vorgehen der Schweizer Bischofskonferenz unterstützen.

4. Akt: Bangen und Warten

So ist das Thema Haas auch in der Wintersitzung der Schweizer Bischöfe (3.–5. Dezember 1990 in Genf) wieder auf der

Traktandenliste. Dabei wird bekannt, dass die Ergebnisse der Gesprächsgruppe zusammen mit einigen – geheim gehaltenen – Forderungen und Vorschlägen Bischof Haas übergeben worden sind. Einer der Vorschläge, so sickert durch, zielt darauf hin, Christoph Casetti als Generalvikar für Zürich zurückzuziehen. Die Gesprächsgruppe hat in zahlreichen Kontakten Gespräche und Verhandlungen geführt. Unter anderem auch mit den staatskirchlichen Gremien der Kantone Zürich und Graubünden, mit den Zürcher Dekanen, mit der haasfreundlichen katholischen Volksbewegung «Pro Ecclesia», mit einer Delegation des Priesterseminars in Chur sowie mit den Domherren von Uri, Schwyz und Unterwalden und mit Bischof Haas selbst. Einmal mehr verbreitet Weihbischof Candolfi gedämpfte Zuversicht. Haas habe die Lage in seinem Bistum als *«sehr ernst»* erkannt und bereits einige Konzessionen gemacht. So hat er tatsächlich unter dem Druck der Öffentlichkeit darauf verzichtet, die anstehenden Neuwahlen der Zürcher Dekane unter die Leitung des umstrittenen Generalvikars Casetti zu stellen. An einigen Orten, wo Wolfgang Haas explizit unerwünscht ist, hat er sich als Firmspender zurückgezogen.

Damit hat die Bischofskonferenz den Ball nach Chur gespielt. Bis Anfang des Jahres 1991 werde man Wolfgang Haas Zeit geben, auf die Vorschläge zu reagieren, entsprechende Schritte einzuleiten und *«signifikante Zeichen»* des guten Willens zu setzen. Das Mandat der Gesprächsgruppe ist damit (vorläufig) erfüllt. *«Jetzt ist Chur am Zuge»*, beendet Weihbischof Candolfi die Pressekonferenz.

Die geforderten *«signifikanten Zeichen»* bleiben jedoch aus. Im Gegenteil. Wolfgang Haas verfolgt unbeirrt seinen Kurs. Vor allem im Bereich der Umstrukturierung des Seminars St. Luzi sowie der Nichtbestätigung des Rektors der Theologischen Hochschule Chur, Albert Gasser, setzt er klare Zeichen (siehe Teil II, Kapitel I). Auch in der Frage des Busssakramentes marschiert er nicht mit den Bistümern Basel und St. Gallen. Im Gegensatz zu diesen will Haas allein die Ohrenbeichte gelten lassen. Öffentliche Bussfeiern mit sakramentaler Lossprechung will er nur in Notfällen erlauben. Notfälle gibt es im Bistum Chur jedoch nicht, lässt er seine Seelsorger schriftlich wissen.

5. Akt: Enttäuschung

Im Vorfeld der Frühjahrssitzung der Schweizer Bischöfe (2.–6. 3. 1991 in Luzern) kommt der Rückschlag. Wolfgang Haas lässt verlauten, er erachte die von der Gesprächsgruppe gemachten Vorschläge als *«Behinderung meiner Amtsführung»* und daher als unannehmbar. Bereits eine Woche vor der Konferenz zeichnet sich also ab, dass die Schweizer Bischöfe ihre Mittel ausgeschöpft haben, ohne dass eine Einigung erzielt werden konnte. Ein sichtlich gestresster Weihbischof Gabriel Bullet, Vizepräsident der Bischofskonferenz (der Präsident Joseph Candolfi ist erkrankt), erklärt am 7. März 1991 an der Pressekonferenz, dass nochmals eine Reihe von Mitgliedern der Bischofskonferenz Haas gebeten habe, alles Mögliche zu tun, um die Situation zu verbessern, da die Spannungen im Bistum zugenommen hätten. Die Bischofskonferenz sei jedoch in einer Patt-Situation. Die Gesprächsgruppe werde ihre Arbeit nicht wieder aufnehmen. Man gibt auf.

Die Gräben innerhalb der Bischofskonferenz können offensichtlich nicht zugeschüttet werden. Die Aktion Brückenbau wird als gescheitert abgebrochen. Die Spaltung liegt – wenn auch unausgesprochen – offen da. Auf die Frage, was die Bischofskonferenz jetzt zu tun gedenke, zuckt Weihbischof Gabriel Bullet mit den Schultern. Schliesslich müsse jeder Bischof die Verantwortung für sein Bistum selber tragen. Den Ausdruck *«Resignation»* will Bischof Bullet nicht gebrauchen, aber dass man nicht mehr weiter weiss, kann er nicht verbergen. Weihbischof Bullet geht ins innere Exil. Immerhin – so ein letzter müder Hoffnungsfunke – sei auf Juni 1991 ein Treffen mit dem Papst geplant. Das Thema Haas werde dort zur Sprache kommen. Es taucht eine neue Grösse auf der Bühne auf: Rom. Damit überlässt die Bischofskonferenz die Regie dem Heiligen Stuhl in der Hoffnung, Rom werde eingreifen und das nötige

Machtwort sprechen. Ein Umstand, der weitere Akte zur Folge haben wird.

6. Akt: Erneute Enttäuschung

Das Treffen der zwölf Schweizer Bischöfe mit dem Papst in Rom findet schon Ende April 1991 statt. Der Präsident der Schweizer Bischofskonferenz, Weihbischof Joseph Candolfi, legt am 29. April Papst Johannes Paul II. die Situation im Bistum Chur dar. Wörtlich sagt Candolfi dem Papst: *«Nach dem Amtsantritt von Bischof Wolfgang Haas hat sich die Situation noch weiter verschlimmert. Täglich erreichen Anrufe und Briefe von Priestern und Gläubigen das Sekretariat unserer Bischofskonferenz.»* Candolfi schildert zudem den durch die ablehnende Haltung von Wolfgang Haas gescheiterten Vermittlungsversuch. Weiter sagt Candolfi: *«Nach der Meinung der grossen Mehrheit unserer Bischofskonferenz war die Gefahr einer Spaltung, das heisst die Entstehung einer Kirche ohne Bischof, heute noch nie so gross seit dem Kulturkampf.»* Doch in Rom scheint die Lust auf eine Haas-Diskussion nicht besonders gross zu sein. Candolfi gibt seiner Enttäuschung darüber Ausdruck, dass auf dem Programm für den Besuch beim Papst die *«meisten brennenden Sachfragen»* gar nicht vorkämen, und versucht so dem Papst die äusserst heikle innerkirchliche Lage in der Schweiz verständlich zu machen. Tatsächlich stehen vor allem innerkirchliche Themata auf der Traktandenliste, die mit dem «Fall Haas» in keinem direkten Zusammenhang stehen. Es ist der flehende Versuch des Präsidenten, dem Papst den Ernst der Sachlage klarzumachen. Wie schon so oft hört der Papst auch aufmerksam zu.

Doch vorerst müssen sich die Schweizer Bischöfe – als päpstliche Reaktion – eine Lektion über Weltkirche und Einheit anhören.

In seiner Ansprache an die Schweizer Bischöfe, ebenfalls am 29. April 1991, verweist der Papst auf die Tatsache, dass die Bischöfe als Nachfolger der Apostel ihr Hirtenamt ausübten *(«Wer sie hört, hört Christus, und wer sie verachtet, verachtet Christus»)* und macht damit unmissverständlich klar, dass auch

Bischof Wolfgang Haas rechtmässiger Apostelnachfolger sei, der seine Aufgabe in der Kirche wahrnehme. Dass Rom Wolfgang Haas stützt und ihn nicht abzusetzen gedenkt, bestätigt später Weihbischof Joseph Candolfi am Westschweizer Radio. Weiter betont der Papst die weltweite Einheit der katholischen Kirche und dass die Teilkirchen in dieser Hinsicht nicht nur *«auf Ortsebene brüderlich leben»* könne. Damit lässt der Papst keinen Zweifel daran, dass auch die Ortskirche Schweiz eine *«tiefe Gemeinschaft mit dem Stuhle Petri»* leben müsse, also zu gehorchen habe. Auf die konkreten Probleme im Zusammenhang mit Bischof Haas geht der Papst in seiner Eröffnungsrede nicht ein. Auch über die nachfolgenden Beratungen zwischen Bischöfen und Papst dringt inhaltlich kaum etwas an die Öffentlichkeit. Aus einem gemeinsam veröffentlichten Communiqué geht schliesslich hervor, dass der Papst nicht gewillt ist, Wolfgang Haas von Chur zu entfernen. Eine kalte Dusche für all diejenigen, die sich vom Papst erhofft haben, Haas doch noch durch einen andern Bischof zu ersetzen. Aber auch Rom schlägt keine Türen zu, ohne Schlupflöcher der Hoffnung anzubieten. Der Papst versichert den Bischöfen, dass er bereit sei, der Kirche Schweiz konkret zu helfen. Welcher Art diese Hilfe sei, wird vorerst nicht bekannt.

7. Akt: Neue Hoffnung

Im Juni 1991 – Bischof Henri Schwery von Sitten ist inzwischen zum Kardinal ernannt worden, bestreitet aber jeglichen Zusammenhang zwischen dieser Ernennung und dem Fall Haas – kommt erneut Bewegung in den Fall. In einer dürren Erklärung geben die Bischöfe bekannt, dass ein päpstlicher Vermittler sich der Sache annehmen werde. Die Initiative dazu kommt von den Schweizer Bischöfen. Man habe dafür, so erklärt Bischof Joseph Candolfi, den deutschen Erzbischof Karl Joseph Rauber vorgeschlagen, welcher kurz darauf vom Papst bestätigt worden sei. Rauber ist Leiter der päpstlichen Diplomatenschule und war an verschiedenen Orten der Welt als Nuntius tätig. Wolfgang Haas seinerseits zeigt sich mit der Ernennung Raubers zum Vermittler zufrieden. Dieser soll ab

Herbst 1991 in der Schweiz Gespräche führen, um danach dem Papst konkrete Lösungsvorschläge vorzubringen. Bereits im Juli weilt Rauber dann für erste Gespräche in der Schweiz. Diese Gespräche sind mit einer totalen Informationssperre belegt. Am 5. September 1991 geben die Bischöfe an einer Pressekonferenz bekannt, dass Rauber seine Gespräche – mit rund 500 Personen – in der Schweiz abgeschlossen habe. Er werde demnächst einen Bericht darüber vorlegen. In der Hoffnung, die Mission Rauber werde in Rom etwas bewegen, will die Bischofskonferenz mit der Wahl eines neuen Präsidenten bis zum Vorliegen des Berichts warten. Dies ist deshalb nicht ganz unwichtig, weil tournusgemäss das Präsidium demnächst einmal Eugenio Corecco oder Wolfgang Haas zufallen könnte. Die Bischofskonferenz will sich jedoch nicht zusätzlich mit der heiklen Streitfrage des Präsidiums belasten, solange die übrigen Probleme noch anstehen. Candolfi bleibt also weiterhin im Amt.

Die Bischöfe wissen zu diesem Zeitpunkt jedoch noch nicht, dass sie auf diesen Bericht vergeblich warten werden. Zwar bestätigt Rauber zwei Jahre später – er ist mittlerweile Apostolischer Nuntius in der Schweiz -, dass er *«einen Bericht zu Handen des Präfekten der Bischofskongregation, Kardinal Bernardin Gantin»* ausgearbeitet habe. (Die Bischofskongregation in Rom ist zuständig für die Bischofsernennungen.) Der Bericht enthalte aber *«nichts Ausserordentliches»*. Trotzdem bekommen ihn die Schweizer Bischöfe nicht zu Gesicht. Denn Rauber erklärt im Juli 1993: *«Die Schweizer Bischöfe kennen den Inhalt des Berichtes nicht.»* Der Bericht, um den die Aura der Geheimhaltung schwebt, enthält unter anderem Vorschläge für verschiedene mögliche Massnahmen zur Lösung des Churer Problems. Massnahmen, so Rauber, *«die ich mir nicht selber ausgedacht habe, sondern, die mir hier in der Schweiz als Möglichkeiten vorgetragen wurden»*. Darunter befinden sich die Vorschläge für ein Bistum Zürich, eine Apostolische Administratur Zürich, bzw. zwei Apostolische Administraturen für Zürich und die Innerschweiz sowie die schliesslich vom Papst gewählte Massnahme der Ernennung von zwei Weihbischöfen für das Bistum Chur.

Kurz nach Abschluss der Mission Rauber in der Schweiz herrscht in der Bischofskonferenz vorsichtiger Optimismus. Weihbischof Joseph Candolfi gibt sich zuversichtlich: *«Mit einem solchen Anwalt in Rom* (gemeint ist Erzbischof Rauber, der Verf.) *vertraue ich darauf, dass wir bald zu einem Ergebnis kommen.»* Auch andere Beteiligte, die mit Rauber gesprochen haben, zeichnen von ihm ein positives Bild. Er sei ein Mann, der wirklich begriffen habe, welch immense Probleme im Bistum Chur entstanden seien, und er sei auch ein exzellenter Zuhörer gewesen. Tatsächlich ist Erzbischof Karl Joseph Rauber von erfrischender Offenheit und später auch in der hohen Funktion als Nuntius ein überaus zugänglicher Mensch. Er zeichnet sich überdies dadurch aus, dass er kirchlich-institutionelle *«Nebensächlichkeiten»*, wie er Fragen des äusseren Habitus der Priester oder die Frage der Zulassung von Mädchen zum Ministrantendienst selber bezeichnet, von den *«wirklichen Wichtigkeiten»*, wie etwa die theologische Frage des Firmalters oder das Desinteresse der Jugend an der katholischen Kirche, zu unterscheiden weiss. *«Wir brauchen heute den Blick auf das Wesentliche nötiger denn je»*, meint Rauber schliesslich.

Doch nach der Rückreise Raubers nach Rom geschieht vorläufig gar nichts mehr. Auf Reaktionen Roms oder auf den angekündigten Bericht wartet man vergebens. Spekulationen, wonach der Erzbischof von Rom gar nicht eigentlich zur Vermittlung in die Schweiz gesandt worden sei, verdichten sich durch die verdächtige Ruhe immer mehr zur Gewissheit. Seine Aufgabe, so glauben einige Kleriker mit einem «Draht» nach Rom, sei es vielmehr gewesen, die Schweiz von der römischen Linie zu überzeugen und die Kleriker zu einer loyalen Zusammenarbeit mit Wolfgang Haas zu bewegen. Mit den Rückmeldungen Raubers, wonach im Bistum Chur tatsächlich katastrophale Zustände herrschten, kann Rom im ersten Moment nicht viel anfangen.

8. Akt: Enttäuschung – und wieder Hoffnung

Überraschend aktuell wird die Angelegenheit im November 1991 an der 214. Ordentlichen Versammlung der Schweizer Bischofskonferenz (SBK) in Dulliken. Denn während der Sitzung erhalten die Bischöfe Post aus Rom. Es handelt sich um einen Brief, unterzeichnet von Kardinal Bernardin Gantin, Präfekt der Kongregation für die Bischöfe, sowie von Kardinalstaatssekretär Angelo Sodano. Der Brief beinhalte *«nichts Neues»* erklärt der anwesende Vizepräsident der SBK, Weihbischof Gabriel Bullet gegenüber den Medien. Oder anders gesagt: *«Wolfgang Haas ist und bleibt Bischof von Chur.»* Alter Wein in neuen Schläuchen also. Den Schweizer Bischöfen deswegen einen Brief zu senden, kann nur bedeuten, dass Rom nun ernsthaft den Drohfinger hebt.

Gabriel Bullet mag seine Enttäuschung über dieses Schreiben nicht verbergen. Nicht nur er, sondern mit ihm eine grosse Zahl von Bischofskollegen, hätten das Gefühl, in Rom nicht ernst genommen zu werden. Denn es sieht ganz danach aus, dass nach dem Versuch von Joseph Candolfi es auch Erzbischof Rauber nicht gelungen ist, Rom den Ernst der Sachlage im Bistum Chur klar zu machen. Trotz der aufwendigen Mission Rauber bleibt Rom bei seiner Haltung und wiederholt seinen alten Standpunkt: Haas bleibt. Ob dieses Schreiben zugleich bedeute, dass die Mission «Rauber» gescheitert sei, beantwortet Gabriel Bullet nur mit: *«Wir müssen dies annehmen.»*

Doch damit nicht genug. Denn nebst dem Postboten klingelt in Dulliken auch das Telephon. Der Papst persönlich lässt – via Kardinal Gantin und die Nuntiatur in Bern – ausrichten, dass er bereit sei, weiterhin mit den Schweizer Bischöfen zu sprechen. Nach der «Peitsche» folgt nun also noch das «Zuckerbrot». Sofort fragt man sich auch in der Bischofskonferenz, wozu denn ein solches Gespräch mit dem Papst in Anbetracht der Klarheit des römischen Briefes noch dienen könne. Gabriel Bullet weiss es auch nicht. Er meint achselzuckend: *«Wir werden ihn fragen.»*

Gelegenheit dazu erhalten die Bischöfe Joseph Candolfi, Pierre Mamie und Henri Schwery im Dezember 1991, anlässlich der Sondersynode zum Thema Europa. Sie erhalten eine Audienz beim Papst. Inhaltlich verlautet nichts über dieses Gespräch, doch sickert bald einmal durch, dass kein Durchbruch im Sinne einer baldigen Lösung erzielt werden konnte. Was die Bischöfe nach Hause bringen, sind jedoch päpstliche Versprechungen. An einer ausserordentlichen Pressekonferenz vom 17. Dezember 1991 gibt Kardinal Henri Schwery bekannt, dass der Papst in seiner Privataudienz versprochen habe, dass in *«sehr kurzer Zeit»* von Rom aus *«konkrete Schritte»* unternommen würden. Welcher Art diese Schritte sind, darüber gibt Schwery keine Auskunft. Ob damit die Mission Rauber als abgeschlossen zu gelten hat, wissen die anwesenden Bischöfe nicht.

Dass es auch diesmal nicht um eine Abberufung von Wolfgang Haas gehen kann, ist klar. Die Signale aus Rom sind eindeutig. In mehreren Briefen werden die Schweizer Bischöfe von Rom zu mehr Solidarität mit Bischof Haas aufgerufen. Rom macht damit deutlich, dass es nicht im Sinne hat, Wolfgang Haas fallen zu lassen. Im Gegenteil. Wolfgang Haas wird in gewissen Absichten gar explizit von Rom unterstützt. Bereits im Oktober 1991 hatte nämlich der Präfekt der Kongregation für das katholische Bildungswesen, Kardinal Pio Laghi zwei Briefe – datiert vom 4. und 23. Oktober – an Weihbischof Joseph Candolfi (Präsident der SBK) gerichtet. Im Brief vom 4. Oktober unterstützt Laghi Haas im Bestreben, aus dem Seminar St. Luzi ein «reines» Priesterseminar zu machen. Ebenso wird die Einführung des Vorbereitungsjahres, des sogenannten «Lauretanums» begrüsst. Im zweiten Brief unterstützt Rom die Bestrebungen von Haas, den dritten Bildungsweg zu *«reorganisieren»* (siehe Teil II, Kapitel I).

9. Akt: Bangen und Warten

Da sich die Bischöfe im Januar 1992 zu einer Sonderkonferenz treffen, steigen die Erwartungen, die Bischöfe würden anschliessend die von Rom angekündigten *«konkreten Schritte»* präsentieren können. Die Gerüchteküche brodelt. Verantwortlich dafür sind nicht nur Spekulationen in den Medien, sondern auch Aussagen von Kardinal Henri Schwery, die er noch im Dezember macht. Schwery tönt an, dass er sich die Unterteilung der *«Mammutdiözese»* Chur durchaus vorstellen könne.

Da Schwery überdies verlauten lässt, dass namentlich die Zürcher Katholiken mit der Lösung *«sehr zufrieden»* sein werden, wird allgemein eine Sonderlösung für das Gebiet Zürich erwartet. Denkbar wäre ein eigener Weihbischof oder ein apostolischer Administrator, der rechtlich direkt dem Vatikan unterstellt wäre. Zürich würde damit vom Bistum Chur abgegrenzt, nicht aber abgetrennt. Gegen eine solche territoriale Sonderlösung wehrt sich sofort die Mehrheit der Dekane des Bistums Chur. Sie argumentieren, dass es sich hier nicht um ein territoriales, sondern um ein personelles Problem handelt. Wolfgang Haas sei als Person unfähig, das Bistum zu leiten. Eine Aufteilung des Bistums löse dieses Problem nicht. Damit wollen die Dekane Einheit demonstrieren. Denn man befürchtet allgemein eine römische Lösung nach dem Motto «divide et impera» (teile und herrsche). Eine Teilung des Bistums würde nämlich auch eine Aufsplitterung des Widerstandes gegenüber Wolfgang Haas mit sich bringen. Und das sieht man besonders in der Innerschweiz ungern. Die fünf Dekane der Urschweiz melden sich daher am 6. Januar 1992 speziell zu Wort und verwerfen eine eventuelle Teillösung als *«Scheinlösung»*, die die Solidarität innerhalb des Bistums untergrabe. In einer Briefaktion an Papst Johannes Paul II. drücken 468 Gläubige die Sorge um die Einheit des Bistums aus.

Trotz der fiebrigen Erwartungsstimmung lassen die angekündigten *«konkreten Schritte»* weiter auf sich warten. Als am 15. Januar 1992 Haas zu Gesprächen im Vatikan weilt, steigt die Spannung noch einmal an. Nach der Sonderkonferenz der Bischöfe am 16. Januar 1992 ist jedoch lediglich die Auskunft zu erhalten: In der Kirche Schweiz gebe es keine neuen Aspekte. Dass sich die Bischöfe nach ihrer Morgensonderkonferenz beim apostolischen Nuntius in Bern zum Mittagessen einfinden, lässt jedoch vermuten, dass sich hinter den Kulissen einiges tut. Was, bleibt vorerst unklar. Sicher ist nur, dass das Dreieck Chur–Rom–Bern aktiv zu sein scheint. Die ganze Angelegenheit wird vorerst mit einer konsequenten Informationssperre belegt. Die müden und abgespannten Gesichter der Bischöfe beim Verlassen des Sitzungszimmers in Bern lassen allerdings Ungutes vermuten. Von den Bischöfen will sich an jenem Tag keiner äussern. Vom Sekretariat der Schweizer Bischofskonferenz ist lediglich zu erfahren, dass allen klar sei, dass *«es so nicht mehr lange weitergehen kann»*.

Die Erwartungen, dass die von Rom angekündigte Entscheidung bei der Bischofskonferenz vom 2. bis 4. März 1992 gefallen sein könnte, erweisen sich wiederum als verfehlt. In einer zweiminütigen Stellungnahme gibt der Präsident der Bischofskonferenz, Bischof Pierre Mamie, lediglich bekannt, dass nun *«der Papst die Sache selbst in die Hand genommen»* habe. Dies zeigt, dass die Entscheidungen im Fall Haas bis anhin auf einer andern Ebene getroffen wurden; vermutlich in der Bischofskongregation, welche für die Bischofsernennungen zuständig ist. Wie «papstunabhängig» dort gearbeitet worden sein muss, belegt eine Aussage des Papstes, die er gegenüber dem späteren Weihbischof Paul Vollmar gemacht haben soll. Der Papst habe sich Paul Vollmar gegenüber beklagt, dass er *«hintergangen»* worden sei. Diese Aussage hat Paul Vollmar nicht nur gegenüber dem Autor bestätigt, sondern sowohl an einer öffentlichen Veranstaltung in Giswil als auch gegenüber der katholischen Nachrichtenagentur KIPA wiederholt. Mit dieser offenen Aussage wagt sich Paul Vollmar recht mutig auszusprechen, was Kircheninsider schon lange vermuten: Irgendjemand muss den Papst mit falschen Informationen versorgt haben. Die Aussage Vollmars wirbelt einigen Staub auf. Ihr Wahrheitsgehalt einmal vorausgesetzt, wirft sie ein grelles Licht auf die Mechanismen in den Heiligen Hallen des Vatikans. Der Heilige Vater wurde getäuscht. Nun will er die Sache selbst an die Hand nehmen. Die Bischöfe werden im Zusammenhang mit ihrem Besuch der Apostolischen Gräber (ad limina-Besuch) im Juli 1992 erneut mit dem Papst zusammentreffen.

10. Akt: Enttäuschung

Die Hoffnungen, der sogenannte ad-limina-Besuch könne endlich den erwarteten Durchbruch, bzw. die von Rom in Aussicht gestellte Lösung bringen, zerschlagen sich schnell. Zwar sprechen die Schweizer Bischöfe von sich aus das «heisse» Thema an. In seiner Rede an den Papst meint der Präsident der Bischofskonferenz, Pierre Mamie, am 11. Juli 1992:

«*Was wir in der Verschiedenheit unserer diözesanen Traditionen zu verbessern haben, das sind die notwendigen Konsultationen, um in Erfahrung zu bringen, wer Ihnen als Kandidat für das Bischofsamt vorgeschlagen werden soll. So würde offenkundig, dass jeder seinen Teil an Mitverantwortung wahrnzunehmen hat. So könnte auch die Aufnahme eines neuen Hirten durch das Volk vorbereitet werden. Wir möchten unsere Priester, unsere Ordensleute und die in der Seelsorge engagierten Laien konsultieren dürfen, wenn es darum geht, für einen von uns einen Nachfolger zu bezeichnen. Diese zahlreichen Konsultationen haben nichts mit einem demokratischen Abstimmungsverfahren zu tun. Es liegt uns daran, sie in dem Sinn ernst zu nehmen, wie der heilige Benedikt (zusammen mit Cyrill und Methodius Patron Europas) sie verstanden hat. Tatsächlich legte Benedikt seinen Söhnen unter anderem nahe, die Meinung aller Brüder anzuhören, "weil der Herr oft einem Jüngeren offenbart, was das Beste ist" (Regel III, Nr. 3).*»

Dieser Ausschnitt zeigt, dass die Schweizer Bischöfe offenbar mit der Art und Weise der Eruierung von Wolfgang Haas zum Weihbischof nicht einverstanden sind und dass Haas doch weitgehend «von oben» eingesetzt wurde. Auch legen die Bischöfe Wert darauf, dass der Wunsch nach Mitsprache bei Bischofsernennungen nicht mit einem Hinweis auf die für Rom unerheblichen demokratischen Regeln der Schweiz vom Tisch gewischt werden können. Denn die Urkirche selbst ist es, die den für alle zuständigen Hirten von allen gewählt wissen will.

Doch wie schon Ende April 1991 müssen sich die Schweizer Bischöfe eine päpstliche Lektion erteilen lassen. Die Reaktion des Papstes fällt deutlich aus. In seiner Rede an die Bischöfe betont er in erster Linie die Einheit und Solidarität, welche zwischen Papst und Bischöfen herrschen müssten. Sie machten erst die Katholizität aus. Damit macht der Papst auch klar, dass jegliches Verhalten der Schweizer Bischöfe, welches als «Ausscheren» aus der Einheit der römisch-katholischen

Weltkirche verstanden werden könnte, nicht akzeptiert wird. Bischof Haas ist und bleibt also Bischof von Chur. Die Bischöfe und die Schweizer Katholiken haben sich damit abzufinden.

11. Akt: Erneute Hoffnung

Immerhin scheint Rom daran interessiert zu sein, den Konflikt nicht mehr weiter eskalieren zu lassen. Die Bischöfe kehren mit der Zusage in die Schweiz zurück, dass der Kanton Zürich möglicherweise einen apostolischen Administrator erhalten werde. Ein apostolischer Administrator ist ein interimistischer Vorsteher eines Bistums oder eines Teilbistums. Er fungiert als Stellvertreter des Papstes für das betreffende Gebiet und wird von diesem ernannt. Das entsprechende Gebiet untersteht somit nicht mehr dem Ortsbischof, sondern via Administrator dem Papst persönlich. Noch immer studiert man also an einer territorial-strukturellen Lösung, nicht aber an einer personellen Lösung herum. Die Schweizer Bischöfe erklären sich am 13. Juli 1992 vor der Presse *«zufrieden»* mit diesem Angebot. Das Klima in Rom sei gut gewesen. Der Papst habe aufmerksam zugehört. Mit der Möglichkeit einer Teillösung für Zürich sei ein erster *«partieller Schritt»* zur Lösung des Churer Problems gegeben, erklärt Bischof Otmar Mäder von St. Gallen. In dieser Erklärung angedeutet ist bereits die Tatsache, dass man eine Administrator-Lösung nicht als Dauerlösung verstanden wissen möchte. Doch ist man heilfroh, überhaupt einmal ein konkretes Ergebnis, den Schatten einer möglichen Lösung nach Hause bringen zu können.

Diese Ankündigung löst bei den Dekanen des Bistums Chur sowie in Zürich vorsichtigen Optimismus aus. Nicht etwa, weil man nun plötzlich doch für eine Administrator-Lösung wäre, sondern weil man glaubt, damit endlich Bewegung in die Sache bringen zu können. Man sei auch gegenüber einem *«etappenweisen Vorgehen»* grundsätzlich offen, erhoffe sich jedoch eine *«baldige Bekanntgabe eines umfassenden Lösungsweges»*, meinen 14 der 16 Dekane des Bistums in einem Schreiben.

12. Akt: Endgültige Resignation?

Doch auch nach der Herbstversammlung im September 1992 wissen die Schweizer Bischöfe – zum wievielten Male? – nichts Neues. Der Papst sei durch eine Krankheit eingeschränkt worden und hätte in Anbetracht der schlimmen Situation in Ex-Jugoslawien anderes zu tun gehabt, als sich mit der Situation in der Schweiz zu befassen, heisst es lapidar. War die Administrator-Ankündigung wieder nur ein leeres Versprechen? Oder erwies sich diese Lösung für Rom doch als untauglich?

Mitten in dieser Verunsicherung verursacht dann ein Interview von Kardinal Ratzinger im Tessiner Fernsehen einen grossen Wirbel. Der Chef der Glaubenskongregation und oberster Glaubenshüter der katholischen Kirche, erklärt, dass rein juristische und institutionelle Lösungen keine ausreichende Antwort darstellten. Weit wichtiger sei es, dass alle zum Glauben sowie zur katholischen Einheit zurückfänden. Diese Aussage wird als Andeutung verstanden, dass eine Administrator-Lösung, die in erster Linie ein juristisch-institutioneller Akt wäre, wohl nicht in Frage kommt. Dies um so mehr, als Kardinal Ratzinger hinzufügt, dass er *«keinen konkreten Ausweg»* aus der Churer Krise sehe. Sowohl Ratzinger als auch die Schweizer Bischofskonferenz dementieren jedoch sogleich solche Interpretationen. Die Aussagen seien in einem *«grösseren Kontext»* geschehen, erklärt die Bischofskonferenz. Ratzinger betont, er habe überhaupt nicht von einem Administrator gesprochen. Wie an einen Strohhalm klammert man sich in Freiburg an die Möglichkeit des Administrators. Doch Ratzinger sollte Recht behalten. Rom sollte sich nicht für eine juristisch-institutionelle, sondern für eine personelle Lösung entscheiden. Doch vorläufig geschieht weiterhin nichts. Und dies sollte noch einen langen Winter lang andauern.

Der vierteljährliche Auftritt vor den Medien wird zur Last. Müde wirkende, vom Wechselbad der Gefühle zerfurchte Gesichter stellen sich den immer gleichen Fragen der Journalisten. Doch die Bischöfe wissen selbst nicht weiter. Längst ist das Verbreiten von Hoffnung auf eine Lösung berufsmässig, mechanisch geworden. Längst ist man mit den Nerven am

Ende. Man hat – wie die Gläubigen auch – auf Rom zu warten. Jede noch so winzige Regung Roms hat man wie ein spriessendes Pflänzlein zu hegen und zu pflegen. Kein Wunder also, dass Bischof Pierre Mamie entnervt reagiert, als verschiedene juristische Experten einen Bericht über die Bischofswahlen in der Schweiz veröffentlichen und darin Rom erneut Völkerrechtsverletzung vorwerfen (siehe Exkurs I). Für Bischof Mamie, der diesen Bericht in ungewöhnlich heftigem Ton kritisiert, kommt dieses Werk im dümmsten Moment. Denn Rom hat im Verlaufe des Falles genügend bewiesen, dass es auf solche «Störmanöver» seiner eigenen Überlegungen und Diplomatie höchst empfindlich mit Liebesentzug reagiert. Und dass man allenfalls wegen einer Verstimmung Roms noch einmal um Monate zurückgeworfen sein könnte, mag die Bischofskonferenz nicht mehr hinnehmen.

Die Stimmung ist an einem Tiefpunkt angelangt.

KAPITEL IV
Rien ne va plus

Im Bistum Chur ereignet sich der totale Zusammenarbeitsinfarkt

1. Bischof Wolfgang Haas überwirft sich mit allen seinen Räten

Der gute Wille zur fruchtbaren Zusammenarbeit, von Wolfgang Haas immer wieder beschworen, bleibt dürres Wort. Wie weit sich mit seinen engsten Mitarbeitern in der Bistumsleitung eine echte Zusammenarbeit ergibt, ist schwer zu sagen. Allein der Streit um die Firmung in Bonaduz, wo er nicht davor zurückschreckt, auch seinen Generalvikar Vitus Huonder öffentlich zu massregeln, lässt vermuten, dass auch im intimsten Leitungsbereich das Gesetz der hierarchischen Entscheidungen gilt. Wolfgang Haas hat sich mit ihm treu ergebenen und loyalen Mitarbeitern umgeben, die es allesamt nicht wagen, Entscheidungen ihres Bischofs öffentlich zu kritisieren. Im Churer Klerus herrscht die Meinung vor, Haas habe sich mit einem Ja- und vor allem Amen-Sager-Club umgeben, dem er in absoluter Machtfülle vorstehe. Echte Zusammenarbeit gebe es auch dort keine.

Sicher ist, dass über diesen engsten Kreis hinaus die vielbeschworene Zusammenarbeit nicht gedeihen will. Denn Zusammenarbeit stellt Wolfgang Haas mit der Forderung nach unbedingtem Gehorsam ihm gegenüber gleich. Ein Umstand, der vom grösseren Teil seines Personals nicht goutiert wird. So überwirft er sich in kürzester Zeit mit all seinen Beratungs- und Mitarbeitergremien. Mit dem Seelsorgerat und dem Priesterrat, zwei den Bischof beratende Gremien, eskaliert der Streit, noch bevor die beiden Räte neu gebildet sind. Mit der Mehrheit seiner Statthalter an der Pfarreibasis, den Dekanen, kommt es zur Dauerfehde. (Das Bistum Chur ist in sechzehn Dekanate unterteilt, welchem jeweils ein sogenannter Dekan vorsteht). Mit der Mehrheit des Domkapitels hat es Wolfgang Haas schon durch die Annahme des Koadjutorenamtes verscherzt. Dadurch ist er fast vollständig isoliert.

Umgekehrt bestehen schon vor seinem Amtsantritt grosse Animositäten gegen ihn. In all diesen Gremien wird mehrheitlich Front gegen ihn gemacht. Sein zweijähriges Wirken als Weihbischof sowie seine rigorosen Personalentscheide haben zuviel kirchliches Porzellan zerschlagen, als dass man allgemein zur Tagesordnung brüderlicher Zusammenarbeit übergehen könnte. Wolfgang Haas gelingt es nicht, diese Front gegen ihn abzubauen. Im Gegenteil! Innert kürzester Zeit bestätigt er durch sein stures Verhalten und seine unnachgiebige Haltung die vorhandenen Vorurteile und hilft auf diese Weise mit, die bestehende Wand zu zementieren. Zwischen Bistumsleitung und Bistumsbasis sind die Kanäle hoffnungslos verstopft. Leitung und Basis sind voneinander abgeschnitten. Ein vertikales Schisma, eine Spaltung zwischen «unten» und «oben» bahnt sich an; ein Bistumsinfarkt. Und die Entwicklung geht rasend schnell.

*

Wolfgang Haas ist gerade 24 Stunden leitender Bischof der Diözese Chur, als es im Räderwerk der Zusammenarbeit der verschiedenen Bistumsorgane bereits zu harzen beginnt. Am Tag nach der Amtsübernahme erhält nämlich Franz Herger, Sekretär des Seelsorgerates, Post aus Chur. Herger wird darin gebeten, die angesetzte Seelsorgeratssitzung abzusagen, da Wolfgang Haas Pfarreibesuche in Trachslau und Gross sowie eine Firmung in Einsiedeln übernommen habe. Dahinter verbirgt sich mehr als nur eine kleine Terminkollision. Denn das Kirchenrecht will es, dass mit der Demission eines Bischofs der Seelsorgerat automatisch zu existieren aufhört und dann unter dem neuen Bischof neu konstituiert werden muss. Solange also keine konstituierende Sitzung stattfindet, existiert kein Seelsorgerat mehr. Solange kein Seelsorgerat existiert, fehlt den Gläubigen das Gremium, durch welches sie ihre Anliegen dem Bischof vorbringen können.

Doch Wolfgang Haas eilt es mit der Neukonstituierung des Seelsorgerates nicht. Denn es ist ein unbequemes Gremium. Durchsetzt mit kritischen Priestern und aufmüpfigen Laien. Darunter auch Frauen. Es sind mehrheitlich Leute, die sich Haas nicht selber aussuchen kann, sondern die von der Kirchenbasis delegiert werden. Sie alle stehen in der täglichen Schwerarbeit der Pfarreipraxis. Sie alle spüren, dass die Probleme der Bistumsleitung nur am Rande die Probleme der Pfarreibasis darstellen. Wolfgang Haas muss sich durch ein solches, mehrheitlich ihm kritisch gegenüber stehendes Gremium dauernd herausgefordert fühlen. Zumal der Seelsorgerat sich nicht auf die Rechts- und Gehorsamssprache ihres Hirten einlassen mag, sich nicht zum Ja-Sager-Club degradieren lassen will.

Als sich nämlich der neugebildete Seelsorgerat ein Jahr später in Einsiedeln konstituieren soll, lehnt der Rat dies selbst mit 17 gegen 10 Stimmen (bei 2 Enthaltungen) ab, weil er sich in seinen Aufgaben bereits von Wolfgang Haas beschnitten fühlt. Nach Ansicht der Mitglieder sei dieser nämlich nicht bereit, sich in statutarischer Breite beraten zu lassen, und habe stattdessen die Themen der Ratsarbeit auf kirchenrechtlich und weltkirchlich *«behandelbare»* (Zitat Haas) Fragen einschränken wollen. «Behandelbar» ist für Wolfgang Haas aber nur, was nicht schon gesamtkirchlich geregelt und damit der Diskussion entzogen sei. Damit wolle er den Rat lediglich vor Frustrationen bewahren. Denn es gebe Themen, zu welchen der Seelsorgerat gar keine Stellung zu nehmen brauche, weil ortskirchliche Lösungen für Rom undenkbar sind. Das heisst im Klartext: Er will mit dem Seelsorgerat nur über Dinge sprechen, die nicht in Rom entschieden werden. Damit macht er einmal mehr deutlich, dass er die Einheit und die völlige Übereinstimmung mit Rom als unumstössliche Grösse betrachtet. Durch solche Formen der *«Einschränkung»* aber, so die Überzeugung der Ratsmitglieder, wäre der Seelsorgerat nur noch *«alibimässig»* als Beratungsorgan tätig. Die Einschränkung der Arbeit auf *«behandelbare Themen»* verletze überdies die Statuten.

Das gestörte Vertrauensverhältnis zwischen Rat und Bischof

führt zum Beschluss, die Zusammenarbeit mit Wolfgang Haas zu sistieren. Als man jedoch merkt, dass die Taktik, die Dinge auf Eis zu legen, diesem gar nicht so ungelegen kommt, beschliesst der Rat einen Alleingang. Die Mitglieder des Seelsorgerates konstituieren sich selber. Die *«gewählten und delegierten Mitglieder des Diözesanen Seelsorgerats Chur»* erklären sich – von den *«entsendenden Gremien dazu legitimiert»* – als selbständig organisiert und wollen, unabhängig von Haas, pastorale Fragen sowie die Verwirklichung der Konzilsbeschlüsse in Angriff nehmen. Als Richtschnur der Ratsarbeit gelten die Statuten des ordentlichen Seelsorgerats.

Wolfgang Haas anerkennt diesen «Schattenseelsorgerat» nicht. Er wirft ihm vor, er wolle nicht beraten, wie es seine Aufgabe wäre, sondern als Basisvertretung *«selbständig tätig»* sein. Haas wertet deshalb dieses selbständige Handeln der Mitglieder als *«Verzicht auf die Mitgliedschaft»* im ordentlichen Seelsorgerat. Diesen aber, so kündigt Haas an, wolle er *«in absehbarer Zeit»* neu bilden. Dieser Neuaufbau müsse mit der Schaffung neuer Statuten einhergehen, da mit den bisherigen die Konstituierung nicht erfolgen konnte. Doch mit der angekündigten Neubildung lässt er sich Zeit. Zwei Jahre später steht sie immer noch aus. Der Bruch zwischen Haas und dem Seelsorgerat ist perfekt. Ein wichtiger Kanal kirchlicher Zusammenarbeit und pastoralen Austausches ist verstopft.

*

Ähnliches geschieht rund um den Priesterrat. Dieses im Gegensatz zum Seelsorgerat ausschliesslich aus Priestern zusammengesetzte Beratungsgremium, soll beim Bischof den Gesamtklerus des Bistums vertreten und gemäss Kirchenrecht zugleich *«Senat des Bischofs»* sein. Dennoch kommen ihm keine demokratischen Rechte zu. Die für den Priesterrat nötigen Statuten müssen vom Bischof genehmigt sein. Das bedeutet, dass der Bischof letztlich dem Priesterrat vorsteht. Der Bischof muss zwar den Priesterrat bei wichtigen Angelegenheiten anhören, hat jedoch bei Entscheidungen das letzte Wort. Auch darf der Bischof einen Teil des Priesterrates selber ernennen, während der andere Teil vom Klerus gewählt wird. Das Recht schränkt den Freiraum des Priesterrates also zugunsten der bischöflichen Vormachtstellung ein. Auch hier spielt der Mechanismus, dass der Rat bei einem Bischofswechsel automatisch zu existieren aufhört und danach neu gebildet werden muss.

Wiederum hat es Wolfgang Haas mit der Neubildung nicht eilig. Erst neun Monate nach seinem Amtsantritt ruft er den neu gebildeten Priesterrat in Einsiedeln zu seiner konstituierenden Sitzung zusammen. Traktandiertes Thema sind die angekündigten Veränderungen im Priesterseminar Chur (siehe Teil II, Kapitel I).

Doch der Rat beschliesst eine Traktandenänderung. Er will zuerst über eine grundsätzliche Zusammenarbeit mit Bischof Haas diskutieren. Der Rat will die Vertrauensfrage klären. Doch zu klären gibt es da nicht viel. Mit einem Stimmenverhältnis von 33 zu 11 spricht der Priesterrat seinem Bischof das Misstrauen aus. Der Rat verweigert die Zusammenarbeit. Wolfgang Haas wird mehrmals zum Rücktritt aufgefordert. Weiter verlangen die Priester mit 36 zu 5 Stimmen die vorgesehenen Änderungen im Priesterseminar St. Luzi noch durch eine Kommission abklären zu lassen. Damit sind auch im Priesterrat die Positionen bezogen. Die zweite Blutbahn ist verstopft. Der Infarkt schreitet voran.

Daran ändern auch die nächsten Sitzungen nichts. Im Gegenteil! Auch die zweite Priesterratssitzung vom 22. Mai 1991 ist gezeichnet vom gebrochenen Vertrauensverhältnis zwischen Rat und Bischof. Der Streit bricht offen aus. Der Bischof wird persönlich für die desolate Situation im Bistum verantwortlich gemacht und zum Rücktritt aufgefordert. In dieser hoffnungslos verfuhrwerkten Situation ist es nur verständlich, dass auch über Sachfragen nicht mehr diskutiert werden kann. Haas weigert sich, in Sachen Umstrukturierung des Seminars St. Luzi dem Priesterrat genauere Auskünfte zu geben. Der Priesterrat wittert, dass es wohl nichts mehr zu diskutieren geben wird, da die Entscheide von Wolfgang Haas längst feststehen dürften und fühlt sich übergangen. Der Ton wird schärfer. In einem vom Priesterrat verabschiedeten Communiqué wird Haas gegenüber dem Professorenkollegium der Theologischen

Hochschule Chur eine *«menschenverachtende Art»* vorgeworfen.

Solches kann Wolfgang Haas nicht auf sich sitzen lassen. Er liest dem Rat die Leviten und belehrt ihn über seine Rechte und Pflichten. Haas verweist dabei auf das Zweite Vatikanische Konzil, wonach der Priesterrat den *«Bischof bei der Leitung der Diözese mit seinen Vorschlägen wirksam unterstützt»*, dass aber die Priester dem Bischof *«Liebe und Gehorsam»* schulden. Damit macht Haas klar, dass er den Rat zwar als beratendes Gremium, niemals aber als *«Opposition»* akzeptieren könne. Auch wehrt sich Haas vehement gegen die Vorwürfe, den Priesterrat in Sachen Priesterausbildung nicht angehört zu haben, und bezichtigt den Rat, nicht mit ihm zusammenarbeiten zu wollen. Doch damit giesst Wolfgang Haas noch mehr Öl ins Feuer.

Der Präsident des Priesterrates, Pfarrer Martin Kopp, reagiert in einem offenen Brief. Das Ausmass des Streites wird öffentlich. Kopp wirft Haas vor, dass *«Sie es waren, Herr Bischof, der bei der letzten Sitzung (...) eine solche Zusammenarbeit gänzlich blockiert hat»* und dass der Rat den Vorwurf, er stünde in Opposition zum Bischof, nicht hinnehmen könne. Aber als Ja-Sager-Gremium könne der Rat seine Aufgaben nicht erfüllen. Der Rat müsse einen andern Standpunkt als der Bischof vertreten können, sonst habe er als Rat keinen Sinn. Weiter wirft Kopp Haas vor, er habe die Neuerungen in Beziehung des Priesterseminars St. Luzi in Chur dem Priesterrat am 22. Februar als bereits beschlossene Massnahme hingestellt und im Alleingang durchgeboxt. Kopp stellt fest, dass *«ein Rat der Mitbrüder nicht gefragt ist»* und *«dass jede Mitüberlegung durch Sie verhindert wird»*. Der Priesterrat ist also nicht gewillt, bischöfliche Entscheidungen lediglich mit sanftem Kopfnicken und stillem Einverständnis abzusegnen. Umgekehrt ist Wolfgang Haas nicht bereit, dem Priesterrat demokratische Mitbestimmung zuzubilligen, da dies das Kirchenrecht nicht vorsieht. Priesterrat und Bischof sind – durch ihr jeweiliges Amtsverständnis – Welten voneinander getrennt.

Eiszeit herrscht auch an der Tagung vom 20. November 1991 in Einsiedeln. Wolfgang Haas informiert den Priesterrat über die Umstrukturierung des Seminars St. Luzi (Ausgliederung der Laien), über die Abschaffung des dritten Bildungsweges in Chur sowie über die Einführung des Vorbereitungsjahres «Lauretanum» für angehende Studierende an der Theologischen Hochschule Chur (siehe Teil II, Kapitel I). Der Rat weigert sich die Entscheidungen aktiv mitzutragen. Die getroffenen Massnahmen, so kritisiert der Rat, seien *«ohne genügende Beratung und gänzlich übereilt»* erfolgt.

In der Sitzung vom 16. September 1992 muss sich die Bistumsleitung vom Priesterrat *«Konzeptionslosigkeit»* vorwerfen lassen. Das Problem der Firmspendung durch Wolfgang Haas sei weiterhin *«ungelöst»* und auch in andern drängenden seelsorglichen Problemen sei kein Ansatz eines pastoralen Konzeptes erkennbar. Generalvikar Christoph Casetti dementiert umgehend. Der Bischof habe durchaus ein klares Konzept. Es bestehe darin, die Anliegen des Zweiten Vatikanischen Konzils zu verwirklichen.

Immer wieder geht es in den Priesterratssitzungen zentral um das gestörte Vertrauensverhältnis zwischen Klerus und Bischof. Auch eine auf Wunsch der Schweizer Bischofskonferenz zustande gekommene Aussprache dazu, bringt keine Klärung. Der Rat stellt lediglich seine alte Forderung: Wolfgang Haas solle zurücktreten. Aufhorchen lässt die Begründung. Erstmals verweisen auch die Kontrahenten von Bischof Haas auf das Kirchenrecht, wo es unter Canon 401, Absatz 2, wörtlich heisst: *«Ein Diözesanbischof, der wegen seiner angegriffenen Gesundheit oder aus einem andern schwerwiegenden Grund nicht mehr in der Lage ist, seine Amtsgeschäfte wahrzunehmen, wird ausdrücklich gebeten, den Amtsverzicht anzubieten.»* Damit tut der Rat unmissverständlich seine Meinung kund: Wolfgang Haas ist nicht in der Lage, sein Amt wahrzunehmen.

2. Wolfgang Haas überwirft sich mit den Dekanen

Das Bistum Chur ist in 16 Dekanate unterteilt. Es sind dies regionale Untereinheiten, die in verschiedenen Fragen der Seelsorge sinnvollerweise zusammenarbeiten und gewisse pastorale Fragen gemeinsam lösen. Jeweils einer der Ortspfarrer steht dem Dekanat vor. Diese 16 Dekane werden vom Bischof ernannt und sind eine Art bischöfliche Vertreter in den Pfarreien und stellen so die Verbindung zwischen Pfarreien und Bischof sicher. Doch auch dieser Kanal ist im Bistum Chur arg verstopft. Denn von Beginn weg wehrt sich die Mehrheit der Dekane gegen Bischof Wolfgang Haas.

Kaum ist Wolfgang Haas Bischof von Chur, wenden sich die vier Zürcher Dekane an die Schweizer Bischofskonferenz. Via Bischöfe bitten sie den Papst, Haas zum Verzicht auf das Nachfolgerecht zu bewegen. Überdies solle er den abgesetzten Generalvikar Gebhard Matt wieder einsetzen. Die Dekane erwägen auch eine verstärkte, von Haas unabhängige Arbeit unter sich. Fast gleichzeitig gibt der Vorstand des Dekanates Nidwalden bekannt, eine Zusammenarbeit mit Haas sei unmöglich und man gedenke 1991 die Firmungen im ganzen Kanton abzusagen, sollte er darauf bestehen, persönlich als Firmspender walten zu wollen. In mehreren Schreiben gegenüber der Bischofskonferenz und gegenüber Rom geben die Dekane ihrer Überzeugung Ausdruck, dass eine fruchtbare Zusammenarbeit mit Bischof Wolfgang Haas nicht möglich sei. Mehrmals fordern sie ihn zum Rücktritt auf.

Wolfgang Haas seinerseits kontert mit einer *«Klarstellung zur Aufgabe der Dekane»*, indem er den Dekanen eine kirchenrechtliche Lektion erteilt. Dekane seien vom Bischof frei ernannt, daher auch frei abberufbar und seien der Autorität des Bischofs unterstellt, pfeift Haas seine Dekane zurück. Der Dekan habe nicht das Dekanat vor dem Bischof zu vertreten, sondern den Bischof im Dekanat. Er weist darauf hin, dass die Dekane kein Recht hätten, gewisse *«gesamtdiözesane Hirtenaufgaben»* in eigener Regie anzupacken. Es stelle überdies einen *«Missbrauch des Dekanenamtes»* dar, Widerstand gegen bischöfliche Personalentscheide zu leisten. Der Vorwurf des Amtsmissbrauchs hängt in der Luft. Mit dem Hinweis, Dekane seien *«frei abberufbar»*, versucht Wolfgang Haas gar mit der Absetzung von ungehorsamen Dekanen zu drohen. Doch die

Mehrheit der Dekane – explizit zu Wolfgang Haas stehen nur zwei der sechzehn Dekane – lässt sich davon nicht beeindrucken.

Die bischöfliche «*Klarstellung*» provoziert bei den vierzehn Dekanen umgehend eine Antwort. Darin werfen sie Wolfgang Haas in harschem Ton eine «*autoritäre und starre*» Haltung vor und wehren sich gegen den Vorwurf des Amtsmissbrauchs. Die bischöfliche «*Klarstellung*» sei als «*Störmanöver*» der Mission Rauber zu verstehen, schreiben die Dekane. Denn damit versuche Haas von den wirklichen Problemen abzulenken. Zurückgewiesen wird auch die Sicht von Wolfgang Haas, wonach die Dekane ausschliesslich den Bischof in den Dekanaten zu repräsentieren, umgekehrt jedoch nicht die Interessen der Pfarreien gegenüber dem Bischof zu vertreten hätten. Damit offenbare er einmal mehr sein autoritäres, starres Verständnis der Hierarchie. Das Recht auf freie Meinungsäusserung gelte in der Schweiz auch für Dekane.

Am 19. November 1991 reagieren die Dekane mit einem Brief auf die beiden Briefe aus Rom, welche die Schweizer Bischöfe in Dulliken überreicht erhalten (siehe Teil I, Kapitel III). Darin kritisieren die Dekane die römische Antwort als «*unbefriedigend*». Dass Rom das Ansinnen von Haas unterstützt, aus dem Seminar St. Luzi ein «reines» Priesterseminar zu machen, nehmen die Dekane enttäuscht zur Kenntnis. «*Wir fühlen uns in Rom nicht ernst genommen*», meint einer der Dekane resigniert. In einem solchen Seminar «*werden Theologen und Priester ausgebildet, die in unserer Situation nicht bestehen können*».

Am 11. Dezember 1991 gelangen die Dekane mit einer Stellungnahme an die Öffentlichkeit. Darin zeigt sich die Mehrheit verbittert über die Reaktion Roms vom November 1991 in bezug auf die Krise im Bistum Chur. Rom hatte damals die Schweizer Bischöfe durch einen Brief wissen lassen, dass Haas Bischof von Chur sei und auch bleiben werde und dass die Bischöfe sich gefälligst um eine solidarische Zusammenarbeit mit Haas bemühen sollten. Diese Massregelung der Bischöfe ist für die Dekane fehl am Platz. Sie fordern von Rom konkrete

Schritte. Auf die Frage, welche Schritte damit gemeint sind, erklärt einer der Dekane: «*Wir wollen, dass Wolfgang Haas abgesetzt wird.*» Es gehe nicht an, so die Dekane weiter, dass Rom das Problem lediglich mit einer Zurechtweisung der Schweizer Bischöfe erledigt haben möchte. Denn offenbar würden die Schweizer Bistümer in Rom wiederholten Verleumdungen ausgesetzt. Man werde es jedoch nicht mehr hinnehmen, meint der Dekan weiter, dass die Bischöfe von bestimmten Kreisen in Rom weiter schlecht gemacht würden. Ein Teil dieser «bestimmten Kreise» reagiert denn auch prompt.

In einem Communiqué vom 13. Dezember 1991 erklärt die Volksbewegung «Pro Ecclesia», dass die Dekane sowie die Zürcher Synode daran seien, eine «*Mauer zwischen sich und Rom*» zu zementieren. «Pro Ecclesia» verurteilt das Verhalten der Dekane. Dauernd forderten sie «*Extrawürste innerhalb der Weltkirche*». Stattdessen sollten sie die wiederholte «*Auflehnung gegen Rom*» einstellen. «Pro Ecclesia» wehrt sich auch gegen die Behauptung, durch Zuträgerdienste die Schweizer Kirche in Rom schlecht zu machen. Das sei gar nicht nötig, meint ein Pro-Ecclesia-Vertreter. Es reiche nämlich, hin und wieder das Zürcher Pfarrblatt nach Rom zu schicken...

3. Haas und seine Personalpolitik: Bedrohung der Einheit

Für die Bedrohung der Einheit im Bistum Chur sorgt im wesentlichen Wolfgang Haas selber. Er begeht den gleichen Fehler wie ehemals Rom. Er glaubt, mit einer konsequenten Personalpolitik die Sache in den Griff zu bekommen. Er glaubt, dass sich die Einheit mit ihm und mit Rom von selber ergeben wird, wenn alle Schlüsselpositionen mit absolut romtreuen, und gehorsamen Leuten besetzt sein werden. Dass er aber einen Grossteil der Gläubigen gegen sich aufbringt und wesentlich zur Bedrohung der Einheit beiträgt, will er nicht wahrhaben. Doch während Rom nach einigen Jahren einsieht, dass die Personalpolitik allein keine romtreueren Katholiken erzeugt, macht Wolfgang Haas unbeirrt weiter.

Von der Ebene des Generalvikars bis hinunter zu den Kaplanen setzt er konsequent nur Leute ein, die getreu auf seiner Linie liegen. Er versucht damit, den Widerstand gegen sich von der Wurzel her auszurotten. Darauf angesprochen, argumentiert Haas mit dem Kirchenrecht, welches ihm gestatte, Mitarbeiter nach seiner Wahl zu bestimmen. Den ihm missliebigen Generalvikar Gebhard Matt ersetzt er durch seinen Intimus Christoph Casetti. Zum neuen Leiter des kirchlichen Gerichts (Offizial) beruft er das Opus Dei-Mitglied Joseph Bonnemain. Den haaskritischen Leiter des Priesterseminars, Franz Annen, ersetzt er durch das Opus-Dei-Mitglied Peter Rutz. Professorenstellen an der Theologischen Hochschule Chur besetzt Wolfgang Haas ebenfalls mit «seinen» Leuten. Er ernennt denselben Peter Rutz zum Lehrbeauftragten für Philosophie, den ehemaligen Generalvikar Vitus Huonder zum Lehrbeauftragten für Liturgiewissenschaft und den ehemaligen Ausbildungsleiter des Vorbereitungsjahres für angehende Theologiestudenten («Lauretanum»), Heinrich Reinhardt, ebenfalls zum Lehrbauftragten für Philosophie.

*

Auch das Domkapitel, das 24köpfige Bischofswahlgremium, beginnt Wolfgang Haas nach und nach mit Leuten seiner Couleur zu besetzen. Dies ist daher von Bedeutung, da das Domkapitel bei der Churer Bischofswahl grundsätzlich ein Mitspracherecht hat. Sollte in diesem Gremium eine konservative Mehrheit Einsitz nehmen, wäre die Wahl eines konservativen Bischofs auch von dieser Seite her abgesichert. Wir erinnern uns, dass Vorgänger Johannes Vonderach den Umweg über einen Weihbischof mit Nachfolgerecht nehmen musste, weil Wolfgang Haas aufgrund der damaligen Mehrheitsverhältnisse des Domkapitels wohl kaum je hätte Bischof von Chur werden können.

So setzt Haas im November 1990 acht neue Domherren ein und wechselt damit rund ein Drittel des Gesamtbestandes aus. Er macht Domdekan Don Leone Lanfranchi, Generalvikar Vitus Huonder und den bisherigen Bischöflichen Kanzler Don Aurelio Lurati zu residierenden Domherren. Weiter setzt er Kanonikus Martin Bürgi, Kanonikus Christoph Casetti, Kanonikus

Bruno Hübscher, Kanonikus Ernst Nigg und Kanonikus Guido Schnellmann als nichtresidierende Domherren ein. Es sind dies alles Leute, die ausnahmslos und absolut zuverlässig seine Linie vertreten.

In der Predigt der Installationsfeier wird die Absicht dieser Ernennungen offensichtlich. Fast beschwörend wirken die Abschnitte, wo Wolfgang Haas die Einheit der Priester mit dem Bischof litaneiartig herunterbetet: *«Deshalb ziemt es sich für euch, einig mit der Absicht des Bischofs zu laufen, was ihr ja auch tut»*, ruft Haas den neuen Domherren in seiner Predigt zu und macht damit klar, dass er Gehorsam verlangt. Weiter spricht er in blumigen Bildern von jedem einzelnen von ihnen, der *«zu einem Chor»* werden möge, auf dass in *«Eintracht»* die Liebe Christi besungen werden könne. Gottes Melodie *«in Einigkeit aufgreifend»* sollen sie *«unzertrennlich einig»* sein. Dieser Geist *«der Einheit»* bedeute die Erfüllung der Jesus-Worte, wonach der Vater spende, was *«zwei von euch gemeinsam erbitten»* (Mt 18,19). Die Gegenwart des Namens Jesus sei es, der jede christliche Gemeinschaft *«eint»*. Nach einem kleinen Exkurs über den Auftrag des Domkapitels spricht Haas dann die wichtigste Aufgabe der Domherren an: *«die grundlegende Verbundenheit»* mit dem Bischof zu leben. Mit einem Hinweis auf das *«einmütige»* Gebet der Apostel ruft Haas schliesslich ebenfalls zum Gebet für die *«Einheit»* auf. Denn, wo *«gemeinsam und beharrlich gebetet wird, ist Christus gegenwärtig, und der Heilige Geist verbindet die Betenden zur Einheit.»* Diese Einheitslitanei ist aber nichts anderes als der sprachlich kaschierte Drohfinger, dem Bischof Gehorsam zu leisten. Denn, so würde ein Wolfgang Haas wohl sagen: L' unité, c'est moi.

*

Schliesslich versucht er auch in den Pfarreien mehr und mehr konservative, haastreue Priester einzusetzen. Doch dieses Unterfangen stösst da und dort auf Widerstand. Denn bald sollte es sich zeigen – und sich in andern Pfarreien herumsprechen -, dass Jungpriester aus der Churer Schmiede das Rad der Kirchengeschichte zurückdrehen wollen. Erste Pfarreien machen überdies die Erfahrung, dass einige dieser Jungpriester in der alltäglichen Pfarreiarbeit überfordert sind und die Pfarrei schon bald wieder verlassen. Einige verschwinden plötzlich aus dem Pfarrkalender. Verschärfend kommt hinzu, dass viele Pfarreien und Gemeinden wegen Wolfgang Haas gespalten sind. Die pastoralen Folgen: Es kommt zum Liturgietourismus hüben und drüben. Haastreue Katholiken pilgern am Sonntag in Gemeinden, wo ein haastreuer Priester Messe feiert. Und umgekehrt. Das Pfarreileben vor Ort stirbt. Nachbarn grüssen sich nicht mehr. Geschäfte oder Wirtschaften werden – je nach Standpunkt – boykottiert. In vielen Gemeinden beherrscht das gegenseitige Belauern die Szene. Mit Schmähbriefen, anonymen Telephonanrufen bis hin zu Morddrohungen befehden sich die beiden Lager. Der Riss geht nicht selten sogar quer durch Familien und Verwandtschaften.

Diese Situation verschärft sich oft dort, wo ein Pfarrwechsel ansteht. So werfen beispielsweise Haas-Gegner der Pfarrei Dallenwil/NW ihrem Bischof vor, er habe die Rechte der Pfarrei missachtet und eigenmächtig einen ihm genehmen Jungpriester als Kaplan in Wiesenberg eingesetzt. Gemäss Statut habe nämlich der Stiftungsrat die Aufgabe, einen Seelsorger zu suchen und vom Ordinariat bestätigen zu lassen. Der zuständige Dekan habe dabei ein Mitspracherecht. Überdies seien bei der Einsetzung von Priestern in einem bestimmten Seelsorgegebiet die Pfarrer zu kontaktieren. Dies habe Haas alles unterlassen. Haas seinerseits erklärt, dass dies zwar alles in bezug auf die Einsetzung eines Pfarrers, nicht aber eines Kaplans gelte. Damit macht er seine Strategie deutlich. Da die Einsetzung eines Kaplans rechtlich betrachtet ein Provisorium darstellt, treten die Mitsprachrechte ausser Kraft. Mit formaljuristischen Spitzfindigkeiten versucht Bischof Haas also Fakten zu schaffen.

Im Februar 1993 kommt es in Steinen/SZ zu einem Aufruhr. Zwar findet der junge, haastreue Pfarrer auch seine Anhänger. Als ihm jedoch noch ein haastreuer Kaplan zur Seite gestellt wird, reagieren 60 Eltern mit einem Boykott des Religionsunterrichts. Der Kaplan vertrete völlig veraltete Ansichten über das Verhältnis von Mann und Frau. In seinem Religionsunterricht fühle man sich um Jahrhunderte zurückversetzt.

Auch im glarnerischen Näfels beginnt es zu brodeln, als ein Pfarrwechsel ansteht. Der neue haastreue Pfarrer verlangt vom dortigen Katecheten als erstes, dass er seine Büroräume im Pfarrhaus freizugeben habe. Der Katechet muss seine Habe in den Keller zügeln. Den Schlüssel zum Pfarrhaus muss er abgeben. Für jede benötigte Fotokopie muss er an der pfarrhäuslichen Türe läuten. Nach sechzehnjähriger Tätigkeit als Katechet wirft er schliesslich das Handtuch.

Es wären hier noch viele Pfarreien aufzuzählen, die ähnliches erlebt haben. Die Personalpolitik von Chur zeigt ihre Wirkung. Sie beschleunigt in vielen Pfarreien die Spaltung. Denn die haastreuen Kreise freuen sich weitgehend ob der klaren, strengen Linie, die mit den meist jungen Churer Priestern in ihrer Kirche Einzug hält. Die Mehrheit in den Pfarreien jedoch versucht sich der Sache wegen zu arrangieren oder resigniert. Viele kirchlich engagierte Laien werfen jedoch entnervt das Handtuch. Viele bereuen es, für diese Kirche tätig gewesen zu sein. Viele leiden auch darunter, dass allein mit wenigen pfarrherrlichen Machtentscheiden eine oft langjährige Pfarreipraxis abgewürgt wird. Hilflosigkeit breitet sich aus. Da und dort wird das Thema «Pfarrer» zum explosivsten Reizwort des Dorflebens.

KAPITEL V

Morgenröte und Segen?

Rom bequemt sich, endlich zu handeln

1. Zwei neue Weihbischöfe – ein neuer Nuntius: Rom setzt Leitplanken

Während man sich da und dort schon mit der erstarrten Situation abzufinden beginnt und sich mit riesigen Schritten dem fünften Jahrestag der Ernennung von Wolfgang Haas zum Weihbischof mit Nachfolgerecht nähert, überstürzen sich im März 1993 plötzlich die Ereignisse. Am 4. März geben die Schweizer Bischöfe überraschend bekannt, dass Papst Johannes Paul II. Wolfgang Haas zwei Weihbischöfe, in den Personen von Peter Henrici und Paul Vollmar, zur Seite stellen will. Fast zur gleichen Zeit wird überdies bekannt, dass der Papst den ehemals in Sachen Haas als päpstlicher Vermittler tätigen Erzbischof Karl Joseph Rauber zum neuen apostolischen Nuntius für die Schweiz ernannt hat. Beide Entscheidungen kommen für die Öffentlichkeit überraschend. Und beide Entscheidungen wurden vom Papst persönlich getroffen. Ausdruck davon, dass der Papst die Sache Haas tatsächlich in die eigenen Hände genommen hat.

Bischof Wolfgang Haas wird vom Entscheid gleichermassen überrascht wie die Öffentlichkeit. Das römische Geschenk verheisst für ihn nicht nur Gutes. Denn es ist ein Geschenk, um das er gar nicht gebeten hat. Üblich ist nämlich, dass Weihbischöfe auf Bitte des Ortsbischofs ernannt werden. Doch diesmal läuft es anders. Die Ernennung erfolgt direkt vom Papst. Die Kandidaten werden von Rom ausgesucht. Bischof Wolfgang Haas wird nicht gefragt. Bestätigt wird dies von Nuntius Karl Joseph Rauber persönlich: *«Haas hat die beiden Weihbischöfe nicht erbeten. In dieser ganzen Frage hat Rom die Initiative ergriffen.»*

Das heisst im Klartext: Nach fünf Jahren des Zuwartens wird Rom im Fall Haas selber aktiv und durchkreuzt damit erstmals die Personalpolitik von Wolfgang Haas. Erstmals nehmen Leute in der Bistumsleitung Einsitz, die nicht von ihm bestimmt werden und nicht direkt aus den von ihm favorisierten Kreisen stammen. Auch die vatikanische Informationspolitik dürfte für ihn mehr als nur ein Nasenstüber gewesen sein. Das päpstliche Schreiben über den Weihbischöfe-Entscheid richtet sich nämlich *«A mon Frère dans L'Episcopat, Monseigneur Pierre Mamie.»* Rom informiert also nicht – wie sonst üblich – den Diözesanbischof, also Wolfgang Haas, sondern direkt den Präsidenten der Schweizer Bischofskonferenz. Offiziell vernimmt Haas von einem bistumsfremden Bischof, was in seinem eigenen Bistum ansteht. Der Papst wendet sich also an die Bischofskonferenz und setzt damit ein Zeichen für die ganze Kirche Schweiz. Der Papst schreibt, dass mit dieser Massnahme *«die Voraussetzungen für die Wiederherstellung der vollen kirchlichen Einheit geschaffen werden»* sollen. Damit ist klar: Rom will einer drohenden Spaltung entgegenwirken, nachdem man zunehmend entnervt zur Kenntnis nehmen muss, dass allein die Zeit hier keine Lösung mehr bringen kann.

Nach wie vor will man Wolfgang Haas also nicht fallen lassen. Noch immer gilt er in Rom als guter und fähiger Bischof. Aber man setzt dem Musterschüler gewisse Leitplanken. So meint Nuntius Rauber vorsichtig: *«Rom hat die manchmal etwas apodiktische Art von Bischof Wolfgang Haas wohl etwas unterschätzt.»* Das kann nur heissen, dass er römische Direktiven derart pflichtbewusst und kompromisslos umsetzt, dass sie schärfer und kantiger wirken, als dass sie Rom gemeint hat. Es gilt also für Rom, endlich Bewegung in die hoffnungslos verfahrene Situation zu bringen. Ein diplomatischer Hochseilakt par excellence. Denn einerseits darf Rom das Gesicht nicht verlieren, da es Wolfgang Haas gewollt und auch stets gestützt hat. Andererseits darf es nicht mit allzu harten Massnahmen den eigenen Bischof desavouieren. Dieser aber muss zur Kenntnis nehmen, dass Rom ihm etwas von seinem Bewegungsspielraum genommen hat.

*

Dieser Entscheid von Papst Johannes Paul II. ist für die Schweizer Bischofskonferenz eine Erleichterung und auch eine – wenn auch reichlich späte – Genugtuung. Nachdem ihre Kräfte seit fünf Jahren immer wieder durch den Fall Haas gebunden werden, nachdem sie sich vergeblich bemüht, das Problem durch eigene Vermittlung zu lösen, nachdem sie mehrmals von Rom mit leeren Versprechungen beruhigt wird und nachdem sie sich immer wieder der erwartungsvollen Öffentlichkeit mit Negativmeldungen stellen muss, sich letztlich sogar von Rom im Stich gelassen fühlt, kommt endlich ein für sie positives Signal. Die Freude ist gross und grenzt bei der Bischofskonferenz teilweise gar an Euphorie. Weihbischof Joseph Candolfi spricht von einem *«Zeichen des Heiligen Geistes, auf das ich schon so lange gewartet habe»*, und der Sekretär der Bischofskonferenz, Pater Roland Trauffer, sieht nicht nur einen Silberstreifen am Horizont der Schweizer Kirche aufgehen, sondern spricht von der nun anbrechenden *«Morgenröte»*. Kardinal Henri Schwery wertet den Entscheid als *«Segen für das ganze Land»*. Mögen die Bilder für Aussenstehende gar etwas klerikal-blumig ausfallen, so zeigen sie doch, wie gross der Druck gewesen sein muss, der nun mit einem Schlag entfernt zu sein scheint. Einige wenige, die vor allzugrosser Euphorie warnen, werden als ewige Miesmacher nicht ernst genommen. Doch schon bald sollte man sich an ihre Warnungen erinnern.

Die Bischofskonferenz dankt dem Papst umgehend für diese *«wichtige Entscheidung»* und gibt auch bekannt, Wolfgang Haas habe schriftlich erklärt, dass er die beiden neuen Weihbischöfe *«voll in die Leitung der Diözese integrieren»* werde. Das bedeutet, dass er ihnen entsprechend wichtige Leitungsfunktionen übertragen wird und sie nicht mit Alibifunktionen ausbooten kann. Auch Haas selber reagiert gegenüber der Öffentlichkeit mit überschwenglicher Freude und Dankbarkeit. *«Die Freude ist gross, weil der Nachfolger des heiligen Petrus nach langem Beten und Überlegen es als hilfreich erachtet hat, für die leidgeprüfte Ortskirche von Chur zwei Weihbischöfe zu bestellen»*, jubelt Wolfgang Haas.

Doch hinter den Kulissen herrscht keineswegs eitel Freude. Dass er zu diesen Ernennungen nur noch Amen sagen kann, mag ihn verletzt haben. Doch es kommt noch schlimmer. Er darf auch nicht als Weihespender auftreten. Auch hier bestimmt Rom und will ein klares Zeichen setzen. Als Weihespender wird Kardinal Bernardin Gantin, Präfekt der Bischofskongregation (zuständige Abteilung für Bischofsernennungen im Vatikan), erkoren. Nuntius Rauber dazu: *«Wir wollten damit zeigen, dass die jetzige Massnahme keine Churer, sondern eine Römer Massnahme war.»* Doch damit nicht genug. Die Weihe wird, auch das dürfte Wolfgang Haas getroffen haben, nicht am Ort seines Bischofssitzes, nicht in Chur, sondern im kirchenpolitisch neutralen Einsiedeln stattfinden. Weihbischöfe sind in der Wahl des Weiheortes frei, oft jedoch entscheiden sie sich für den Ort ihre späteren Wirkens. Doch seine zukünftigen Mitarbeiter entscheiden sich gegen Chur. Die Bemühungen von Wolfgang Haas, die Weihe doch noch in Chur stattfinden zu lassen, fruchten nichts. Rom entscheidet anders, und er fügt sich. Er sieht ein, dass Rom ihm für einmal nur eine Nebenrolle zugedacht hat. Für einmal hat er den Gehorsam zu leisten, den er von andern stets verlangt. Und er leistet ihn, auch wenn er bitter schmeckt.

*

Kaum sind die beiden Namen der neuen Weihbischöfe bekannt, beginnt ein emsiges Fragen und Suchen. Obwohl der eine, der Jesuit Peter Henrici, in der Schweiz geboren ist, der andere, Paul Vollmar, in der Schweiz tätig ist, sind beide in der Öffentlichkeit, teilweise sogar in kirchlichen Insiderkreisen, kaum bekannt. Die Zeitungen haben alle Mühe, Bilder von den neuen Weihbischöfen aufzutreiben, und auch über ihre Biographien dringen nur allmählich Einzelheiten ans Tageslicht. Bekannt ist vorerst nur, dass Peter Henrici SJ, 1928 in Zürich geboren, seit 1960 an der Päpstlichen Universität Gregoriana Professor für Philosophiegeschichte der Neuzeit und der Metaphysik ist. Der Mitherausgeber der Zeitschriften «Communio» und «Credo» gilt bei Insidern als überaus intelligent. Als Gründer und Leiter des «Zentrums für soziale Kommunikation» haben ihn manche als offenen Gesprächspartner erfahren. Ein Punkt, der in den diplomatischen Überlegungen des Vatikans eine entscheidende Rolle gespielt haben dürfte.

Kommunikationsfähigkeit wird auch dem zweiten Weihbischof, Pater Paul Vollmar, attestiert. Vollmar ist zur Zeit der Ernennung Provinzial (Leiter einer Provinz) der Schweizer Marianisten und Spiritual (geistlicher Begleiter) im Priesterseminar des Bistums Lausanne/Genf/Freiburg sowie des Seminars des Bistums Sitten. 1934 in Überlingen am Bodensee geboren, kommt Vollmar 1968 als Religionslehrer nach Zürich und wird 1976 dort eingebürgert. Als Lehrer und Spiritual gilt Vollmar als Spezialist für Ausbildungsfragen. Damit scheint die vatikanische Diplomatie gleich mehrere Ziele zu erreichen: Erstens sind mit Henrici und Vollmar zwei Repräsentanten gefunden, die sowohl die Kirche Schweiz sehr gut kennen und zugleich – dies gilt vor allem für Henrici – «Römer» sind. Sie dürften daher nicht nur im Bistum Chur als «Einheimische» voll akzeptiert sein, sondern auch für einen besseren und ungehinderteren Informationsfluss zwischen der «Provinz» Chur/Schweiz und dem «Zentrum» Rom sorgen. Zweitens peilt Rom mit Henrici und Vollmar die beiden wohl wundesten Punkte im Churer Bistumsstreit an: das fast vollständig abgebrochene Gespräch zwischen Haas-Befürwortern und Haas-Kritikern sowie die brennende Frage des Niveaus der theologischen Ausbildung im Bistum Chur. Der lange Streit hat es beiden Seiten mehr und mehr verunmöglicht, miteinander zu sprechen und gegenseitig Ansprechpartner zu haben, die von beiden Seiten akzeptiert, weil unverbraucht sind. Überdies drohen die von Haas weitgehend eigenmächtig durchgeführten Änderungen im Seminar St. Luzi sowie an der Theologischen Hochschule Chur zu einer langsamen Aushölung der theologischen Bildungsstätte zu führen. (siehe Teil II, Kapitel I). In ersten Interviews machen beide klar, dass sie die Problematik voll erkannt haben, äussern sich aber abwartend vorsichtig. Zwischen den Zeilen jedoch ist klar herauszuhören, dass sie sich nicht als ausführende Organe Haas'scher Kirchenpolitik sehen.

*

Vorsichtig positiv fallen auch die ersten Reaktionen auf diese Ernennungen aus. Am hörbarsten atmet, wie bereits erwähnt, die Schweizer Bischofskonferenz auf. Dies ist verständlich. Denn durch das Scheitern ihrer vermittelnden Dreierdelegation, durch das monatelange Warten auf Rom, durch die vielen Vertröstungen aus dem Vatikan nach der Aktion Rauber zeigen die Bischöfe doch langsam Nerven. Sie sind es allmählich leid, auf Journalistenfragen mit einem Achselzucken reagieren und immer wieder positive Durchhalteparolen ausgeben zu müssen. Immerhin macht auch die Bischofskonferenz klar, dass mit dieser Ernennung allein die Probleme noch nicht gelöst sind.

Positive Reaktionen auch seitens der Bündner Landeskirche. Sie überlegt sich bereits Mitte April, ermutigt durch die neue Situation, ob sie die im Oktober 1992 gestrichenen Bistumsbeiträge von Fr. 176'400.– bald wieder fliessen lassen will. Später entschliesst man sich zu einem Kompromiss. Man will die Beiträge wieder leisten, will sie jedoch nicht an Wolfgang Haas, sondern an den in Chur residierenden Weihbischof Vollmar leiten. Positiv reagiert man auch in Zürich. Der von Haas nicht bestätigte Generalvikar und momentane Dekan von Zürich-Stadt, Gebhard Matt, spricht von einer guten Lösung und hofft, dass sich Peter Henrici als Weihbischof in Zürich niederlassen werde. In der Innerschweiz reagiert man ebenfalls vorsichtig optimistisch. Man ist vorerst einmal froh, dass die Administrator-Lösung und damit eine Teilung des Bistums, fallengelassen worden ist, dennoch aber Bewegung in die Sache kommt.

2. Mit aller Macht gegen Sondervollmachten

Tatsächlich überziehen bereits kurz nach der freudigen Nachricht schon wieder erste Schleierwölkchen die anbrechende Morgenröte. Denn niemand weiss, welche Aufgaben und Funktionen die beiden neuen Weihbischöfe übernehmen werden. Rom lässt diese Frage nämlich bei der Ernennung offen.

Allgemein wird erwartet, dass mit den offiziellen Ernennungsbullen auch Sondervollmachten für die beiden festgeschrieben werden. Denn das Kirchenrecht sieht unter Canon 403,2 vor: *«Bei Vorliegen schwerwiegender Umstände, auch persönlicher Art, kann dem Diözesanbischof ein Auxiliarbischof gegeben werden, der mit besonderen Vollmachten ausgestattet ist.»* Solche Sondervollmachten sind den beiden Weihbischöfen von Rom tatsächlich in Aussicht gestellt worden. Mit ein Grund für die beiden, diese neue Aufgabe überhaupt zu übernehmen. Denn, so erklärt Weihbischof Paul Vollmar: *«Wir wurden von Rom zu diesem Amt gedrängt und man hat uns das nötige Instrumentarium dazu versprochen.»* Auch Peter Henrici lässt durchblicken, dass er eigentlich lieber in Rom geblieben wäre und dass diese Aufgabe für ihn *«ein Opfer»* darstelle. Daraus darf geschlossen werden, dass, namentlich für den langjährigen Professor Peter Henrici, der Gehorsam gegenüber dem päpstlichen Wunsch ausschlaggebend für sein Jawort zu dieser Aufgabe gewesen sein mag. Schlussendlich gelingt es also den römischen Stellen, die beiden für diese schwierige Aufgabe zu gewinnen. Aufgrund der versprochenen Sondervollmachten, machen sich Peter Henrici und Paul Vollmar daran, die Aufgabenbereiche untereinander abzusprechen und aufzuteilen. Peter Henrici soll vor allem für den Bereich Hochschule, Paul Vollmar für pastorale Fragen sowie für die Jugend zuständig werden. Doch es kommt anders.

Die päpstlichen Bullen, die rechtsgültigen Ernennungsschreiben, lassen auf sich warten. Und damit auch die Sondervollmachten. Offenbar ist man sich in Rom nicht einig, ob und welche Sondervollmachten festgeschrieben werden sollen. In Klerikerkreisen des Bistums Chur wird gemunkelt, das Sekretariat der Bischofskongregation in Rom (zuständige Abteilung für Bischofsernennungen), teilweise durchsetzt mit Opus Dei-Leuten, halte die Bulle bewusst zurück. Man wolle um jeden Preis festgeschriebene Sondervollmachten verhindern.

Sicher ist, dass man in Rom fieberhaft an der Formulierung der Bullen arbeitet. Über die Inhalte einer ersten Fassung, die jedoch nicht schriftlich vorgelegen haben soll, wird jedenfalls in der Schweizer Bischofskonferenz diskutiert. Offenbar entsprechen die Inhalte nicht den Vorstellungen unserer Bischöfe. Denn es geschieht weiterhin nichts. Langsam macht das Gerücht die Runde, es werde, wie damals bei der Weihe von Wolfgang Haas, keine offiziellen Ernennungsbullen geben, sondern lediglich ein päpstliches Schreiben, in welchem die Ernennung von Peter Henrici und Paul Vollmar bestätigt wird, damit die Weihe rechtsgültig vorgenommen werden kann. Doch damit hätte man dieselbe Situation wie vor fünf Jahren, als die Ernennungsbulle von Wolfgang Haas aus ungeklärten Gründen nicht veröffentlicht wurde. Wie soll man nun aber der Öffentlichkeit klar machen, dass im Fall Haas eine wirkliche Wende ansteht, wenn wiederum die Bullen in der Geheimniskrämerei der Kirchenleitung untergehen? Auch die Direktbetroffenen sollen auf einer Bulle bestanden haben. Sie wollen beste Voraussetzungen, ihr Amt mit offenen Karten anzutreten. Eine kurze Zeit lang scheint sogar die auf Pfingstmontag, den 31. Mai 1993, angesetzte Weihe in Frage gestellt, weil gewisse Kreise sich auf den Standpunkt stellen: Ohne Bulle keine Weihe.

Doch im letzten Moment, die Weihevorbereitungen laufen auf Hochtouren, eine Absetzung wäre undenkbar, wird aus dem Sekretariat der Schweizer Bischofskonferenz zwei Tage vor der Weihe bekannt, dass eine Bulle verlesen werden wird. Der Inhalt ist nach wie vor unbekannt. Noch immer also mahlen die römischen Mühlen und nicht einmal die Bischofskonferenz hat Kenntnisse vom Ergebnis. Erst am Weihetag selber werden die Bullen vom Nuntius überbracht. Niemand hat sie vorher gesehen. Die Journalisten müssen noch eine Stunde vor der Weihe darauf warten, weil die Übersetzung erst im letzten Moment erfolgen konnte. Als sie schliesslich vorliegen, kippt die Erwartung in Enttäuschung: Von Sondervollmachten ist nirgends die Rede.

*

Das (vergebliche) Warten auf die Sondervollmachten verschafft Wolfgang Haas wieder etwas Aufwind. Denn die zögerliche Haltung Roms stärkt seine Position. Er benutzt diese Situation dazu klarzustellen, dass die beiden neuen Weihbischöfe kirchenrechtlich ihm unterstellt sein werden, und deutet damit an, dass es letztlich in seiner eigenen Kompetenz liegen werde, die Aufgaben seiner neuen Mitbrüder zu bestimmen. Die Kritiker sind sofort zur Stelle und werfen dem Bischof vor, er hintertreibe aktiv die Festlegung von Sondervollmachten. Haas dementiert. Doch Weihbischof Paul Vollmar wird später bestätigen, dass *«Wolfgang Haas und die römischen Stellen, auch unter Mithilfe von Opus Dei, gemeinsam Sondervollmachten verhindert haben»*.

Deshalb wundert es auch nicht, dass Wolfgang Haas unermüdlich betont, dass Weihbischöfe eben Hilfsbischöfe seien, damit der *«Diözesanbischof* (also Wolfgang Haas) *seinen Hirtendienst wirksam ausüben kann»*. Damit versucht Wolfgang Haas, kirchenrechtlich abgestützt, sich als uneingeschränkten Leiter des Bistums darzustellen. Umgekehrt haben beide Weihbischöfe klargemacht, dass sie sich nicht auf marginale Hilfsfunktionen festlegen lassen werden.

Je länger das Warten auf die Sondervollmachten dauert, desto unruhiger werden die Haas-Kritiker. Sie befürchten, dass wenn die Frage der Sondervollmachten nicht klipp und klar von Rom beantwortet wird, Wolfgang Haas in gewohnter Manier seine «alte» Personalpolitik fortsetzen kann. Dieser seinerseits kündigt an, dass er an die Öffentlichkeit treten werde, sobald die Aufgabenverteilung zwischen ihm und seinen Weihbischöfen entschieden sei. Die Bistumsleitung in Chur versucht den Eindruck zu erwecken, es liege allein an Wolfgang Haas, über die Aufgabengebiete der beiden Weihbischöfe zu entscheiden. Noch-Generalvikar Christoph Casetti macht gegenüber der katholischen Nachrichtenagentur KIPA die Aussage, dass nach seinen *«Informationen die beiden Weihbischöfe ohne spezielle Kompetenzen ernannt»* worden sind und Wolfgang Haas deshalb *«frei ist, sie nach seinem Belieben einzusetzen»*.

Bloss ein frommer Wunsch von Bischof Wolfgang? Am 15. März 1993 empfängt der Papst ihn sowie die beiden zukünftigen Weihbischöfe in Rom. Damit gibt Rom zu verstehen, dass es die beiden Weihbischöfe nicht nur als Befehlsempfänger von Bischof Haas versteht, denn sonst hätten sich die beiden die Reise sparen können. Über den Inhalt der Unterredung wird nichts bekannt. Es darf mit Recht angenommen werden, dass Aufgaben, Kompetenzen und Funktionen zentrales Thema dieses Besuches sind.

Doch die spätere Entwicklung sollte zeigen, dass Wolfgang Haas tatsächlich im Sinne hat, seine Weihbischöfe «nach Belieben» einzusetzen. Er denkt daran, Peter Henrici und Paul Vollmar je in eine Pfarrei (Landquart und Zürich) einzusetzen und ihre bischöflichen Vollmachten nur für Firmungen nutzbar zu machen, wo er, Haas, nicht genehm ist. Für die beiden neuen Weihbischöfe ist dies unannehmbar. Sie haben nicht im Sinn, sich von Haas zu reinen Oberministranten degradieren zu lassen. Doch ohne rechtliche Mittel, ohne Sondervollmachten, sind sie vorläufig machtlos.

Aus der Idee, die beiden in einer Pfarrei einzusetzen, wird nichts. Bald schon sickert durch, dass Peter Henrici und Paul Vollmar die neuen Generalvikare werden sollen. Generalvikar Christoph Casetti bestätigt Mitte April, dass die drei bisherigen Generalvikare mit *«grosser Wahrscheinlichkeit»* neue Aufgaben übernehmen, das heisst also, zurücktreten werden. Ebenfalls ist zu vernehmen, dass die neuen Generalvikare nicht mehr territorial gebunden sein sollen, obwohl Peter Henrici in Zürich, Paul Vollmar in Chur Wohnsitz nehmen werden.

3. Ein «Fall-Haas»-Spezialist wird neuer Nuntius

Die nun doch so plötzlich erfolgte Weihbischof-Lösung ist aber nur eine der beiden Frühlingsüberraschungen. Zum gleichen Zeitpunkt wird öffentlich, dass die Schweiz einen neuen Nuntius erhalten wird: in der Person von Erzbischof Karl Joseph Rauber. Das ist kein Zufall. Rauber hatte sich im Sommer 1991 als päpstlicher Vermittler im Fall Haas ein genaues Bild machen können von der Situation und den Schwierigkeiten in der Schweizer Kirche. Er hatte damals mit rund 500 Personen gesprochen und wurde so automatisch zu einem Spezialisten im Fall Haas. Zwar will Nuntius Rauber weder in eine Aufpasserrolle hineingedrängt werden, noch sein Amt als Überwachung der Churer Ereignisse verstanden wissen. *«Aber ich bin unter anderem dafür da zu sorgen, dass die von Rom getroffenen Massnahmen zum Tragen kommen»*, meint Nuntius Karl Joseph Rauber. Damit ist wohl angedeutet, dass Rom endgültig gewillt ist, die Zügel im Fall Haas nicht mehr länger schleifen zu lassen. Der Streit in den Bergen muss endlich aufhören. Zumal sich Rom in der Gefahr sieht, dass andere Bistümer nachziehen könnten. Bereits regt sich in St. Pölten heftiger Widerstand gegen den unbeliebten Bischof Kurt Krenn. Und Rom reagiert blitzschnell. Hat es sich im Fall Haas noch Jahre Zeit gelassen, wird dem umstrittenen Krenn in St. Pölten nach wenigen Wochen ebenfalls ein Weihbischof zur Seite gestellt. Rom kann sich einen Flächenbrand in den Provinzen nicht erlauben.

Karl Joseph Rauber, bis anhin Leiter der päpstlichen Diplomatenschule und ehemaliger Nuntius in verschiedenen Ländern, bestätigt, dass er auf Vorschlag der Schweizer Bischöfe in die ganze Geschichte hineingezogen worden sei. Im Churer Streit zu vermitteln, dazu hätte er sich nicht vorgedrängt. *«Ich hätte mich für diese Aufgabe nie selber vorgeschlagen, hätte mich nicht dazu vorgedrängt, aber ich habe schliesslich das Amt gerne übernommen.»* Es ist kein Geheimnis, dass Karl Joseph Rauber damals von Rom in die Schweiz geschickt wurde, um als Vermittler in erster Linie den Standpunkt Roms klarzumachen. Doch Rauber, ein überaus illustrer Geist und zurückhaltend-bescheidener Denker mit dem Blick für das Wesentliche, merkt sehr bald, dass es hier nicht nur um die Person von Bischof Haas geht, sondern auch um schweizerische Eigenheiten, um Charakterzüge und Geisteshaltungen, die man offenbar jenseits der Alpen wenig kennt. Rauber, bekannt geworden als exzellenter Zuhörer, weiss die Situation in der Schweiz sehr bald richtig einzuschätzen und merkt, dass mit römischem Zentralismus nichts zu machen ist. Rauber spürt, dass es weniger um den schweizerischen Unglauben, auch nicht um blosse antirömische Affekte geht, sondern um die Tradition der Demokratie, welche *«vor der Kirchentüre nicht Halt macht und sich auch des Altarraums bemächtigt.»*

Rom hat denn auch Mühe damit, dass der päpstliche Gesandte, der in die Provinz geschickt wird, um Ordnung zu machen, mit der Botschaft zurückkommt, das Churer Problem sei überaus komplex und müsse differenziert betrachtet werden. Denn in Rom, so Rauber, *«versteht man die Schweizer Demokratie nicht.»* Plötzlich muss Rom merken, dass es – zumindest für die Schweiz, aber auch für andere Länder – nicht ausreicht, dass die designierten Bischöfe vor allem fromm und romtreu sind. Plötzlich erhält die Forderung des Kirchenrechts, wonach ein Bischof sich auch durch Klugheit auszuzeichnen habe, höchste Gültigkeit. Es gibt deshalb Stimmen, die behaupten, dass die Nuntiatur in Bern für Erzbischof Karl Joseph Rauber so etwa wie eine «Strafversetzung» in jenes Gebiet sei, in welchem er sich vom Virus des Verständnisses für die Demokratie, für schweizerische Eigenheiten anstecken liess.

Am 13. Mai. macht Nuntius Rauber seinen Antrittsbesuch in Bern und deponiert das Beglaubigungsschreiben bei den eidgenössischen Behörden. Dabei wird er von den Bundesräten Adolf Ogi und Flavio Cotti sowie von Bundeskanzler François Couchepin empfangen. Am 16. Mai 1993 hat er seinen ersten öffentlichen Auftritt in der Liebfrauenkirche Zürich aus Anlass des hundertjährigen Bestehens der Kirche.

4. Erneut eine denkwürdige Bischofsweihe

Der 31. Mai 1993 – es ist der Pfingstmontag – zeigt sich sonnig, aber kühl. Nichts deutet an diesem Morgen im Klosterdorf Ein siedeln darauf hin, dass hier und heute Ausserordentliches und Grosses geschehen soll. Der Klosterplatz ist spärlich mit Touristen belebt, die ihren religiösen und devotionalischen Geschäften nachgehen. Einige grosse, schwarze Lautsprecher sind aufgestellt und gegen den Platz hinab gerichtet. Im Dorf herrscht nach und nach eine gewisse Spannung. Allein die Zahl schwarzberockter Kleriker, die sich teils mit ihren Haushälterinnen, teils alleine noch vor elf Uhr mittags in den vielen Restaurants von Einsiedeln verteilt zum Mitagessen einfinden, ist ein untrügliches Zeichen dafür, dass Einsiedeln heute die Ehre einer Bischofsweihe zufallen wird.

Im Kloster gibt man sich aufgeregt. Man erwartet nicht nur ein paar tausend Menschen, die dieser Weihe beiwohnen möchten, sondern auch einen stattlichen Medientross, der mit seinem nimmersatten Bedürfnis nach Informationen und Auskünften die dafür zuständigen Klosterbrüder arg ins Schwitzen bringt. Widersprüchliche Angaben zu Ort und Zeit, wo sich die Medienleute einzufinden haben, stiften nicht nur Verwirrung, sondern zeigen auch, mit welchen Mühen sich das Kloster in dieser Form dem Publikum zu öffnen versucht. Plötzlich sind die stillen Gänge des Klosters mit hastenden, Kameras und Mikrofone schleppenden Männern und Frauen belebt. Sie alle sind auf der Suche nach den ihnen zugewiesenen Standorten, auf der Suche nach dem Pressebüro, auf der Suche nach dem «Grossen Saal», wo nach der Weihe die beiden neuen Bischöfe ihre erste Medienbegegnung abhalten möchten. Journalistinnen werden mitunter von einzelnen gehetzt wirkenden Mönchen gefragt, ob sie denn Erlaubnis hätten, sich im Kloster aufzuhalten. Doch obwohl diese säkulare Unruhe das sonst geregelte Klosterleben etwas erschüttert, gibt man sich redliche Mühe, mit allen Anwesenden nett und zuvorkommend zu sein.

Und inmitten dieser quirligen Atmosphäre, da wandelt er still und vor sich hinmeditierend, in vollem bischöflichen Ornat, Bischof Wolfgang Haas. Er macht einen einsamen und etwas gespannten Eindruck. Was mag in diesem Moment in ihm vorgehen? Noch ist er für drei Stunden einziger Bischof des Bistums Chur. Wie hart mag ihn dies alles ankommen? Freundlich wie immer, gibt er Auskunft. Der «Grosse Saal» befinde sich noch einen Stock über ihm.

*

Um 13.30 Uhr ist es soweit. In einer schier endlosen Prozession ziehen Kleriker, kirchliche Würdenträger, der Weihespender sowie die beiden neuen Weihbischöfe und Bischof

Wolfgang Haas in die vollbesetzte Klosterkirche ein. Es ist ein Aufmarsch an Geistlichkeit und Ehrengästen, wie ihn das Klosterdorf, abgesehen vom Papstbesuch, wohl noch nie in diesem Ausmass erlebt hat: Der Weihespender und Vorsitzende der Bischofskongregation in Rom, Kardinal Bernardin Gantin, der Bischof von Sitten, Kardinal Henri Schwery, 14 Bischöfe aus dem In- und Ausland, über 150 Priester und einzelne Diakone, eine grosse Zahl staatskirchlicher und staatlicher Vertreter, darunter auch das Fürstenpaar von und zu Liechtenstein sowie Hunderte von Gläubigen bilden den äusseren Rahmen der Weihe von Peter Henrici und Paul Vollmar zu Weihbischöfen für das Bistum Chur. Wenn insgesamt auch an die dreitausend Menschen anwesend sein mögen, so übertragen die schwarzen Lautsprecher vor der Kirche den Gottesdienst doch weitgehend in die Leere. Der Platz ist bis auf einige Dutzend Leute weitgehend leer. Es kommen nicht soviele Neugierige, wie wohl erwartet wurde.

Drinnen jedoch orgelt und posaunt es in katholisch-gravitätischer Würde, derweil Unmengen von Weihrauchschwaden gen Himmel steigen. Trotz Hochamtwürdigkeit spürt man doch, dass die Gläubigen viele Hoffnungen in diesen Moment der Schweizer Kirchengeschichte setzen. Denn bereits beim feierlichen Einzug in die Klosterkirche zu Einsiedeln und mehrmals gar während der Feier werden die beiden neuen Weihbischöfe mit offenem Applaus bedacht. Nach dem Weiheakt erschallen gar Jubelrufe. Eine Situation, die für Wolfgang Haas entwürdigend sein muss. Und schmerzhaft dazu. Ihm, dem Oberzeremoniar, dem Liturgiker mit seiner ihm eigenen ehrfürchtig-frommen Gestik, ihm blieb solches verwehrt. Musste er doch bei seiner eigenen Weihe vor fünf Jahren den Hintereingang benutzen, da ein Menschenteppich von Protestierenden den Eingang versperrte. Wolfgang Haas sitzt denn auch wie versteinert zur Linken des Kardinals, der die eigentlich ihm zustehende Weihe vornimmt. Während der ganzen Feier spricht Wolfgang Haas kein Wort. Keine Freudensbekundungen mehr, kein Willkommensgruss, keine Wünsche an seine neuen Mitarbeiter.

Auch beim Auszug bietet sich das gleiche Schauspiel. Während Wolfgang Haas die schmale Menschengasse auf dem Klosterplatz durchschreitet, winkt er tapfer in die Runde. Vereinzelt wird ihm zugewunken, wird applaudiert. Ein älterer Mann bricht aus der Menschenschlange aus, kniet vor Bischof Haas nieder, bekreuzigt sich und küsst ihm den Ring. Wolfgang Haas lächelt. Dann schreitet er weiter. Rund fünfzig Meter hinter ihm bricht jeweils der Jubel und der Applaus los. Denn dort befinden sich die neugeweihten Bischöfe. Bischof Haas kann das Winken, Jubeln und Klatschen nicht sehen – wohl aber hören.

*

Trotz der fast triumphalen Feier für Henrici und Vollmar bleiben die konkreten Aufgaben der beiden auch an diesem Tag unklar. Die von allen erwarteten Sondervollmachten bleiben aus. In den päpstlichen Ernennungsbullen ist davon nicht die Rede. Als Aufgabe wird dort nur die *«Wiederherstellung der vollen kirchlichen Gemeinschaft»* genannt. Auch die an die Weihe anschliessende kurze Pressebegegnung der beiden bringt in dieser Frage keine neuen Details. Im Gegenteil. Peter Henrici macht Andeutungen, wonach diese Sondervollmachten von Rom gar nicht festgeschrieben würden. Vielmehr sei es an der neuen Bischofstroika, die Aufgabenverteilung gemeinsam auszuknobeln. Die Arbeit der beiden Weihbischöfe beginnt also mit einem Seilziehen um Aufgaben und Funktionen. Ein leichter Dämpfer für all diejenigen, die gehofft haben, die beiden würden sich möglichst bald und effizient in die pastoralen Probleme Churs einarbeiten können. Dass bei dieser Knobelei allseits viele Kräfte gebunden werden, ist allen klar. Denn Wolfgang Haas wird auch gegenüber seinen neuen Mitbrüdern freiwillig keinen Zoll nachgeben.

Rom zieht sich also nach der Ernennung der Weihbischöfe wieder zurück und vermeidet es, sich durch Erteilung von Sondervollmachten weiter in die Sache einzumischen. Damit erreicht Rom eine Art Provinzialisierung des Problems. Die Auseinandersetzungen finden in Chur statt, und Rom kann nicht für allfällige negative Auswirkungen direkt verantwortlich gemacht werden. Die Pressebegegnung zeigt jedoch, dass beide

Weihbischöfe Offenheit demonstrieren wollen. Ein Umstand, der nach fünf Jahren verschlossenen Türen in Chur nun für die Medienleute wie eine Morgenröte erscheint. Dass Wolfgang Haas Bischof von Chur ist und damit die Bistumsleitung innehat, bestreiten die beiden Neugeweihten nicht. Sie betonen jedoch, vom Papst ernannte Weihbischöfe zu sein. Und Weihbischof Peter Henrici wird noch deutlicher: *«Bischof Haas kann mit uns nicht machen, was er will.»* Oder im Klartext: Haas kann die beiden weder entlassen noch absetzen.

Auch Paul Vollmar ist bestrebt, bei seinem ersten Auftritt vor den Medien Offenheit und Gesprächsbereitschaft zu demonstrieren. Wenn auch er inhaltlich zu den Aufgaben und Funktionen kaum Neues hinzuzufügen weiss, so macht er doch einen entschlossenen Eindruck. Wichtige Entscheide werden im Bistum Chur inskünftig vom Dreierkollegium der Bischöfe gefällt, verkündet er. Dass er die verschlossene Bischofsburg in Chur etwas transparenter machen möchte, ist für ihn ebenfalls beschlossene Sache. Er werde deshalb, irgendwo in Chur eine Wohnung nehmen – und zwar so, dass *«ich auch frei Besuche empfangen kann.»*

5. Das Wort will nicht Fleisch werden

All die hoffnungsvollen Aussagen von Wolfgang Haas sowie der klare Wille der beiden Weihbischöfe, im Bistum Chur eine neue Ära einläuten zu wollen, lassen im Sommer 1993 allseits die Erwartungen steigen. Und der Arbeitsbeginn der beiden Weihbischöfe lässt sich auch ganz gut an. Am 24. Juni 93 empfängt die römisch-katholische Synode Zürich offiziell den neuen Weihbischof Peter Henrici. Schon drei Tage vorher beschliesst die römisch-katholische Zentralkommission des Kantons Zürich, dem neuen Generalvikar Gehalt und Büroräume zur Verfügung zu stellen. Domherr Franz Stampfli wird von Weihbischof Henrici als Informationsbeauftragter bestätigt. Stampfli war unter Casetti de facto entmachtet worden.

Derweil versucht Bischof Wolfgang Haas bereits wieder auf

Obstruktion zu machen. Obwohl die drei bisherigen Generalvikare ihr Amt zur Verfügung gestellt haben, lässt er sich mit der Annahme der Rücktritte Zeit. Dies obgleich er am 28. Mai verkündet, er habe, nach Absprache mit Rom, die beiden neuen Weihbischöfe zu neuen Generalvikaren für das ganze Bistum ernannt. Obwohl also klar ist, dass die drei bisherigen Generalvikare durch die beiden neuen Weihbischöfe in diesem Amt abgelöst werden sollen, spielt Wolfgang Haas wiederum auf Zeit. Der Grund dürfte klar sein. Er muss für die drei abtretenden Generalvikare Christoph Casetti, Vitus Huonder und Walter Niederberger neue Posten finden. Auch möchte er seine Getreuen nicht allzuweit von der Bistumsleitung entfernt wissen. Spekulationen, wonach Haas versuche, seine Getreuen weiterhin in der Bischofsleitung zu halten, werden schliesslich zur Gewissheit. Obwohl Peter Henrici und Paul Vollmar dagegen sind, dass die beiden Ex-Generalvikare Christoph Casetti und Walter Niederberger Einsitz in den Bischofsrat nehmen, tauchen sie dort als Beisitzer auf. Casetti ist gar Protokollführer. Dies löst im Priesterrat eine heftige Reaktion aus. In der Sitzung vom 29. September 1993, in welcher Bischof Haas nicht anwesend ist, spricht sich der Priesterrat mit 30 : 0 Stimmen (bei drei Enthaltungen) dafür aus, dass der Bischofsrat allein aus den drei Bischöfen zu bestehen habe, Casetti und Niederberger den Bischofsrat also zu verlassen hätten. Man will verhindern, dass Wolfgang Haas im wichtigsten Entscheidungsgremium durch zwei Adlaten eine numerische Mehrheit hat.

Derweil wartet man immer noch auf die Aufgabenverteilung im neuen Dreierkollegium. Schliesslich wird bekannt, dass Peter Henrici als Generalvikar für die Kantone ZH, GL und SZ und Paul Vollmar als Generalvikar für GR und das Fürstentum Liechtenstein zuständig sein wird. Damit ist fürs erste der Status der beiden Weihbischöfe geklärt. Den Kompetenzbereich werden sie beide in der Auseinandersetzung mit Bischof Wolfgang Haas abstecken müssen. Denn bald ist endgültig klar: Es wird keine Sondervollmachten geben. Peter Henrici und Paul Vollmar erhalten für die ihnen von Rom übertragene Aufgabe das nötige Werkzeug nicht. *«Rechtlich betrachtet, ha-*

ben wir keine Möglichkeiten», bestätigt Paul Vollmar und macht klar, dass beide die Aufgabe nicht übernommen hätten, wären ihnen von Rom nicht rechtliche Mittel in Aussicht gestellt worden. Es wundert daher nicht, dass für beide die Frage einer sofortigen Demission *«mehrmals im Raum»* gestanden sei, erklärt Paul Vollmar drei Monate später. Allein die Einsicht, dass die Lage nach einer solchen Demission im Bistum Chur absolut hoffnungslos geworden wäre, habe einen solchen Entschluss verhindert. Den beiden Hoffnungsträgern bleibt nichts anderes übrig als mit Beharrungsvermögen und Überzeugungskraft die schwierige Aufgabe anzupacken. Wie ehedem der Papst, sind auch sie hintergangen worden.

*

Die Weihe in Einsiedeln liegt noch keinen Monat zurück, da verdichtet sich die Vermutung zur Gewissheit, dass Wolfgang Haas seiner persönlichen Art der Amtsführung nicht untreu zu werden gedenkt. Völlig überraschend ernennt er fünf neue Lehrbeauftragte für die Theologische Hochschule Chur. Darunter figurieren – wen wundert es noch – auch bisher engste Mitarbeiter von Haas. So wird beispielsweise Peter Rutz, Leiter des Priesterseminars, Lehrbeauftragter für Philosophie. Ebenso der bisherige Ausbildungsleiter des «Lauretanums», Heinrich Reinhardt. Der ehemalige Generalvikar für Graubünden, Vitus Huonder, wird Lehrbeauftragter für Liturgiewissenschaft. Damit setzt Haas seine bekannte Personalpolitik fort. Zwar wird von der Bistumsleitung her behauptet, diese Ernennungen seien mit der Theologischen Hochschule Chur abgesprochen gewesen, und bevor jemand überhaupt den Vorwurf eines bischöflichen Alleingangs erheben kann, wird ein solcher vom nachgerade zum Beauftragten für bischöfliche Dementis avancierten Christoph Casetti vorbeugend dementiert. Ja mehr noch. Casetti erklärt, dass eine Berufung normalerweise von der Hochschule aus erfolge und schliesslich vom Bischof abgesegnet werde. Genau so habe es sich auch bei diesen Ernennungen zugetragen.

Doch da platzt den bisherigen Churer Professoren der Kragen. Sie gelangen an die Öffentlichkeit und machen klar, dass von *«Absprache mit der Hochschule»* keine Rede sein könne. Solche Behauptungen seien eine *«bewusste Irreführung der Öffentlichkeit»*. Tatsache ist nämlich, dass Wolfgang Haas die Ernennungen im Alleingang und gegen den Widerstand der Professoren der Hochschule Chur vornimmt. Durchgeführt wird lediglich eine Scheinvernehmlassung zu einer bereits fest getroffenen Entscheidung. Die Professoren haben nämlich im Juni 1993 – mitten in den Sommerferien – lediglich eine Woche Zeit, zu den «Vorschlägen» von Wolfgang Haas Stellung zu nehmen. Obwohl diese Stellungnahme überwiegend ablehnend ausfällt, setzt Wolfgang Haas die Leute seiner Wahl dennoch ein.

Wolfgang Haas gibt durchaus zu, die neuen Weihbischöfe dazu nicht befragt zu haben. Professorenernennungen gehörten, so argumentiert er, rechtlich nicht in den Kompetenzbereich von Generalvikaren. Paul Vollmars Aussage, wonach wichtige Entscheidungen von nun an im Dreierkollegium gefällt würden, zerplatzt als Wunschvorstellung in der Luft. Wer nun aber einen ersten Aufstand der Weihbischöfe, zumindest aber eine klare Stellungnahme der beiden erwartet hätte, sieht sich getäuscht. Peter Henrici und Paul Vollmar schweigen. Zumindest in der Öffentlichkeit. Peter Henrici lässt lediglich ausrichten, man habe im Bischofsrat die Entscheidungen zur Kenntnis genommen und nicht dagegen opponiert. Umgekehrt sickert durch, dass Nuntius Rauber versucht habe, Wolfgang Haas an dieser Ernennung zu hindern. Rauber habe Haas darauf aufmerksam gemacht, dass eine solchermassen erfolgte Ernennung ihm rechtlich gar nicht zustehe.

Derweil zeitigt dieser neue Streit auch im Seminar St. Luzi Folgen. In einem Brief ermahnt Wolfgang Haas drei Professoren zur Zusammenarbeit mit dem amtierenden Regens und Opus Dei-Mitglied Peter Rutz. Die drei Professoren, die aus Protest gegen die Vorkommnisse weder mit Rutz am gleichen Tisch essen noch mit ihm zusammen die Liturgie feiern, werden in diesem Brief aufgefordert, ihre Protesthaltung aufzugeben oder sich ausserhalb des Seminars eine Wohnung zu suchen. Die drei Gemassregelten ihrerseits argumentieren, dass

Wolfgang Haas sowie die Bistumsleitung ihre Arbeit permanent missachte und sie in allen Dingen übergehe. Einer der Professoren meint resigniert: Es ist noch schlimmer als vorher.

*

Tatsächlich muss eine erste Bilanz der «Morgenröte» ernüchternd ausfallen. Von Sondervollmachten der beiden Weihbischöfe spricht schon lange niemand mehr. Die tatsächlichen Vorkommnisse zeigen, dass beide keine Kompetenzen haben. Weder kann davon gesprochen werden, dass Wolfgang Haas die beiden Weihbischöfe voll in die Bistumsleitung integriert, noch davon, dass wichtige Entscheidungen im Dreierkollegium fallen. Die Öffentlichkeit hat sich getäuscht. Genau so wie die beiden Weihbischöfe sich getäuscht haben.

TEIL II

KAPITEL I

Rein, römisch und undurchsichtig

Die seltsamen Machenschaften rund um das Priesterseminar St. Luzi in Chur

1. Der dritte Bildungsweg entsteht – in Chur

Im ganzen Streit um Bischof Wolfgang Haas nehmen das Priesterseminar St. Luzi sowie die Theologische Hochschule Chur (THC) eine besondere Stellung ein. Als Wohn- und Studienstätte unter einem Dach vereint, sind sie stets wieder Gegenstand eigenmächtiger Entscheidungen durch Haas. In der Folge geschehen um die beiden Einrichtungen seltsame und undurchsichtige Dinge. Seminar und Hochschule sind auch ein unschönes Beispiel dafür, wie es Wolfgang Haas versteht, überall und konsequent, absoluten Einfluss zu gewinnen und seinen Willen durchzusetzen. Er jedoch sieht dies anders. Er versteht sich lediglich als Vollstrecker von Veränderungen und Neuerungen, von «Reformen», die schon lange fällig und unter seinem Vorgänger auf die lange Bank geschoben worden seien. Haas sieht sich ganz im Dienste Roms und will aus St. Luzi endlich wieder ein Seminar machen, an welchem Rom seine Freude haben kann. Die Konsequenzen sind weitreichend. Ein kurzer Blick zurück ist deshalb vonnöten.

*

In den sechziger und siebziger Jahren taucht ein neues Phänomen am Kirchenhimmel auf: der wachsende Priestermangel. Die gesellschaftliche Entwicklung Richtung Freiheit und Individualisierung sowie der schwindende Einfluss von (kirchlichen) Institutionen im alltäglichen Leben, dürften dazu beigetragen haben. Auch die Verpflichtung zur Ehelosigkeit (Zölibat) mag einige junge Männer davon abgehalten haben, sich als Lebensaufgabe das Messgewand überzustreifen. Immer mehr junge

Männer wollen sich trotz des Theologiestudiums nicht weihen lassen. Sie wollen als sogenannte Laientheologen (nicht zum Priester geweihte Theologen) in die Praxis gehen. Viele dieser Studenten leben aber trotzdem im *Priester*seminar. Da die Zahlen der Priesteramtskandidaten dramatisch sinken, die Priesterseminare darob halbleer stehen, zeigen diese sich auch aus wirtschaftlichen Gründen grundsätzlich offen für diese Studierenden. Priestermangel und wirtschaftliche Zwänge führen also dazu, dass aus dem Priesterseminar St. Luzi langsam ein «gemischtes» Seminar entsteht.

*

Um dem Schwund an Weihekandidaten entgegenzuwirken, beschliessen die deutschsprachigen Teile der Schweizer Bistümer, das Theologiestudium weiteren Kreisen zugänglich zu machen. Das Studium soll grundsätzlich auch für Leute möglich sein, die keine auf dem ersten oder zweiten Bildungsweg absolvierte Matura vorweisen können. Die Lösung soll der «dritte Bildungsweg» bringen. Er ermöglicht Leuten mit abgeschlossener Berufslehre und einer theologischen Vorbildung das Theologiestudium. Damit hofft man, zusätzlich Frauen und Männer für den kirchlichen Dienst gewinnen zu können. Als Standort für diese gesamtdeutschschweizerische Einrichtung wird Chur ausgewählt. Als der dritte Bildungsweg 1975 eingeführt wird, studieren in Chur nur noch gut 20 Studenten. Ausschlaggebend für den Standort Chur ist aber weniger diese magere Zahl als vielmehr die Wohnsituation sowie die vorhandene Infrastruktur. Chur hat, wie gesehen, schon Erfahrungen mit einem «gemischten» Seminar. Damit fällt der dritte Bildungsweg rechtlich in das Hoheitsgebiet des Bischofs von Chur.

Bischof Johannes Vonderach unterstützt sowohl die Idee als auch den Standort Chur. Einzig das «Problem» der Unterbringung der Theologiestudentinnen ist noch nicht gelöst. Zuerst versucht man sie dezentral in der Stadt Chur unterzubringen. Doch dann beschliessen der Bischof, das Ordinariat sowie der damalige Leiter des Priesterseminars St. Luzi, Josef Pfammatter, die Frauen im «Othmarflügel» des Seminars zu beherbergen. Nun leben also angehende Priester sowie Laientheologen und -theologinnen im Priesterseminar St. Luzi unter einem Dach. Diese Form des *«integrierten Seminars»* bewährt sich in den Augen der Direktbeteiligten. Tatsächlich bietet «Chur» eine einmalige Chance. Durch die unmittelbare Nähe von Hochschule und Seminar bilden Professoren, Priesteramtskandidaten sowie Theologiestudentinnen- und -studenten eine Lebens- und Studiengemeinschaft, wie sie der späteren pfarreilichen Praxis sehr nahekommt. Die Leiter der übrigen Priesterseminarien in der deutschen Schweiz sowie die betroffenen Bischöfe stimmen dieser Form des Seminars zu. Man hat eine allseits befriedigende Abmachung getroffen.

Gerade dies jedoch sollte dem dritten Bildungsweg schliesslich zum Verhängnis werden. Denn Abmachungen vermögen vor Wolfgang Haas und seinen 1752 Argumenten des Kirchenrechts nicht zu bestehen. Was kirchenrechtlich nicht niet- und nagelfest verankert ist, wird vom Kirchenjuristen Haas schonungslos auf den Komposthaufen klerikalen Unkrautes befördert. Unbeirrt säubert er mit seiner Paragraphensichel den Wald katholischer Rechtgläubigkeit und merzt aus, was nach Modernismus, ortskirchlichem Alleingang oder gar antirömischem Affekt riecht. Und der dritte Bildungsweg tut dies. So sollte es sich rächen, dass zwischen dem Bistum Chur und den andern beteiligten Bistümern kein Vertrag besteht, sondern allein ein protokollarischer Entscheid aller Beteiligten vorhanden ist. Das Kirchenrecht wird es Wolfgang Haas ermöglichen, diese Abmachung einseitig zu künden. Auch wenn Chur lange das Gegenteil behaupten wird, so ist Wolfgang Haas entschlossen, den dritten Bildungsweg aus Chur zu verbannen. Für Wolfgang Haas nichts weiter als die längst fällige Tempelreinigung.

2. Rom schiebt Verantwortung nach Chur

Für Wolfgang Haas ist klar, dass Rom diese Form des «gemischten» Seminars gar nicht erlaubt hat. Er argumentiert, Rom wolle nur «reine» Priesterseminare. In einem Priesterseminar dürften also nur Männer wohnen, die sich weihen lassen möchten. Nichtweihewillige Studenten, vor allem aber nichtweihefähige Studentinnen, hätten in Priesterseminarien nichts verloren. Haas wirft seinen Bischofsbrüdern gar vor, sich in dieser Frage klar gegen Rom gestellt zu haben. «Chur» ist für Haas nicht haltbar. Er fühlt sich berufen, das Sonderzüglein Schweiz zu stoppen, bevor es die weltweite römisch-katholische Einheit zum Entgleisen bringt. Seminarleitung, Professoren und Priesterrat ihrerseits verteidigen das Konzept als *«mit Rom abgesprochen»*. Tatsächlich ist die Lage verzwickt.

*

In den 70er Jahren verlangt Rom von den Schweizer Bischöfen ein schriftliches Konzept für die Priesterausbildung. Weil in Luzern und Chur bereits eine Tatsache, wollen es die Bischöfe weiterhin zulassen, dass auch Laien in den Seminarien wohnen dürfen. Doch Rom schluckt die vorgestellte Ordnung nicht. Es reagiert im Frühling 1977 negativ und verlangt Änderungen. Rom will «reine» Priesterseminare. Doch die Schweiz bleibt hartnäckig. Die Bischöfe und die Seminarleiter halten in der Überarbeitung an ihrer Forderung fest. Doch zwei Jahre später pfeift Rom die Schweizer Bischöfe erneut zurück. Wieder heisst es: Priesterseminare nur für Priesteramtskandidaten. Die von den Bischöfen angeführten Gründe reichen also nicht aus, um Rom das offizielle Ja für eine deutschschweizerische Lösung abzutrotzen.

Doch umgekehrt bleibt das erwartete Verbot der «integrierten Seminare» aus. Auch das «Churer Modell» wird von Rom nicht explizit verboten. Mehr noch. Trotz der zweiten Rückweisung verlangt Rom keine weitere Änderung der Rahmenordnung. Statt dessen spielen die römischen Eminenzen den Ball den schweizerischen Exzellenzen zurück. Rom ist klug genug, weder zu erlauben, noch zu verbieten. Damit toleriert es zwar den momentanen Zustand, überträgt aber die Entscheidung und die Verantwortung dem jeweiligen Ortsbischof.

Johannes Vonderach ist mit dieser an ihn delegierten Verantwortung sichtlich belastet, zumal er überzeugt ist, dass Rom, trotz des ausgebliebenen Verbotes, von der Schweiz eine

Abkehr von ihrem Modell erwartet. Der zwischen Chur und Rom entstandene «vertragslose» Zustand macht den ängstlich agierenden Bischof Johannes Vonderach, 1975 noch für die neue Form, zum Gegner des durchmischten Seminars. Als der innere Druck für ihn immer grösser wird, will Vonderach im Jahre 1983 per Dekret die Laientheologen aus dem Seminar ausgliedern. Seminar und Bistum sind gegen das Dekret. Der Priesterrat weist es mit 44 zu 0 Stimmen an den Bischof zurück und verlangt von ihm, nochmals über die Bücher zu gehen. Vonderach, vom massiven Widerstand überrascht, erklärt sich bereit, eine Prüfungskommission einzusetzen. Ihr Bericht, so wird gegenseitig abgemacht, soll vor einem Schlussentscheid Vonderachs nochmals dem beratenden Priesterrat vorgelegt werden.

Die Mehrheit der Prüfungskommission will jedoch keine Ausgliederung der Laien. Von Rom und seinem Bistum nun gleichermassen bedrängt, sieht sich Vonderach nicht in der Lage, eine Entscheidung zu treffen. Er sistiert kurzerhand die Diskussion über diese Frage. Insgeheim hofft er immer noch auf eine klare Stellungnahme Roms. Doch die Hoffnungen, Rom würde ihm das Problem mit einem Machtwort abnehmen, zerschlagen sich. Während die Auseinandersetzung also aufgeschoben wird, etabliert sich die neue Seminarform in Chur immer mehr. Die Studentenzahlen steigen von 39 (1983/1984) auf 62 (1989/1990) und sind damit so hoch wie seit 1961 nie mehr.

*

Derweil verlegt sich Johannes Vonderach auf eine neue Strategie. Unterstützt vom damaligen Kanzler Wolfgang Haas, beginnt sich Vonderach persönlich und intensiv um traditionell bis reaktionär denkende Priesteramtskandidaten zu kümmern. Da er ihnen in Chur kein entsprechendes «reines» Seminar bieten kann, schickt er immer mehr Studenten in ausländische Seminare, deren konservative Ruf weit über die Landesgrenzen hinaus bekannt ist: Heiligenkreuz bei Wien, Fulda oder Rom. Über den Kopf des Seminarleiters hinweg fällt Bischof Vonderach mit den entsprechenden Kandidaten Entscheidungen über Studienort, Studiengang oder Weiheort. Das Verhältnis zwischen Bischof und Ausbildungsstätte in Chur wird dadurch enorm belastet.

Die ganze Situation wird noch erschwert, als das 1983 revidierte Kirchenrecht erneut ein Ausbildungskonzept für die Priesterausbildung fordert. Daraufhin teilen die Schweizer Bischöfe die bestehende Ausbildungsordnung sachlich in zwei Teile auf: Priester und Laien. Die Rahmenordnung für die Priester muss Rom genehmigen. Anders die Rahmenordnung für die Laien. Sie muss Rom nicht vorgelegt werden, da das Kirchenrecht keine entsprechenden Bestimmungen enthält. Dennoch laufen zwischen der Schweiz und Rom intensive Gespräche, da man nicht den Eindruck erwecken möchte, hinter dem Rücken Roms eine kirchenrechtliche Lücke ausnützen zu wollen. Im April 1987 genehmigt Rom die Rahmenordnung für die Priesterausbildung für sechs Jahre. Die Frage, ob Laien in einem Seminar wohnen dürfen, wird darin weder erlaubt, noch verboten. Sie wird gar nicht erwähnt.

In der Ausbildungsordnung für die Laien jedoch bestehen die Schweizer Bischöfe weiterhin darauf, dass auch Laien einen Teil ihres Studiums im Seminar absolvieren sollen. Damit machen die Bischöfe deutlich, dass sie nach wie vor zum Modell der gemeinsamen Ausbildung von Priestern und Laien stehen. Dass letztlich die Seminarleitung, die Bischöfe und die zuständigen Stellen in Rom hinter den Rahmenordnungen stehen, hat zur Folge, dass der Status Quo – also Laien in den Seminarien St. Beat in Luzern und St. Luzi in Chur –, mit Billigung Roms, beibehalten werden kann.

3. Haas greift eine alte Geschichte auf

Damit scheint die leidige Frage endlich gelöst. Doch Regens Franz Annen atmet in seinem «Sodalengruss 1988» zu früh auf, wenn er schreibt: *«Ich bin froh, dass die mehr als ein Jahrzehnt dauernden Diskussionen (...) nun zu einer einvernehmlichen Lösung geführt haben»*. Die Ruhe ist trügerisch. Für die Befürworter der offenen Seminarform ist erlaubt, was nicht ausdrücklich verboten ist. Für die Gegner ist jedoch verboten, was nicht ausdrücklich erlaubt ist. Und als Wolfgang Haas 1988 zum Weihbischof mit Nachfolgerecht ernannt wird, ist bald einmal klar, dass er dem «Churer Modell» den Garaus machen wird. Eben erst ein paar Wochen im Amt des Weihbischofs, kündigt Haas im Juni 1988 gegenüber den Professoren an, dass er dereinst als Nachfolger Vonderachs die Sache wieder auf den Tisch bringen werde. Einmal mehr erweist er sich als strammer Ministrant Roms. Er nutzt die dekretale Unschärfe Roms dazu, die Haltung des Papstes restriktiver zu interpretieren, als sie in Tat und Wahrheit ist. Er will dem kirchlichen Oberhaupt ein Seminar präsentieren, wie *«es von Rom gewünscht wird»*. Die erste öffentliche Empörung bei Professoren und Studenten versucht Haas noch abzuwiegeln. Darüber werde er zuerst noch mit dem Priesterrat und der Bischofskonferenz verhandeln. In diesem Jahr geschehe noch nichts.

Doch Haas ist zu keinen Konzessionen bereit. Seine Idee, das Seminar zu einem Zentrum schwarzberockter Weiheaspiranten zu machen, nimmt immer klarere Gestalt an, als im Sommer 1990 die Neubestellung des Rektorats der Theologischen Hochschule ansteht. Haas lehnt den von der Hochschulkonferenz (hauptamtliche Professoren und zwei Studentenvertreter) am 16. April 1990 einstimmig zum neuen Rektor gewählten Albert Gasser ab. Gasser sei selber schuld, meint Haas. Denn Gasser ist nicht nur als Haas-Kritiker, sondern auch als Befürworter des offenen Seminarmodells bekannt. Haas macht dem designierten Rektor klar, dass auch Rom ihm die Erlaubnis für dieses Amt nicht geben werde. Gasser reagiert heftig. Er wirft dem Papst *«totalitären päpstlichen Absolutismus»* vor und glaubt eine *«offensichtliche Strategie des Papstes»* zu erkennen. Rom akzeptiere in den Provinzen nur noch Leute, die ganz auf der Linie des Papstes lägen.

Um die Hochschule nach der verweigerten Approbation nicht führungslos werden zu lassen, beauftragt Wolfgang Haas den bisherigen Rektor Aladár Gajáry, das Amt ein weiteres Jahr auszuüben. Dies obwohl Gajáry gemäss Reglement nach zwei Amtsperioden eigentlich gar nicht mehr wählbar gewesen wäre. Begründungen dafür liefert Haas gleich deren zwei. Erstens habe er Gajáry um eine Weiterführung der Geschäfte gebeten, weil die Bestätigung von Albert Gasser aus Rom bis Ende Juli nicht eingetroffen sei. Zudem wolle er, Haas, bis zum Herbst 1991 eine «*grundsätzliche Überprüfung des Konzeptes der Hochschule und des Seminars*» vornehmen. Die Nichtbestätigung von Albert Gasser hat also direkt mit der Umstrukturierung des Seminars zu tun.

Die Churer Professoren reagieren sauer. Sie werfen Haas vor, sowohl die Hochschulkonferenz als auch Professor Gasser vor Beginn des Studienjahres über diesen Entscheid nicht informiert zu haben. Noch am gleichen Abend antwortet die bischöfliche Kanzlei Chur mit einem Dementi. An der Hochschule habe man bereits Ende Juli von dieser Entscheidung gewusst, da Haas den bisherigen Rektor Gajáry gebeten habe, auch über den 1. August 1990 (üblicher Termin des Rektoratswechsels) hinaus die Rektoratsaufgabe zu übernehmen. Nachdem Rom grünes Licht für die Verlängerung von Gajárys Rektoratszeit gegeben habe, habe er, Haas, umgehend Professor Gasser in einem Brief informiert. Für die letzten Zweifler ist jetzt endgültig klar, dass dieses rektorale Interimsjahr nur bedeuten kann, dass das letzte Jahr der integrierten Seminarform geschlagen hat.

Unter diesen Vorzeichen der unsicheren Zukunft wird am 24. Oktober 1990 das Studienjahr 1990/91 unter Anwesenheit von Bischof Haas feierlich eröffnet. Auf Fragen betreffend die Zukunft des Seminars sowie der THC geht er nicht ein. Der verhinderte Rektor Albert Gasser wird mit verschiedenen Sympathiekundgebungen bedacht. Ebenso der Gastreferent Karl-Heinz Ducke, ehemaliger Vorsitzender des «Runden Tisches» in der Umbruchsituation der ehemaligen DDR. Unter anhaltendem Beifall fordert Gasser Ducke auf, hier zu bleiben und im Bistum Chur einen «runden Tisch» zu eröffnen. Einige Studenten verlassen beim Schlusswort von Wolfgang Haas – er spricht von der Wahrheit – aus Protest den Saal. Das plebiszitartige Verhalten der Anwesenden rührt ihn nicht.

*

Am 2. Februar 1991 ist es dann endgültig soweit. Bischof Haas eröffnet dem Seminarleiter Franz Annen, dass der Umstrukturierungsentscheid gefallen sei. Drei Tage später gibt Annen erste Einzelheiten darüber an die Medien weiter: Ab Herbst 1991 werden keine Frauen und Laientheologen mehr ins Seminar St. Luzi aufgenommen. Für die Laientheologinnen und -theologen, die weiterhin an der Hochschule Theologie studieren dürfen, werde eine *«entsprechende Wohngemeinschaft errichtet.»* Laien, die bereits im Seminar leben, dürfen *«bis es soweit ist»* im Seminar bleiben. Überdies müssen Priesteramtskadidaten, die ins Seminar eintreten wollen, zuerst ein Vorbereitungsjahr, das sogenannte «Lauretanum», absolvieren. Erste Anzeichen einer von Haas eingeführten Vorselektion der Studentenschaft, die später noch zu reden geben sollte.

Da der bisherige Regens Franz Annen nicht bereit ist, diese Umstrukturierung mitzuverantworten, wird er von Wolfgang Haas auf Ende des Studienjahres als Regens abberufen. Chur soll sein «römisches» Seminar erhalten. Der traditionsverliebte Haas weiss sich auch diesmal mit sich und der Tradition im reinen. Er habe damit, so betont er, nur ein altes Postulat seines Vorgängers neu aufgegriffen und eine «alte» Geschichte ihrer Lösung zugeführt. Mit andern Worten: Haas hat – weit weniger von Selbstzweifeln geplagt als sein Vorgänger – mit eisernem Besen ausgekehrt, hat endlich entschieden, was Vonderach jahrelang schleifen liess. Zwar verweist die Kanzlei darauf, dass Bischof Haas *«zur Umgestaltung von St. Luzi auch noch die Meinung des Priesterrates hören»* wolle. Damit mag Haas den Buchstaben der Abmachung zwischen seinem Vorgänger Vonderach und dem Priesterrat erfüllen, wonach vor einem endgültigen bischöflichen Entscheid über diese Frage nochmals der Priesterrat konsultiert werde. Dass der Priesterrat inhaltlich nichts mehr dazu zu sagen haben wird, ist jedoch allen klar.

*

Dass der rechtliche Status der Theologischen Hochschule Chur (THC) jahrelang nie ganz geklärt war, wurde bereits erwähnt. Am 7. Februar 1992 wird durch eine Pressemitteilung der Bischöflichen Kanzlei Chur klar, dass Bischof Wolfgang Haas diesen Zustand offensichtlich beseitigen möchte. So sei er selbst darum bemüht, dass die THC von Rom abgesegnete, *«vollgültige Statuten erhält»*. Damit versucht Haas die Theologische Hochschule rechtlich in Rom abzusichern und insofern aufzuwerten, dass sie bald auf einem von Rom genehmigten statutarischen Fundament steht. Professoren und Studenten wittern in diesem Vorgehen den Versuch, demokratische Spielregeln, wie etwa das Recht der Wahl des Rektors durch die Hochschulkonferenz, ausser Kraft zu setzen. In einem Pressecommuniqué vom 13. Februar wird unter anderem kritisiert, dass mit diesem Schachzug die Professoren aus der Verantwortung für die THC ausgeschlossen würden, Haas sich also zum absoluten Herrscher über die Hochschule machen will.

Doch die Ankündigung neuer Statuten bleiben, wie viele andere Versprechungen aus Chur, vorerst leere Worte. Schon bald entscheidet sich nämlich Wolfgang Haas anders und verlegt sich auf seine bewährte Taktik des Zuwartens. Denn neue Statuten hätten auch zur Folge, dass die Theologische Hochschule bei der Ernennung neuer Professoren und Lehrbauftragter ein gewisses Mitspracherecht erhalten würde. Wolfgang Haas würde sich also mit allzu früh von Rom anerkannten Statuten in Sachen Personalpolitik selber die Hände binden. Ohne Statuten aber kann er sich weitgehend frei in einer Art rechtsfreiem Raum bewegen und weiterhin die Hochschule umgehen. Was er denn auch tut. Im August 1993 ernennt er im Alleingang fünf neue Lehrbeauftragte. Zwar wird behauptet, die Ernennungen seien unter Absprache mit der Hochschule Chur erfolgt. Doch das wird von den Professoren vehement bestritten. Diese Behauptung sei, so ein Professor aus Chur *«eine bewusste Irreführung der Öffentlichkeit.»* Das Ziel ist klar. Wolfgang Haas schiebt plötzlich die Statuten auf die lange Bank, um möglichst lange und vollständig die professoralen Schlüsselstellen im Alleingang mit «eigenen» Leuten besetzen zu können. Denn allein drei der fünf neuen Lehrbeauftragten stammen aus seinem bisherigen engsten Mitarbeiterstab. Die klerikale Vetternwirtschaft feiert Urständ.

4. Sonderzug «Lauretanum»

Am «Fest Unserer Lieben Frau von Fatima», am 13. Mai 1991, verabschiedet Wolfgang Haas ein Dekret, in welchem er sich als Reformator in Sachen Priesterausbildung darstellt. Die Kirche brauche Priester in genügender Zahl, welche den Anforderungen der heutigen Zeit gewachsen seien, begründet er seinen Erlass. Da es nicht selten geschehe, so Haas im Dekret, dass junge Menschen den *«Ruf des Herrn zur Nachfolge»* spüren, gleichzeitig aber merkten, *«dass ihnen in einigen Bereichen ihrer vorherigen Bildung Verschiedenes fehlt»*, verfügt er ein *«Vorbereitungslehrgang»* für angehende Seminaristen, also für Priesteramtskandidaten. Haas will diesen Vorbereitungslehrgang als eine Art Propädeutikum verstanden wissen, welches unter dem Schutz der Heiligen Familie von Nazaret stehen soll. Da das Haus der Heiligen Familie in Loreto verehrt wird, soll dieses Propädeutikum *«Lauretanum»* genannt werden. Das «Lauretanum» soll eine neu zu errichtende Bildungsstätte werden, in welcher sich sämtliche angehenden Priesteramtskandidaten mindestens ein Jahr lang aufzuhalten haben. Es soll überdies direkt dem Bischof unterstellt sein, der zugleich Leiter und Studienordnung bestimmt. Als Ort des «Lauretanums» wird das Johannes-Stift in Zizers auserkoren.

Was hier als Vorbereitungsjahr verbrämt und als Ausmerzung etwelcher Vorbildungsdefizite kaschiert, eingerichtet wird, ist in Tat und Wahrheit eine spezifisch haas'sche Form einer Vorselektion der Studenten. Jeder, der bei Bischof Haas ins Priesterseminar eintreten möchte, muss sich zuerst im «Lauretanum» als würdig erweisen. Damit erreicht Haas, dass nur noch ihm treu ergebenen Studenten die Pforten von St. Luzi offenstehen. Bestätigt wird dies unter anderem vom Neutestamentler Franz Annen. Das «Lauretanum» schafft aber noch andere Fakten. Denn schon hier entscheidet sich, wer dereinst, in ein paar Jahren, im Bistum Chur zum Priester geweiht werden wird. Mit der Vorselektion der Studenten schafft Wolfgang Haas die Voraussetzungen, dass sich das alte Priesterbild neu etablieren kann.

Mit der Veröffentlichung des Dekrets macht er zugleich klar, dass das «Lauretanum» unmittelbar ihm selbst unterstellt sein wird, dass er selbst die *«erste Verantwortung»* dafür trägt, dass er allein den Leiter der neuen Einrichtung bestimmen werde und dass nur er vom Lauretanum dispensieren kann. Haas beruft, regiert und betreut sein eigenes Werk quasi in absolutistischer Personalunion. Kein beratendes Gremium, kein Leitungsteam mit eigenen Entscheidungskompetenzen, keine übergeordnete Kontrollinstanz sollen ihm, Haas, in Sachen Lauretanum dreinreden können. So hat er es in seinem Dekret *«verfügt»*. Weniger klar bleibt jedoch, was in diesem Vorbereitungsjahr auf die angehenden Studenten zukommt. Denn es gibt keine Studienordnung, keine Lern- oder Studienziele, keine Stoffpläne, keine pädagogischen Zielsetzungen, keine (öffentlichen) Statuten. Selbst nach zwei Jahren «Lauretanum» wissen die Theologieprofessoren der Theologischen Hochschule nicht, was dort überhaupt gemacht wird. Nicht einmal die Liste der Mitglieder ist vollständig auszumachen. Deren Geheimhaltung wird mit Datenschutz begründet. Nicht nur für die Professoren, die es bald einmal nur noch mit ehemaligen «Lauretanern» zu tun bekommen, stellt sich die Sache als himmeltraurige Wurstelei dar. Das einzige, was klar wird, ist die Tatsache, dass aus dem Lauretanum nur angehende Studenten kommen, die sich alle durch eine bedingungslose Treue zu Bischof Haas auszeichnen. Die Ausrichtung wird wichtiger als die Ausbildung.

*

Am 4. November 1991 kann Bischof Wolfgang Haas das von ihm geschaffene «Lauretanum» eröffnen. 15 Kandidaten finden sich zu diesem ersten Vorbereitungsjahr im Johannesstift in Zizers ein. Da Haas selber oberster Schirmherr des «Lauretanums» ist, wundert es auch nicht, dass die theologisch-propädeutische Einrichtung zu diesem Zeitpunkt noch keinen offiziellen Leiter hat. Erst am 20. November wird bekannt, dass Wolfgang Haas zum Leiter des «Lauretanums» den Redemptoristenpater Max Butz berufen hat. Butz wird zugleich neuer Spiritual im Priesterseminar «St. Luzi» in Chur. Butz war bis anhin als Volksmissionar in Kreuzlingen und vor seinem Theologiestudium als Kaufmann tätig. Auch dieser Personalentscheid gibt zu reden. Am 16. Januar 1992 zitiert die «Luzerner Zeitung» unter dem Titel *«Ein Orden distanziert sich»* aus einem Schreiben des Provinzoberen der Schweizer Redemptoristen, P. Louis Crausaz. Dieser Brief sei, datiert vom 5. Dezember 1991, an die *«Mitglieder der Vereinigung der Höheren Ordensoberen der Schweiz (VOS)»* gerichtet gewesen und enthalte die Aussage, dass der Provinzrat der Schweizer Redemptoristen gegen diese Ernennung gewesen sei. Als Begründung gebe der Provinzrat an, Butz eigne sich wegen seiner Persönlichkeitsstruktur nicht für die Ausbildung von zukünftigen Priestern. Da Butz aber Wolfgang Haas nicht habe absagen wollen, habe man von Butz verlangt, um eine Zeit der Exklaustration zu bitten. Mit andern Worten: Solange Max Butz das Amt als Leiter des «Lauretanums» ausübt, werde er nicht mehr in einem Hause der Redemptoristen wohnen. Er stelle sich mit seinem Verhalten somit selbst ausserhalb des Ordens. Gegenüber der Nachrichtenagentur KIPA bestätigt P. Louis Crausaz den Sachverhalt im wesentlichen, hält aber daran fest, dass der Orden sich nicht von Butz distanziert habe, sondern dass Butz diese Aufgabe gegen den Rat seiner Oberen übernommen habe.

*

Bei all diesen Veränderungen wird bald einmal klar, dass auch dem dritten Bildungsweg in Chur das Totenglöcklein läuten dürfte. Doch vorerst beruhigt Wolfgang Haas die Bangemacher, indem er erklärt, dass *«ohnehin noch Absprachen mit den andern beteiligten Diözesen vorgesehen»* seien. Diese wissen anfangs Februar 1991 tatsächlich noch nichts über eventuelle Veränderungen in Sachen dritter Bildungsweg. Und das Abwiegeln geht weiter. Am 13. Februar äussert sich Generalvikar Christoph Casetti gegenüber der Agentur KIPA noch deutlicher: *«Die Existenz des 3. Bildungsweges scheint uns nicht gefährdet.»* Für Casetti ist klar, dass der Verbleib des dritten Bildungsweges in Chur möglich sei. *«Die Frage ist natürlich, ob die andern Bischöfe daran noch interessiert sind»*, meint er gegenüber der «Bündner Zeitung». Er versucht also in der Öffentlichkeit den Eindruck zu erwecken, Wolfgang Haas sei durchaus offen für den dritten Bildungsweg in Chur und schiebt in eigenartiger Umkehr der Sachlage den Ball den andern Bischöfe zu. Doch Haas schont bei seinem intellektuellen Hakenschlagen weder sich noch seine engsten Mitarbeiter.

Am 12. März 1991 straft er nämlich die generalvikarlichen Aussagen Lügen. Er macht seinen Amtskollegen der andern deutschsprachigen Bistümern klar, dass er dem dritten Bildungsweg *«in dieser Form»* in Chur nicht mehr zustimmen könne. Überrumpelt von dieser plötzlich ablehnenden Haltung, sehen sich die andern am dritten Bildungsweg beteiligten Bischöfe vor dem Problem einer grundsätzlichen Weiterführung und einer örtlichen Verlegung dieser Einrichtung. Sie verlangen deshalb von Haas, dass er bis zum Sommer 1991 die Möglichkeiten des dritten Bildungsweges in Chur auf den Tisch legen soll. Doch Haas ist auch an einem veränderten Bildungsweg in Chur nicht interessiert. Denn viel später, am 15. Dezember 1991, wird bekannt, dass er einen Brief an die Bischöfe Wüst (Bistum Basel) und Mäder (Bistum St. Gallen) geschrieben hat, wonach er, Haas, an einer aktiven Mitarbeit bei der Suche einer Lösung für den dritten Bildungsweg *«nicht mehr interessiert»* sei. Damit ist die von Casetti auf den Kopf gestellte Sachlage wieder klar: Nicht die andern Bischöfe sind am dritten Bildungsweg nicht mehr interessiert, sondern Bischof Wolfgang Haas. Die klassische Projektion scheint in Chur niemandem peinlich zu sein.

Im September 1991 wird es schliesslich öffentlich: auf Ende des Studienjahres 92/93 ist Schluss mit dem dritten Bildungsweg in Chur. Was 1975 den Ausschlag für den Standort Chur gegeben hat – das offene, integrierte Wohnmodell – ist 17 Jahre später der Auslöser für die Liquidierung. Für Wolfgang Haas hat damit die Geschichte das korrigiert, was sich für Momente von der stets gleichbleibenden Tradition der katholischen Kirche verirrt hat. Haas wird zum Gralshüter katholischer Beständigkeit. Den Neuerungen, dem wild wuchernden Modernismus, dem die Ordnung bedrohenden Zeitgeist wird in Chur erfolgreich Einhalt geboten. Leben, gerade auch geistliches Leben, hat – zumal in einem Priesterseminar – streng kanalisiert zu verlaufen. Wo Priester nicht fein säuberlich von Laien getrennt leben, so ist man in Chur überzeugt, hat der Spaltpilz moderner Ideen leichtes Spiel. Priester sind vor diesen Versuchungen zu schützen.

Die andern am dritten Bildungsweg beteiligten Bischöfe stehen vor einem Scherbenhaufen. Sollte die Idee dieser Ausbildungsform nicht gänzlich sterben, müssen sie innert nützlicher Frist einen neuen Ort finden. Bald schon ist von Luzern die Rede, da dort nicht nur eine theologische Fakultät mit ihrer ganzen Infrastruktur vorhanden ist, sondern darüber hinaus auch das Katechetische Institut sowie das Priesterseminar St. Beat seinen Sitz hat. Am 15. Juni 1992 gibt Karl Kirchhofer, Professor an der theologischen Hochschule Chur, bekannt, dass die sogenannte EKDB (Erweiterte Kommission Dritter Bildungsweg) den betroffenen Bischöfen tatsächlich Luzern als neuer Studien- und Wohnort für Dritt-Bildungswegstudentinnen und -studenten vorschlägt. Die Bischöfe von Basel und St. Gallen stimmen diesem Vorschlag zu. Der dritte Bildungsweg zügelt vom Bistum Chur ins Bistum Basel, von Chur nach Luzern.

5. Schon wieder Opus Dei – viel Kritik, wenig Lob

Die Umstrukturierung des Seminars, die Neueinführung der «Lauretanums» sowie die Eliminierung des dritten Bildungsweges zeitigen auch personelle Folgen. Am 26. Juli 1991 stellt Wolfgang Haas in einem Brief an die Seelsorgerinnen und Seelsorger seine neue Mannschaft vor. Nach der Abberufung des bisherigen Seminarleiters Franz Annen ist man besonder gespannt auf den neuernannten Regens. Haas wartet mit einer Doppelüberraschung auf. Für die Aufgabe der Seminarleitung bestimmt er den Opus-Dei-Mann Peter Rutz. Allerdings wird Rutz nicht etwa zum «Regens» oder «Leiter» ernannt, sondern zum *«Moderator/Koordinator des konkreten Seminarlebens»* berufen. Dahinter versteckt sich mehr als nur Titelklauberei.

Die Leitung des Seminars soll nicht mehr einem «Regens» allein, sondern einem Leitungsteam übertragen werden. Als Vorsitzender des Leitungsteams waltet – man ahnt es – Bischof Haas selber. Er beruft sich dabei auf die oben erwähnte Rahmenordnung für die Priesterausbildung. Darin ist tatsächlich von einem Leitungsteam für Priesterseminarien die Rede. Nirgends jedoch heisst es, dass der Vorsitz vom Ortsbischof eingenommen werden muss. Vielmehr ist unter Punkt 11 von einem regen «*Kontakt*» zwischen dem Team und dem Bischof die Rede. Dass sich Wolfgang Haas zum Vorsitzenden des Leitungsteams macht, ist von der Rahmenordnung also nicht zwingend vorgegeben. Haas jedoch benutzt die Neubesetzung der Seminarleitung dazu, die Fäden stärker in die eigenen Hände zu bekommen. Vertrauen ist gut, Kontrolle besser. Das drohende Risiko, sich nach Franz Annen erneut mit einem offenen, starken und selbstbewussten Regens herumschlagen zu müssen, ist ihm zu gross.

Dem neuen Leitungsteam sollen auch Prof. Dr. Aladár Gajáry, bisheriger Rektor der Theologischen Hochschule Chur, als Studienberater, Dompönitentiar und Kanzler Aurelio Lurati sowie Bischofssekretär Heinz Meier als geistliche Begleiter angehören. Weiter gibt Haas im gleichen Schreiben bekannt, dass der seit mehreren Jahren vakante Lehrstuhl für Moraltheologie neu vom oberschlesischen Prof. Dr. Hubert Dobiosch übernommen werde. Überdies habe er den Schönstatt-Pater Prof. Dr. Beat Zuber zum Dozent für Altes Testament berufen. Da die Rektoratsfrage weiterhin offen bleiben müsse, so Haas in seinem Schreiben, werde Prof. Aladár Gajáry, nach Rücksprache mit Rom, ein weiteres Jahr im Amt bleiben. Dies obwohl Prof. Albert Gasser bereits zum zweiten Mal vom Professorenkollegium zum neuen Rektor gewählt wurde, weder von Rom noch von Haas aber bestätigt worden war. Haas bleibt sich also seiner Personalpolitik treu. Mit Peter Rutz hat Haas bereits das zweite Opus Dei-Mitglied mit einer wichtigen Aufgabe betraut, dies übrigens just zum Zeitpunkt, als der päpstliche Vermittler Karl Joseph Rauber in der Schweiz seine Gespräche führt.

Auch die übrige Zusammensetzung des Leitungsteams ist Garant für eine loyale, haastreue Kirchenpolitik. Haaskritisch eingestellte Leute, wie etwa Professor Josef Pfammatter (ehemaliger Regens) und Franz Annen (ehemaliger Regens), dürfen zwar an der Hochschule noch unterrichten, sind aber aus den Entscheidungskreisen entfernt. Dennoch sieht Haas sich als Reformer, als Erneuerer. Wie dereinst Papst Johannes XXIII. mit dem Zweiten Vatikanischen Konzil ein «Aggiornamento» der katholischen Kirche erreichen wollte, so sieht Haas seine Personalentscheide als nötige Erneuerung, *«um eine wirksame und zeitgemässe seelsorgliche Ausbildung zu vermitteln»*. Ein Churer «Aggiornamento». Haas versteht es also, seine restaurativen Tendenzen öffentlich als Reformen darzustellen und weiss sich damit eins mit dem Geiste des Zweiten Vatikanischen Konzils. Eine – gelinde gesagt – seltsame Sicht der historischen Ereignisse.

*

Professoren, Studenten und viele Seelsorger sind schon über die bevorstehenden Umstrukturierungen besorgt, bevor Wolfgang Haas als Bischof überhaupt die Macht hat, sie durchzuführen. Denn bereits als Weihbischof stellt er Veränderungen in Aussicht. In Chur herrscht die Unruhe vor dem Sturm. Die Studierenden der Hochschule Chur wehren sich bereits im Juni 1990 für ihr Seminarmodell. Als die Umstrukturierung dann offiziell angekündigt wird, braust einmal mehr ein Proteststurm durch das Bistum Chur. *«Wir akzeptieren nicht!»* schreit die Seminargemeinschaft gleichentags auf – wohl wissend, dass sie es dennoch tun muss. Denn die Gemeinschaft ist sich in ihrem Schreiben selber im klaren: *«Dem Vorgehen der Diözesanleitung, insbesondere von Bischof Haas, sind wir ohnmächtig ausgesetzt»*. Mehr als ein verbaler Protest liegt nicht drin.

Einige Tage später folgt eine Resolution von 389 Theologiestudierenden und sämtlichen theologischen Fakultäten der Schweiz, in welcher vor allem kritisiert wird, dass ein *«reines»* Priesterseminar ein *«Anachronismus»* sei. Am 15. Februar 1991 findet in Chur eine Solidaritätskundgebung für ein *«offenes Seminar»* statt. Bischof Haas weigert sich dabei, eine Resolution von 450 Theologiestudierenden selber entgegenzunehmen und beauftragt damit seinen Generalvikar Vitus Huonder. Eine Erklärung *«besorgter Seelsorger/innen»* wirft Haas Rücksichtslosigkeit und Verrat an den Grundanliegen des Zweiten Vatikanischen Konzils vor. Er habe bei seinem Entscheid sowohl den Priesterrat wie auch die Rahmenordnung zur Ausbildung der Laien *«rücksichtslos»* übergangen. Die 69 unterzeichnenden Seelsorgerinnen und Seelsorger sehen schwarz: Keine aufgeschlossenen Studentinnen und Studenten mehr, keine *«qualifizierte Professoren/innen»* mehr, ein *«verengte(s) Theologie- und Kirchenverständnis»* à la Wolfgang Haas sowie ein gefährdetes *«intellektuelle(s) Niveau»* an der Hochschule seien die Folgen dieser bischöflichen *«Willkür»*. Doch die vorgeschlagenen *«Massnahmen des Widerstandes»* spiegeln die Hilflosigkeit wider: Aufforderung zur Rücknahme des Entscheides, Aufklärung in den Pfarreien durch einen *«Seminarsonntag»* sowie die Sistierung aller Gelder an das Bistum und das Seminar. Als weiteres Signal des Widerstandes, wählt die Hochschulkonferenz am 21. Februar, trotz bischöflichem Veto im Herbst zuvor, erneut Professor Albert Gasser zum neuen Rektor.

Auch die Theologische Fakultät Luzern reagiert. In einem Communiqué vom 4. Dezember 1991 erachtet die Fakultät die Theologische Hochschule als *«gefährdet»* – nicht nur in ihrer wissenschaftlichen Qualität, sondern auch in ihrer Existenz.

Die Schweizerische Katechetenvereinigung kritisiert das Verhalten von Haas als einen *«einseitigen Kurs ins Ghetto»* und bittet Haas, die Entscheidungen rückgängig zu machen.

Heftig fällt auch die Reaktionen auf die Personalentscheide aus. Dass Wolfgang Haas mit Peter Rutz (nebst Offizial Joseph Bonnemain) bereits den zweiten Opus Dei Mann in die diözesane Leitung beruft, ist für den Churer Professor Albert Gasser die *«schlimmst mögliche Variante»*. Auch der Präsident des Priesterats Chur, Pfarrer Martin Kopp, erklärt, dass mit dieser Berufung die klare Linie Richtung *«Verengung»* deutlich werde. Der Entscheid, für die Leitung des Seminars keinen Priester aus dem Bistumsklerus, sondern aus der Personalprälatur Opus Dei zu wählen, sei ein klares Misstrauensvotum an die Kleriker im Bistum, meint Kopp. (Die Personalprälatur Opus Dei untersteht nicht dem Ortsbischof, sondern durch einen Prälaten direkt dem Papst). Diese Entscheidung komme damit einer Bankrott-Erklärung der Diözesanleitung gleich. Genau gleich reagieren die vier Dekane des Kantons Zürich. Diese Ernennung eines Opus Dei-Priesters weist für die Dekane auf ein *«gestörtes Verhältnis des Bischofs zu seinem Bistum hin.»* Für die Dekane ist klar, dass *«eine kompetente Führung längst fehlt»*. Schwer wiegt für die Dekane dieser Entscheid auch deshalb, weil das Opus Dei *«einen angeschlagenen Ruf besitzt»* und *«zu einem Fundamentalismus neigt»*. Die Ernennung von Peter Rutz ist eine *«Provokation der ganzen Diözese»*, zürnen die Dekane in ihrem Schreiben weiter. Dass der bisherige Rektor zum Studienleiter *«degradiert»* werde und sich Bischof Haas selbst an die Spitze des Leitungsgremiums setze, ist für die Dekane ein Zeichen, dass es hier um die Einschränkung der relativen Freiheit der Churer Hochschule gehe. Und wenn die Dekane den Personalentscheid von Wolfgang Haas *«eine gegen jegliche Kommunikation verstossende Überraschung»* bezeichnen, wird einmal mehr klar, dass die Gesprächskanäle allseits hoffnungslos verstopft sind. Auch die Studentenschaft meldet sich trotz Sommerferien umgehend mit einem Protestschreiben. Ihre Angst bezieht sich auf die unheilige Allianz von finanziellem *«Defizit des Seminars»* und Opus Dei-Leuten in der Bistumsleitung. In einem Schreiben fragen sich die Studenten, *«wie weit das Seminar Chur auf diesem Weg ideologisch und finanziell vereinnahmt werden konnte»*.

Ende August – die Ferien sind zu Ende – verstärkt sich der Widerstand gegen Peter Rutz. In einem Statement der Studierenden von St. Luzi wird er klipp und klar zum Rücktritt aufgefordert. *«Wir sehen mit ihm keine Zusammenarbeit»*, heisst es lapidar. Dass Wolfgang Haas sich selber zum Vorsitzenden der Seminarleitung gemacht habe, zeige, dass nicht einmal der Bischof seinem herbeigerufenen Mitarbeiter vertraue. Auch die Kritik gegen Haas schwillt wieder an. Vertreter der kirchlichen Gremien aller Bistumskantone sowie des Fürstentums Liechtenstein rufen als Reaktion – einmal mehr – nach einem neuen

Bischof. Ein Opus Dei-Priester als Leiter des Seminars ist für sie *«inakzeptabel»*. Noch zwei Jahre später ist für Josef Pfammatter, Professor für Neues Testament, die Leitungsfrage immer noch das *«brennendste Problem»* in bezug auf das Seminar. Die Leitung durch den Opus Dei-Mann Peter Rutz führe nach wie vor zu heftigen Reaktionen. Pfammater fürchtet deshalb um den, bereits ramponierten, Ruf des Churer Seminars.

*

Anders reagiert die rechts-konservative Bewegung «Pro Ecclesia». Sie attestiert Peter Rutz *«beste Qualifikationen»* und zeigt sich überzeugt davon, dass die Personalentscheidungen von Wolfgang Haas *«eine Klärung»* gebracht hätten. Pro Ecclesia lässt auch das immer wieder vorgebrachte Argument der alleinherrschaftlichen Entscheidungen nicht gelten. Haas habe sich mit verschiedenen für die Priesterausbildung zuständigen Stellen genau abgesprochen. Dass heisst im Klartext, dass sich Wolfgang Haas in Rom abgesichert hat. Das Kirchenbild von Haas und seinen Befürwortern ist so beschaffen, dass solche Entscheidungen nur im Einvernehmen mit Rom, nie aber nach Rücksprache mit dem Priesterrat des Bistums, der Dekanenkonferenz oder allein in der Bistumsleitung gefällt werden können. Haas trifft keine Entscheidungen ohne Rückversicherung in Rom. Denn eine selbstbewusste Ortskirche verträgt sich nicht mit dem von ihm gehuldigten römischen Zentralismus. Rom weiss solche Treue zu schätzen und macht den andern Schweizer Bischöfen klar, dass es die Umstrukturierung des Seminars St. Luzi unterstütze.

Unterstützung erhält Wolfgang Haas auch von einer Gruppe ihm treuer Studenten. Am 1. September 1991 gründen sie den *«Verein Studierender für das Bistum Chur» (VSBC).* Dieser Verein versteht sich, gemäss Statuten, als kirchlicher Verein unter dem Protektorat von Bischof Haas. Ziel des Vereins ist die Förderung der Einheit im Bistum Chur, indem der Verein *«loyal zum Papst, dem amtierenden Bischof und der vom Bischof eingesetzten Seminarleitung des Priesterseminars St. Luzi und der Leitung des Lauretanums steht»* (Statuten, Absatz 1.2.1.). Der VSBC verteidigt die von Haas getroffenen Entscheide und eingeleiteten Massnahmen vollumfänglich und wehrt sich dagegen, dass die Gruppe der *«Studierenden der Theologischen Hochschule»* im Namen aller Studierenden spreche. Wieviele Studierende dem Verein angehören, bleibt unklar, da der Verein sich weigert, eine Mitgliederliste herauszugeben. Die Begründung dazu findet sich im ersten Jahresbericht des Präsidenten, Guido Harold Hangartner: *«Zum Ersten aus Datenschutzgründen, zum Zweiten, weil ich nicht wollte, dass die Mitglieder des VSBC in der gleichen Weise drangsaliert werden, wie ich.»* Der VSBC erachte Peter Rutz als einen *«aufgeschlossenen und gesprächsbereiten Moderator/Koordinator»*, lässt der Verein am 23. September 1991 verlauten.

*

Für die Mehrheit der Churer Studenten und Professoren bleiben die durchgepaukten Veränderungen jedoch ein Skandal. So kann am Eröffnungstag des Studienjahres 91/92 – sonst jeweils ein Tag des Feierns – keine Freude aufkommen. In einem Communiqué der *«Studierenden der Theologischen Hochschule Chur»* wird der 15. Oktober 1991 als *«ein Tag wie jeder andere»* bezeichnet. Das Studienjahr habe wegen der *«Brisanz um das Priesterseminar St. Luzi (...) ausgelöst durch die Ernennung des Opus Dei-Priesters Dr. Peter Rutz zum Moderator/Koordinator des Priesterseminars»* lediglich mit einem *«schlichten Morgengottesdienst»* begonnen. Man mag die unerwünschten Veränderungen nicht auch noch feiern.

Im Dezember gelangen die haaskritischen *«Studierenden des Bistums Chur»* in einem Brief an den Papst. Es wird um ein klares, unmissverständliches Zeichen aus Rom gebeten, da Wolfgang Haas das seelsorgliche Gespür völlig abgehe und er für das Bischofsamt unfähig sei. In einer nachfolgenden Briefaktion an den Papst machen 45 der 51 Studierenden im Seminar Chur mit.

Auch der Abschluss des Studienjahres 91/92 sollte ohne offiziellen Gottesdienst stattfinden. Die Studenten wünschen zwar einen Gottsdienst, welchem alt Regens und Professor Josef Pfammatter vorstehen soll. Der neue Seminar-Moderator/Koordinator Peter Rutz jedoch gibt einem Gottesdienst ohne priesterliche Vertretung des Ordinariats keine Zustimmung. Die Stimmung im Seminar ist auf dem Nullpunkt.

*

Das Churer «Aggiornamento» weckt bei den Professoren der Hochschule die Befürchtungen, dass Ausbildungsniveau und internationaler Ruf der theologischen Hochschule Chur gefährdet sein könnten. Früher als ihnen lieb ist, sehen sie ihre Befürchtungen bestätigt. Der klerikale Nachwuchs rekrutiert sich nur noch aus haastreuen, konservativen Studenten. Chur wird zum Sammelbecken rückwärts orientierter Jungkleriker. Auch das theologisch-intellektuelle Niveau leidet.

Zwei Jahre nach den Umstrukturierungen bestätigt Josef Pfammatter, dass seine Kollegen sich über die mangelnde Vorbildung vieler Studenten in den unteren Semestern beklagten. *«Viele Studenten haben keine Matura und auch keine der Matura entsprechende Vorbildung»*, sind also, so Pfammatter, zu dürftig auf das Theologiestudium vorbereitet. In einem einzigen Jahr sollen beispielsweise Leute mit lediglich acht Jahren Volksschule – viele «Lauretaner» sind Ausländer – auf Maturitätsniveau getrimmt werden. Ein Ding der Unmöglichkeit. Einige dieser Kandidaten vermögen trotz «Lauretanum» den Vorlesungen an der Hochschule nicht zu folgen. Einer der Professoren wagt offen auszusprechen, dass einige dieser Jünglinge intellektuell hoffnungslos überfordert seien.

Daran ändert offenbar das lauretanische Vorbereitungsjahr überhaupt nichts. Das Niveau der Studenten erachtet Josef Pfammatter gegenüber der vor-lauretanischen Zeit gar als klar tiefer. Doch den Professoren sind hier die Hände gebunden. Sie haben keinen Einfluss auf dieses von Haas allein verwaltete Vorbereitungsjahr. Auch eineinhalb Jahre nach Einführung kennt Professor Franz Annen das Bildungsprogramm des «Lauretanums» nicht. Für Annen ist aber klar, dass die Zulassungsbedingungen für die Studenten in Chur wieder auf einen international üblichen Stand gebracht werden müssen. Denn: *«Chur hat heute eindeutig einen schlechten Ruf.»*

Die absolutistischen Strukturen – Wolfgang Haas steht nun allen wichtigeren Gremien persönlich vor – erleichtern es dem Churer Hirten, nicht nur romtreue und loyale, sondern auch möglichst viele Jungpriester hervorzubringen. Selbst Nuntius Karl Joseph Rauber ist aufgefallen, dass *«Bischof Wolfgang Haas möglichst viele Priester haben möchte»*. Um dies zu erreichen, wandeln die Churer Oberaufseher auch reichlich fragwürdige Pfade. Immer wieder weiht Wolfgang Haas Studenten, die nie oder nur kurz im Seminar St. Luzi wohnten. Die Professoren sehen sich vor die Tatsache gestellt, dass Jungpriester im Weiheverzeichnis auftauchen, die sie vom Studium her nicht kennen und ihnen auch sonst gänzlich unbekannt sind. Von zwölf in den letzten drei Jahren in Chur geweihten Priestern haben nur gerade fünf, ganz oder teilweise, in Chur studiert (Stand Juni 1993). Mehr als die Hälfte holt sich in Chur nur gerade die Priesterweihe. Teils stammen solche Studenten aus andern Schweizer Bistümern, teils aus dem Ausland. Sich in einem Fremdbistum weihen zu lassen, ist nicht verboten. Aber, so sagt Professor Franz Annen: *«Es waren auch Leute darunter, denen wir die Zustimmung zu einer Weihe hätten verweigern müssen.»* Die Professoren werden von Wolfgang Haas zu bevorstehenden Weihen jedoch nicht befragt. Dass seine eigenen Professoren von Priesterweihen im eigenen Haus nichts wissen, stört ihn nicht. Denn er tut nur, was er glaubt, tun zu dürfen: jeden weihen, den er weihen will. Auch der junge Peter M. hat keinen einzigen Tag in Chur studiert. Dennoch will ihn Haas partout zum Priester weihen. Doch dabei kommt es unerwartet zu Komplikationen – ausgelöst von Haas-Freunden.

*

Mitte Oktober 1992 versuchen Leute aus dem Umkreis einer konservativen, Bischof Wolfgang Haas grundsätzlich wohlgesinnten Gruppierung, Schweizer Radio DRS dafür zu gewinnen, die bevorstehende Priesterweihe des deutschen Staatsbürgers Peter M. zu verhindern. M. habe, so ihre Behauptung, lediglich *«gefälschte»* theologische Zeugnisse in seiner Tasche.

Man habe «Chur» darüber in Kenntnis gesetzt. Es scheine jedoch, dass die Weihe dennoch durchgeführt werden soll. Hinter solchen Machenschaften könne man bei aller Loyalität zu Bischof Haas nicht stehen, wird argumentiert, da dies römischen Bestimmungen und dem allgemeinen Moralkodex widerspreche.

Tatsächlich wird Peter M. am 24. Oktober 1992 im Churer Bischofspalast zum Priester geweiht. Eine Feier, so könnte man auf den ersten Blick meinen, wie sie in allen schweizerischen Bistümern üblich ist. Schon bald jedoch finden sich erste Anzeichen seltsamer Ungereimtheiten. Die Weihe von Peter M. findet weitgehend unter Ausschluss der Öffentlichkeit statt. Auf die übliche, offizielle Publikation in der *«Schweizerischen Kirchenzeitung»* (SKZ) wartet man vergebens. Auch als die SKZ die Bistumsleitung auf die fehlende Veröffentlichung aufmerksam macht, reagiert Chur mit Stillschweigen.

In Chur ist M. weitgehend unbekannt. Und auch die beiden Professoren Franz Annen sowie Josef Pfammatter wissen ein halbes Jahr später nichts von einer solchen Priesterweihe. Verdutzt müssen sie aber feststellen, dass im Weiheverzeichnis tatsächlich ein ihnen unbekannter Peter M. samt Weihedatum aufgeführt ist. Dass sie M. nicht kennen, überrascht nicht. Denn M. hat nie das Seminar St. Luzi in Chur besucht. Nach seinem Abitur und ersten theologischen Studien in Niederbayern wechselt M. 1988 in die konservativ-traditionalistische Priesterschmiede von Wigratzbad (D). Sie steht im Geiste des exkommunizierten Erzbischofs Lefèbvre, hält unter anderem an der Feier der alten, lateinischen Liturgie fest und lehnt die Beschlüsse des Zweiten Vatikanischen Konzils ab. 1990 verlässt Peter M. jedoch Wigratzbad, da er nach eigenen Angaben nicht auf diese alte Liturgie festgelegt werden will.

Durch die Vermittlung des Ex-Lefèbvrianers Martin R. kommt Peter M. im Herbst 1990 in die Schweiz, da Bischof Wolfgang Haas signalisiert habe, ihn als Priesteramtskandidaten aufzunehmen. Peter M. nimmt als Gast eines Priesters Wohnsitz in einem Vorort von Zürich. Da Peter M. seine theologischen Studien noch nicht abgeschlossen hat, stellt sich nun die Frage nach dem «Wo» und «Wie» seines Reststudiums. Darüber werden von Peter M. und von «Chur» teilweise widersprüchliche Angaben gemacht.

Der Leiter des Seminars St. Luzi in Chur, Peter Rutz, behauptet, Peter M. habe alle seine Studien an verschiedenen Institutionen in Deutschland absolviert und dort ein theologisches Abschlusszeugnis erlangt. Über die Namen der erwähnten Ausbildungsinstitute macht Rutz keine Angaben. Das sei keine Sache für die Öffentlichkeit. Er gebe diese Namen aus Interesse des Persönlichkeitsschutzes nicht preis. In der Schweiz habe M. dann fertigstudiert und sich auf die Prüfungen vorbereitet. Dieses Reststudium in der Schweiz erfolgte jedoch an keinem öffentlichen Bildungsinstitut. Peter M. habe auch *«kein Fernstudium»* absolviert, führte Rutz weiter aus, sondern sei von «Professor» Martin R. in einer Art Privatunterricht betreut worden.

Ganz anders tönt es von Peter M. selbst. Er erklärt im Gegensatz zu Peter Rutz, er habe dieses letzte Jahr Theologie ***«im Fernstudium»*** absolviert. Dies unter Anleitung von Martin R. Dieser ist geweihter Priester und bezeichnet sich als *«ehemaligen Professor»* von Wigratzbad. Martin R. jedoch bestreitet, Peter M. Privatunterricht erteilt zu haben. Er habe lediglich das Fernstudium von Peter M. begleitet. Das sei mit Bischof Wolfgang Haas so abgesprochen gewesen.

Peter M. gibt selber weiter an, dass auch der Prüfungsort mit Bischof Wolfgang Haas abgesprochen worden sei. M. legt seine Prüfungen, nicht wie zu erwarten gewesen wäre, an einer deutschen Schule ab, sondern in Holland. Und zwar an der *«Katechetenschool in Tilburg»*. An einer Schule übrigens, an der M. keinen Tag studiert hat. Die Federführung für diese Abschlussprüfungen übernimmt wiederum *«Professor»* Martin R.

Als der Seminarleiter Peter Rutz merkt, dass man vom holländischen Zeugnis Kenntnis hat, gibt er schliesslich zu, dass M. seine Prüfungen nicht in Deutschland, sondern in Holland abgelegt habe. Nachfragen ergeben jedoch, dass auch das nicht stimmt. M. legt seine Prüfungen unter Aufsicht von «Professor» Martin R. zu Hause in seinem Studierzimmer ab.

Dies wird von Martin R. bestätigt. Das holländische Institut habe die Prüfungsunterlagen in die Schweiz geschickt, wo sie dann von Peter M. ohne Aufsichtsperson des entsprechenden Institutes schriftlich ausgefüllt worden seien. Die Aufgabe von Martin R. sei es gewesen, die Haus-Prüfung zu überwachen und zu gewährleisten, dass Peter M. für diese Prüfungen keine unerlaubten Unterlagen verwende. Das holländische Institut habe diese Form der Prüfungsabnahme akzeptiert, erklärt Martin R. Die ausgefüllten Prüfungsunterlagen habe man dann nach Holland geschickt. Dort sei das Schlusszeugnis ausgestellt worden. Dass es kaum eine staatliche Schule gibt, die auf diese Art Prüfungen abnimmt, kontert Martin R. mit der Erklärung, dass besagtes Institut keine staatliche Schule sei, sondern eine rein innerkirchliche Institution. Und «Professor» Martin R. betont noch einmal, dass die Sache mit Bischof Haas abgesprochen worden sei.

*

Dieses innerkirchliche Institut in Holland stellt denn auch ein Abschlusszeugnis aus. Aus diesem Zeugnis geht hervor, dass Peter M. nach *«ordnungsgemässen Studium»* (sic!) an der *«Kath. Katechetenschool»* der *«Dogmatischen Unie e.V.»* in Tilburg (NL) am 7. Oktober 1991 theologische Abschlussprüfungen gemacht hat. Auch wenn das Zeugnis wohl keine Fälschung darstellt, wie dies besagte Kreise behaupten, so sind doch einige Dinge daran fragwürdig. Das Zeugnis enthält keinen offiziellen Kopf mit Signatur des entsprechenden Institutes oder Wappen der entsprechenden Stadt. Das Zeugnis trägt zwar den Stempel dieser «Katechetenschool». Es handelt sich dabei aber nicht um einen sonst üblichen Siegelstempel, sondern um einen normalen Adressstempel.

Nachforschungen in Holland haben ergeben, dass es sich hierbei tatsächlich um eine Privatadresse, nicht aber um ein öffentlich anerkanntes Institut handle. Jedenfalls sei eine »Katechetenschool der Dogmatischen Unie e.V.» nicht mit der staatlichen theologischen Fakultät der dortigen Uni verbunden. In Holland vermute man, dass diese Schule zu einer traditionalistischen Bruderschaft gehöre oder mit ihr verbunden sei, erklärt ein Professor der theologischen Fakultät Tilburg. Zudem sei der unterzeichnende Moderator in den staatlichen Institutionen weder auffindbar noch identifizierbar. Damit bestätigt sich, dass es sich hier, wie von Martin R. erklärt, um eine rein innerkirchliche, nicht aber staatliche Institution handelt. Dass hier also eine Schule Zeugnisse für Leute ausstellt, die weder dort studiert, noch dort die Prüfungen abgelegt haben, stellt – zumindest für schweizerische Ausbildungskriterien – den Wert solcher Zeugnisse in Frage.

Der Ball liegt in dieser Frage bei Bischof Haas. Dass die Entscheidung über eine Priesterweihe letztlich dem Ortsbischof obliegt, betont auch der Moderator des Priesterseminars St. Luzi, Peter Rutz. Rein kirchenrechtlich gesehen, könne der Bischof *«jeden weihen»*, den er für geeignet und genügend ausgebildet hält. Dies unabhängig der vorgelegten Ausbildungszeugnisse. Selbst eine gemäss Papieren zu dürftige theologische Ausbildung, selbst wertlose oder fingierte Zeugnisse wären, so Rutz, nach Kirchenrecht kein Weihehindernis. Doch hier macht es sich Peter Rutz allzu einfach. Das Kirchenrecht schreibt nämlich nicht nur *«umfassende und tiefe Kenntnisse»* in theologischen Fragen vor, sondern legt auch Ausbildungsdauer (6 Jahre), Ausbildungsinhalte (2 Jahre Philosophie, 4 Jahre Theologie) und einzelne Fächer (Moral, Dogmatik, Liturgik, Pastoraltheologie u.a.) zwingend fest. Überdies verlangt das Kirchenrecht auch, dass theologische Lehrer den Doktortitel oder zumindest das Lizentiat an einer anerkannten Studienstätte erlangt haben müssen – ein Umstand, der zumindest für «Professor» Martin R. nicht zutrifft. Denn genauere Nachfragen haben ergeben, dass Martin R. seit 1986 an der Universität Freiburg als Student eingeschrieben ist und zur Zeit der Ereignisse keinen Hochschulabschluss vorweisen kann. Martin R. verteidigt seinen «Professorentitel» damit, dass er in Wigratzbad einmal einen Lehrauftrag gehabt habe.

Das Kirchenrecht verlangt bei der Prüfung des Weihebewerbers ein Zeugnis des Seminardirektors, bzw. der Ausbildungsstätte über die für die Weihe erforderlichen Eigenschaften, die Rechtgläubigkeit, die Frömmigkeit, den Lebenswandel sowie die Eignung zum Priesterberuf des Kandidaten. Es stellt sich nun die Frage, wer dieses vom Kirchenrecht vorgeschriebene Zeugnis für Peter M. ausgestellt hat. Peter Rutz kann es nicht gewesen sein, weil Peter M. nie im Seminar Chur gewohnt hat. Der Leiter der ominösen «Katechetenschool» kann es ebenfalls nicht gewesen sein, weil Peter M. gar nie dort studiert hat. Diese heikle Frage hat Peter Rutz bis heute nicht beantwortet.

Trotzdem wehrt sich Peter Rutz vehement gegen den Vorwurf, das für Peter M. ausgestellte Zeugnis sei wertlos. Wenn im Falle von Peter M. von irgendeiner Seite der Vorwurf «wertloser» Zeugnisse erhoben worden sei, so Rutz, hätten diese Kreise vor der Weihe an «Chur» gelangen sollen. Dass genau dies von besagten Kreisen auch gemacht wurde, muss Rutz schliesslich zugeben. Der *«Fall M.»* sei ein *«Sonderfall»*, sagt Rutz wörtlich. Allerdings gibt Rutz zu, dass es *«momentan»* noch mehrere solche Sonderfälle gebe. Man sei jedoch bestrebt, so Rutz, diese abzubauen. Das ist auch dringend nötig.

*

Die Reaktion von Chur auf die Veröffentlichung dieser Geschichte in den Medien mag ein Musterbeispiel kurialer Reaktionsmuster darstellen. Chur reagiert sauer und dementiert sofort alles. Generalvikar Christoph Casetti bezeichnet das ganze als *«primitivsten Enthüllungsjournalismus»*, ohne jedoch auch nur einen einzigen Punkt der ganzen Geschichte sachlich widerlegen zu können. In amtsautoritärer Selbstsicherheit fordert er Beweise – falls solche überhaupt vorlägen. Auf das schriftliche Angebot, die Beweise vorzulegen – allerdings nur im Beisein der neuen Weihbischöfe –, reagiert Casetti vorerst gar nicht. Dass offensichtlich Beweise existieren, mag ihm einige Bauchschmerzen verursachen. Er lässt sich zwei Monate Zeit, bis er sich schliesslich in einem Brief auf den Vorwurf konzentriert, die Medien hätten aus Peter M. einen «Fall M.» gemacht. Freimütig gibt Casetti ein paar Zeilen weiter unten dann zu: *«Die Angelegenheit selbst kenne ich nicht in allen Details.»* Casetti tut also genau das, was er selber den Medien stets vorwirft: Er urteilt über Dinge, deren Sachverhalt er gar nicht kennt.

Als er sich schliesslich den drohenden Beweisen gegenüber sieht, kommt der entlarvende Rückzug. Plötzlich möchte sich Casetti *«mit dieser Angelegenheit nicht mehr unbedingt weiterbefassen»*. Seine Begründung: Es gebe in Kirche und Welt wichtigere Themen. Noch zwei Monate früher war es für ihn offensichtlich wichtig genug, öffentlich über eine Nachrichtenagentur Beweise einzufordern. Dieser Rückzug, der als unausgesprochenes Eingeständnis gewertet werden kann, wundert jedoch nicht. Denn nur so kann Casetti verhindern, dass der Fall M. nochmals Öffentlichkeit erlangt, dass die Churer Seminarleitung offen zu diesem diffusen Fall Stellung nehmen müsste. Vermutlich geht es Casetti auch darum, seinen Mitbruder und Leiter des Seminars St. Luzi, Peter Rutz, davor zu schützen, dass dieser nochmals in die öffentlichen Schlagzeilen gerät. Denn nur wenige Wochen nach der schriftlichen Rückzugserklärung Casettis wird Rutz von Wolfgang Haas zum Lehrbeauftragten für Philosophie an der Hochschule Chur ernannt.

Aber auch Peter Rutz selber spielt das genau gleiche Spiel. In einer Priesterratssitzung erklärt er nochmals, dass die ganze Geschichte nicht wahr sei. Als einer der Priester, ebenfalls im Besitze der Beweise, ihn vor allzu lockerem Umgang mit der Wahrheit warnt, krebst Rutz zurück. Der Fall M. ist ein Paradefall für die Churer Mechanik: Halbwahrheiten, Behauptungen, Dementis, Medienschelte, Wursteleien.

KAPITEL II

Bischof Wolfgangs Theo-Logik

Die Theologie hält viele Fettnäpfchen bereit

1. Glauben heisst Gehorchen

Wenn immer Bischof Wolfgang Haas öffentlich in Erscheinung tritt, äussert er sich meist zu Fragen der Amtsführung, zu Kompetenzen, Fragen des Kirchenrechts oder zum Amtsverständnis. Dann ist er getreuer Verwalter kirchlicher Paragraphen, Normen, Verbote und Gebote, Sachwalter kirchlicher Institutionen und Strukturen, Verteidiger römischer Dekrete und Anwalt der Amtskirche. Als Repräsentant dieser Amtskirche betrachtet er es als seine wichtigste Aufgabe, die römisch normierte Rechtgläubigkeit zu überwachen. Er mahnt zur Einheit und redet den Gläubigen ins Gewissen, den kirchlichen Normen unbedingt zu gehorchen. Er spricht viel von Verboten und unterstreicht seine Aufgabe, die Einhaltung dieser Verbote überwachen zu müssen. Er schwört seine Herde auf den neuen Weltkatechismus ein, verbietet bestimmte liturgische Formen und ist getreues Sprachrohr des römischen Oberhirten. Er erwartet von seiner Herde Respekt, Gehorsam und Folgsamkeit. Die Schafe, die sich – trotz dem kurialen Drohfinger – von der Herde entfernt oder sich verlaufen haben, sind selber schuld. Er hat sie ja gewarnt, so wie sie die Kirche schon immer gewarnt hat. Da macht sich keiner mehr auf, um die Randgruppen, die Ausgegrenzten und die Aufmüpfigen zu suchen. Denn sie bedrohen ja bloss die innere Ordnung. Wolfgang Haas hält sich lieber an die Gehorsamen und Treuen. Auch wenn er viel vom Willen spricht, für alle Gläubigen ein guter Hirte sein zu wollen, gelingt es ihm kaum, Nähe zu den Nöten und Sorgen der Gläubigen in den

Pfarreien zu schaffen. Wolfgang Haas dringt als Seelsorger nicht durch.

*

Auch der Theologe Wolfgang Haas ist nur selten greifbar. Lediglich zu Themen der Frömmigkeit, der Marienverehrung oder des Gebetes äussert er sich mit einer gewissen Regelmässigkeit und Inbrunst. Theologische Themen wie Gottesbild, Oekumene, interreligiöses Gespräch, biblische Textkritik oder moraltheologische Fragen werden von ihm höchstens kurz und allgemein, immer aber im Sinne der von der Kirche darauf gegebenen Antworten gestreift. Denn die wichtigen Fragen sind von der Kirche ein für allemal in Wahrheit beantwortet. Da gibt es nichts mehr zu fragen und nichts mehr zu diskutieren. Theologie heisst für Haas, diese Wahrheiten zu behüten und weiterzugeben. So mutet es fast wie eine rhetorische Leerformel an, wenn Haas in seinem Fasten-Hirtenbrief von 1993 unter anderem schreibt, dass *«wir die Wahrheit immer neu suchen»* müssen. Denn zu suchen gibt es nur die von der Kirche bereits gefundene und verwaltete Wahrheit.

Nur selten stellt sich Wolfgang Haas öffentlich einer Diskussion um theologische Fragen. Zwar hat er regelmässige Auftritte in konservativen Kreisen, oft organisiert von der papsttreuen Volksbewegung «Pro Ecclesia». Zwar leiht ihm die konservative katholische Presse stets ein offenes Ohr. Meist geht es aber in solchen Artikeln und Vorträgen ausschliesslich darum, die «richtige» Antwort der Kirche zu geben. Theologische Impulse, mit echten Auseinandersetzungen, mit Ansporn zum Weiterdenken und Weitersuchen, vermittelt Haas keine. In den wenigen Auftritten, in welchen er sich öffentlich auf theologische Fragen einlässt, tritt er auch schon mal arg ins Fettnäpfchen.

2. «Zeugen-Aussage» mit Folgen

So zum Beispiel im Herbst 1990, als sich Wolfgang Haas in einem Forum den Jugendlichen der Gemeinde Ibach stellt. Auf die Frage, warum nur Männer den priesterlichen Dienst am Altar versehen können, versteigt er sich in eine eigenartige biologisch-symbolische Heils-Zeugungs-Theologie, die in theologischen Fachkreisen nur Kopfschütteln auslöst.

Gott schuf Mann und Frau in ihrer je eigenen Ausprägung, eröffnet Bischof Wolfgang seinen menschenkundlichen Exkurs. Ein Mann könne, auch wenn er noch so möchte, nie Mutter werden. Diese «Rolle» sei der Frau übertragen. Umgekehrt obliege dem Mann die Zeugungsfähigkeit. Nur ein Mann könne also, biologisch betrachtet, zeugen, erklärt Wolfgang Haas den staunenden Jugendlichen. Nun sei aber auch der Priester, symbolisch betrachtet, ein «Zeuger». Denn die ureigenste Aufgabe des Priestermannes sei es, *«Heil zu zeugen»*, wenn er Eucharistie feiere. Daraus folgert Wolfgang Haas, dass deshalb nur ein Mann die priesterlichen Funktionen übernehmen könne, weil nur ein Mann von seiner natürlichen Bestimmung her grundsätzlich, nicht biologisch-wirklich, zeugungsfähig sei. Oder noch verkürzter gesagt: Das Priestertum bleibt den Männern vorbehalten, weil die grundsätzliche Zeugungskraft zum Mannsein gehört.

Abgesehen davon, dass diese gewagte und konfuse Verquickung von biologisch-natürlicher Anlage der Zeugungsfähigkeit und symbolischer Umsetzung im Priestertum als Heils-Zeuger als Argument für das Männer-Priestertum nicht weiterhilft, tritt Haas auch theologisch ins Fettnäpfchen. Denn die Aufgabe des Priesters ist es keineswegs, Heil zu zeugen. Mit einem kühnen gedanklichen Streich nimmt Wolfgang Haas es dem lieben Gott ab, das Heil selber auszugiessen. Er macht aus der priesterlichen Funktion der Heils*vermittlung* flugs eine Funktion der Heils*zeugung*.

Als sich Wolfgang Haas in der gemachten Aussage von den Medien falsch widergegeben fühlt, legt er seine Theologie in einem fünfseitigen Schreiben nochmals dar. Doch was eigentlich als Klarstellung gedacht ist, wird zur Bestätigung dessen, was die Medien verbreitet hatten. In jedem Manne liege die finale Bedeutung darin, Vater zu sein, schreibt er. Dies gelte auch für den Priester. Da aber justament der katholische Priester biologisch nicht Vater werden darf, verlegt Haas dieses Vater-Sein des Priesters in eine geistliche Sphäre. Jeder Priester, da in Ehelosigkeit lebend, gewinne eine *«andere Vaterschaft»*, eine mit *«universalem»* und *«generellem»* Profil. Oder einfacher gesagt: Da der Priester biologisch nicht Vater **eines** Menschen wird, wird er geistlich zugleich für **alle** Menschen Vater. Diese Väterlichkeit sei ein Wesensmerkmal des Priestertums. Und dann wiederholt Haas nochmals, was er schon in Ibach gesagt hatte: *«Der Priester als der 'Repräsentant Christi' zeugt gleichsam, in geistlicher Weise, das Heil Gottes in den Seelen der ihm Anvertrauten.»* Wieder spricht er also vom zeugenden Priester. Und wieder verknüpft er dieses «Zeugen» mit dem Mann-Sein des Priesters. Theologisch ist diese Aussage aber nicht haltbar. Die katholische Dogmatik versteht den Priester zwar als *«Repräsentant»* von Jesus Christus der Gemeinde gegenüber. Als Heils-Zeuger tritt er dabei jedoch nicht auf. Im Gegenteil. Die katholische Dogmatik sagt klar, dass das Heil *«durch die erlösende, befreiende und rettende Tat Gottes»* zustande komme (Lexikon der katholischen Dogmatik, Herder 1988, S. 236). Das Heil wird also nicht vom Priester gezeugt, sondern allein von Gott ausgegossen. Ein Priester, der selber Heil zeugen möchte, macht den Gottes-Dienst zum Gottes-Zwang.

Obwohl Bischof Wolfgang Haas die Zeugungsfähigkeit des Priesters nur symbolisch verstanden haben will, zieht er daraus dennoch naturalistische Konsequenzen. Denn er leitet unmittelbar aus seiner Zeugen-Theologie ab, *«dass nur Männer diesen Dienst ausüben können»*. Und mit dieser Schlussfolgerung, wie auch immer sie zustande kommt, weiss er sich in vollständiger Übereinstimmung mit der Kirchenleitung in Rom. Papst Johannes Paul II. lässt in diesem Punkt keine Zweifel offen: Die katholische Kirche kann und wird keine Frauen zum Priesteramt zulassen. Immerhin vermeidet es Rom, sich auf solch gewagte Begründungen einzulassen, auch wenn der Vatikan durch die moderne Aufbruchbewegung der Frauen sowie durch den Entscheid der Anglikaner, in ihrer Kirche jedoch die Frauenpriesterweihe einzuführen, in einen wachsenden Argumentationsnotstand gerät. In Rom sucht man weder neue Lösungen noch neue Argumente. Die Priesterweihe bleibt für Frauen schlicht tabu.

3. Glaubenskontrolle statt theologischer Diskussion

Dass Haas ein ausgezeichneter Kenner des Kirchenrechts, weniger jedoch ein glänzender Theologe sei, ist schon bald nach seinem Amtsantritt für viele Kleriker eine erwiesene Tatsache. Wieweit diese Behauptung zutrifft, mögen Theologen unter sich ausmachen. Sicher ist jedoch, dass Wolfgang Haas kein theologischer Debattierer ist. Die meisten theologischen Fragen sind für ihn *«nicht diskussionsfähig»*, weil sie von der Kirche genaustens beantwortet sind. Kein Wunder also, dass er den neuen Weltkatechismus fast euphorisch als ein *«Geschenk für alle»* begrüsst. Denn mit diesem Riesenwerk, in welchem die Glaubenswahrheiten und die Glaubenslehre der katholischen Kirche auf 600 Seiten zusammengefasst sind, hält Wolfgang Haas ein weiteres Argumentarium in der Hand, das ihm als Antwortfibel auf alle theologischen Fragen dient. In einem Hirtenbrief zum 1. Fastensonntag 1993, der, so will es eine extra hinzugefügte Fussnote, *«in allen Gottesdiensten zu verlesen»* sei – als Zeichen des Widerstandes haben viele Pfarrer bischöfliche Schreiben aus Chur in den Gottesdiensten nicht mehr verlesen -, schreibt Haas, dass der Weltkatechismus *«wie die Bibel in keinem Haus fehlen»* sollte. Und schon wenige Zeilen weiter wird auch klar, warum: *«Er ist die 'Magna Charta' für die lehramtstreue Verkündigung unseres gemeinsamen Glaubens.»* Der neue Weltkatechismus wird von Bischof Haas flugs zum Werkzeug der Glaubenskontrolle umfunktioniert. Denn Haas ruft seinen Gläubigen und allen *«Menschen guten Willens»* zu: *«Ihr habt das Recht und die Pflicht, all jene, die im Dienst der Glaubensverkündigung stehen, daraufhin zu befragen, ob deren Verkündigung mit dem übereinstimmt, was der Katechismus der Katholischen Kirche lehrt!* (...) *Ihr dürft alle, die im Namen und Auftrag der Kirche den Verkündigungsdienst innehaben, daraufhin ansprechen, ob sie in der*

Treue zur Glaubensbotschaft des Katechismus lehren! Ihr dürft diesbezüglich bei uns nachfragen: bei den Bischöfen, bei den Priestern, bei den Diakonen und bei allen Mitarbeitern und Mitarbeiterinnen in der Seelsorge und insbesondere in der Katechese!» Der Katechismus, so Haas weiter, sei ein Geschenk *«zur Überprüfung des Glaubens und der Glaubensverkündigung in Kirche und Schule, in Predigt und Unterricht, in Vorlesungen und Vorträgen, in Büchern und Schriften, in Presse und andern Medien.»* Deutlicher kann er es nicht sagen. Pfarrer, Laientheologinnen und Laientheologen, Katechetinnen und Katecheten, Professoren und Lehrbauftragte, Referentinnen und Referenten sowie Buchautorinnen und -autoren sollen auf moderne Art inquisitorisch auf ihre Rechtgläubigkeit hin befragt werden. Über allen Predigten, Vorträgen und Vorlesungen soll fortan der neue Weltkatechismus als Drohung der Disziplinierung schweben.

Doch Haas erhofft sich vom Katechismus noch mehr. Auch zur Problemlösung im Bistum Chur soll der neue Katechismus nämlich seinen Beitrag leisten. *«Ich bin überzeugt, dass das, was uns in der leidvollen Situation der Diözese nottut, nicht endlose Diskussionen und Debatten sind, sondern dass es gewissermassen ein heiliges Schweigen ist, bei dem wir gerade auf das hinhören wollen, was uns durch den neuen Katechismus gesagt wird»*, schreibt Haas in seinem Fasten-Hirtenbrief weiter. Doch gerade in bezug auf die Situation im Bistum Chur, glaubt nurmehr Bischof Haas, dass sich das Problem durch Aussitzen und das gläubige Hören auf den Katechismus lösen lässt. Solche Hoffnungen hat man selbst in Rom mittlerweile begraben. Derweil Haas nämlich diese Zeilen schreibt, wird in Rom kräftig an der Ernennung der beiden neuen Weihbischöfe gearbeitet. Rom weiss – zumal nach der Mission Rauber – genau, dass beten, warten und schweigen nicht mehr ausreichen.

Die freudige Aufnahme und die sofortige Vereinnahmung und Uminterpretation des Weltkatechismus zeigt, dass selbst die Romtreue eines Wolfgang Haas seine Grenzen hat und er durchaus gegenüber Rom in Eigenregie handelt, wenn er es für angezeigt hält. Denn der neue Weltkatechismus wurde von

Rom weder zur Kontrolle von Predigten und Unterricht, noch als «Magna Charta» der lehramtlichen Treue ausgearbeitet. Er ist von Rom auch nicht dazu bestimmt worden, in jedem Haushalt auf dem Bücherregal zu stehen. Denn der Weltkatechismus sollte in erster Linie den Bischöfen weltweit als Grundlage dienen, um daraus Ortskatechismen auszuarbeiten. Er ist also ein Arbeitsinstrument für die Bischöfe. Selbst in der Schweizer Bischofskonferenz ist man verärgert über die Haas'sche Interpretation des Jahrundertwerkes. In den beiden Bischofsstädten Solothurn und St. Gallen schüttelt man nur den Kopf.

Auch der neue Weihbischof und Generalvikar Peter Henrici spricht eine ganz andere Sprache. *«Im Katechismus geht es darum, Grundsätze klarzustellen. Wie diese Grundsätze in einzelnen Situationen (...) anzuwenden sind, das ist eine andere Frage, die in den Regionalkatechismen angesprochen werden muss»*, erklärt Henrici in einem Interview von Radio Grischa, welches die *«WELTWOCHE»* am 8. Juli 1993 abdruckt. Den Katechismus zur Messlatte der Rechtgläubigkeit zu machen und damit theologische oder kirchliche Verstösse ahnden zu wollen, ist gemäss Peter Henrici gar nicht möglich. *«Gegen den Katechismus kann man nicht verstossen, denn er ist kein Gesetz und auch kein Befehl»*, argumentiert der neue Generalvikar. Der Katechismus enthalte *«keine Weisungen»* und sei *«keine Gebrauchsanweisung für perfekte Christen»*. Damit sagt Bischof Henrici so ziemlich genau das Gegenteil von dem, was Bischof Haas über den Katechismus behauptet. Doch ihm wird von seinen Getreuen deswegen – wen wunderts – weder Ungläubigkeit noch Untreue gegenüber dem Papst vorgeworfen.

Auch der Theologe August Berz, als Übersetzer des Katechismus hervorragender Kenner von Inhalt und Ziel des Werkes, reagiert ungehalten über eine solche Auslegung. Für Berz wirke sie kontraproduktiv und sei Wasser auf die Mühlen der Katechismuskritiker. Haas funktioniere den Katechismus zu Unrecht zu einem reinen Regelwerk und Kontrollwerkzeug um und messe ihm dadurch einen viel zu hohen – und falschen – Stellenwert bei. Der Katechismus sei primär Leitfaden für die Autoren nationaler Katechismen. Selbst der Papst geht in seiner Aprobation nicht über das bereits Gesagte hinaus. Kein Wort davon, dass der Katechismus ab sofort zur obligatorischen Lektüre eines jeden Gläubigen gehören solle. Denn – und hier bleibt sich Rom trotz des sofort einsetzenden Verkaufserfolges selber treu – der Katechismus wurde nicht für das breite Gottesvolk, sondern für die Bischöfe sowie für die Verantwortlichen der Verkündigung konzipiert.

4. Kirchenrecht nur dort, wo es ihm nützt?

Kritische Rückfragen ergeben sich auch an den Kirchenrechtler Wolfgang Haas. In fast allen Lagen argumentiert er mit dem Rechtsbuch der katholischen Kirche, dem sogenannten *Codex iuris canonici* (CIC), der 1917 erstellt wurde und seit 1983 in revidierter Fassung vorliegt. Das Buch umfasst 1752 Paragraphen (Canones). Darin sind die Rechte und Pflichten von Klerus und Gläubigen sowie Weisungen und Normen über die hierarchische Verfassung, die Verkündigungsarbeit und die Strafbestimmungen der Kirche festgelegt. Wo immer Wolfgang Haas ein kirchenrechtliches Argument für die Rechtfertigung seiner Haltung findet, weist er darauf hin und wendet es an. Auffällig ist überdies, dass auch in seinem nächsten Umfeld, bei seinen engsten Mitarbeitern oft und gerne mit dem Kirchenrecht argumentiert wird. Die stereotype Antwort aus Chur lautet stets: *«Gemäss Kirchenrecht darf der Bischof dies.»*

Wolfgang Haas achtet bei allem, was er tut, fast penibel darauf, dass er es mit irgendeinem Canon aus dem Kirchenrecht legitimieren kann. Und als profunder Kenner dieses Rechts weiss er es auch auszunützen und anzuwenden. Auf diese Weise deckt er auf, was selbst vielen Kircheninsidern bis anhin kaum aufgefallen ist: Viele Bestimmungen im kirchlichen Rechtsbuch tragen, bei extensiver Auslegung, absolutistische Züge in sich und übertragen dem Bischof teilweise fast uneingeschränkte Entscheidungsgewalten.

Es gibt aber auch Ereignisse, die zeigen, dass Haas das Kirchenrecht nicht nur bis an die Grenzen strapaziert, sondern dort, wo es eher «gegen» ihn spricht, dessen Buchstabe auch mal grosszügiger auslegt oder mit andern, recht windigen Argumenten kirchenrechtliche Vorschriften übergeht. Nachdem Wolfgang Haas die Bistumsleitung übernommen hat, erklärt «Chur», dass zum Bischofswechsel keine Feier stattfinden werde. Dies obwohl im Kirchenrecht unter Kanon 382,4 festgelegt ist: *«Es wird sehr empfohlen, dass die kanonische Besitzergreifung mit einem liturgischen Akt in der Kathedralkirche geschieht, bei dem Klerus und Volk anwesend sind.»* Bischof Haas habe bereits bei seiner Weihe vor zwei Jahren als Koadjutor rechtmässig Besitz von der Diözese ergriffen, argumentiert die Bistumsleitung. Die von einigen Medien verbreitete Ansicht, man wolle durch das Aussetzen einer Feier in Chur öffentlichen Demonstrationen, ähnlich denen zwei Jahre davor, aus dem Wege gehen, wird von der bischöflichen Kanzlei als falsch abgetan. Dennoch mag man sich in Chur nur ungern an die damalige Situation erinnert haben, wo der Menschenteppich der Demonstrierenden die geladenen Gäste zur skurrilsten Akrobatik verurteilte und Haas selber schamhaft den Hintereingang benutzen musste. Die Angst vor einem zweiten solchen Desaster und der Wunsch, den Medien ein solches «Schauspiel» nicht noch einmal zu bieten, mögen mitgeholfen haben, dass der sonst stramme Kirchenrechtler diesen Paragraphen nicht erfüllen mochte.

Wie bereits dargelegt, nimmt es Wolfgang Haas im Fall von Peter M. gleich mit zwei kirchenrechtlichen Vorschriften nicht so genau. In Canon 1011 2 heisst es nämlich: *«Zur Weihespendung sind die Kleriker und die andern Gläubigen einzuladen, damit sie in möglichst grosser Zahl an der Feier teilnehmen.»* Die Weihe von Peter M. fand jedoch unter Ausschluss der Öffentlichkeit statt. Auch das vom Kirchenrecht verlangte Eignungszeugnis für die Priesterweihe, wurde im Fall von Peter M. vermutlich nicht ausgestellt. Auf die Frage, ob damit nicht der entsprechende Paragraph verletzt worden sei, reagiert Chur mit Schweigen.

KAPITEL III

Jesus wollte keine Frauen im Amt

Das theologisch ummäntelte Frauenbild von Wolfgang Haas

1. Auch im «Zweifels-Fall» konsequent bleiben

Am 19. Juni 1988 erlebt die Pfarrei Rhäzüns eine verbotene Predigt. Denn auf der Kanzel steht kein geweihter Priester und Diener Gottes, sondern die studierte Theologin und Ordensfrau Adelgard Zweifel. Sie hält ihre Abschiedspredigt. Nachdem sie drei Jahre lang die priesterlose Pfarrei Rhäzüns geleitet hat, muss sie den Chorraum verlassen. Chur will es so. Denn Frauen dürfen nicht predigen, da die Verkündigung aus geweihtem, sprich priesterlichem Munde zu erfolgen hat. Adelgard Zweifel wird erstes Opfer der kompromisslosen Haltung von Wolfgang Haas in der Frage der Laienpredigt. Was in andern Bistümern mit Erlaubnis der Bischöfe durchaus möglich ist, dass auch Nichtgeweihte (Laien) und somit auch Frauen predigen dürfen, will Haas unter Berufung auf Rom konsequent verbieten.

Doch bei Adelgard Zweifel dürfte auch noch ein anderes Faktum eine Rolle gespielt haben. Sie verbirgt nie, dass sie die Ernennung von Wolfgang Haas vor allem wegen dessen konservativer Haltung ablehnt. Diese für Haas offen zur Schau gestellte unloyale Haltung hat schon bald zur Folge, dass Adelgrad Zweifel in ihren Tätigkeiten eingeschränkt wird. In Gottesdiensten, denen Wolfgang Haas vorsteht, darf sie weder predigen noch die Fürbitten lesen. Bald wird sie vom damaligen Generalvikar Walter Niederberger und vom damaligen Bischofsvikar Christoph Casetti zum Verlassen der Pfarrei aufgefordert. Gegenüber der Öffentlichkeit erklärt Adelgard Zweifel, Haas habe sich ihr gegenüber klar gegen Frauen im Chorraum ausgesprochen. Eine Aussage, die Haas auch andern gegenüber gemacht haben soll. Ein Faktum, welches er selbst aber immer wieder bestreitet. Gegen Frauen im Chorraum habe er nichts einzuwenden. Allerdings macht er klar, dass Frauen dort lediglich marginale Funktionen erfüllen dürfen, dass priesterliche Funktionen dem Manne vorbehalten blieben. Deshalb gilt für Wolfgang Haas auch im «Zweifels-Fall»: konsequent bleiben.

Damit ist auch nach aussen ein klares Zeichen gesetzt. Vor allem die kirchlich engagierten Frauen bekommen unmissverständlich zu spüren, dass Wolfgang Haas seine Ankündigungen in bezug auf die Frauen in der Kirche auch umsetzen wird. Viele Theologinnen werden bald ähnliche Erfahrungen machen. Teils mit Bischof Haas selber, teils mit haastreuen Pfarrherren in ihren eigenen Gemeinden. Doch bleibt die Not dieser Frauen in den allgemeinen Ereignissen rund um Chur für die Öffentlichkeit eher eine Randerscheinung. Einige mutige Leserinnenbriefe sorgen dafür, dass die Medien auf die Problematik aufmerksam werden und immer wieder die für die Kleriker mittlerweile leidige Frage nach der Frau in der Kirche stellen. Auch engagierte Haas-Kritiker beachten die Frauenfrage oft nur wenig. Die Frauen haben kaum Foren, in welchen sie laut und hörbar auf ihre Anliegen aufmerksam machen können. Die bischöflichen Beratungsgremien sind überwiegend mit Männern besetzt. In der Bistumsleitung, wo Entscheide gefällt werden, gibt es zwar viele Röcke, aber keine Frauen. Die Frauen haben keine Lobby in der Kirche.

2. Frauen-, Kirchen- und Gottesbild sprechen für den Mann

Natürlich ist für die Situation der Frauen in der katholischen Kirche nicht Bischof Wolfgang Haas verantwortlich zu machen. All die unerledigten Dossiers in Sachen Frauenfrage liegen in Rom und nicht in Chur. Die meisten dahinter verborgenen, ungelösten Fragen sind nicht auf Bistumsebene lösbar, liegen also nicht in der Entscheidungskompetenz von Bischof

Haas. Auch dem aufgeschlossensten Bischof bleibt es verboten, Frauen ins Diakonenamt aufzunehmen oder sie gar zu Priesterinnen zu weihen. Deshalb gehört es zur intellektuellen Redlichkeit, von Bischof Wolfgang Haas nicht Dinge zu verlangen, die sich seinem Kompetenzbereich entziehen.

Umgekehrt muss gesagt werden, dass Rom den Ortsbischöfen in vielen Fragen einen gewissen Spielraum offenlässt. Mutigere Bischöfe werden aus pastoraler Klugheit heraus diesen Freiraum nutzen. Denn es liegt am Ortsbischof, die römischen Vorgaben auf die örtliche Situation zu übertragen. Andere übernehmen, buchstabengetreu, für ihr eigenes Bistum das, was Rom vorgibt, selbst wenn es örtlichen Gegebenheiten zuwiderläuft. Solche Bischöfe verstehen sich mehr als Vollstrecker der römischen Einheit. Ohne Zweifel gehört Wolfgang Haas zu denjenigen Bischöfen, welche römische Vorschriften meist enger auslegen als Rom sie gemeint hat. Doch der Kirchenjurist Haas lässt sich nicht beirren. Er will den Buchstaben römischer Vorschriften erfüllen. Denn festgeschriebene Gesetze, die nicht exakt eingehalten werden, würden sonst zu Gummi-Paragraphen. Und von solchen will Haas nichts wissen.

Das Zusammenspiel von Frauen-, Kirchen- und Gottesbild sowie der Gehorsam gegenüber Rom machen Wolfgang Haas zum Männermissionar für die katholische Kirche. Er will die Frauen wieder auf ihren angestammten Platz in der katholischen Kirche verweisen: weg vom Altar, weg von der Kanzel, weg von der Verkündigung, weg von Sakramentalien, zurück in die Unterrichtsstuben, in die Jugendlokale, in die Pfarreisekretariate und Pfarrhausküchen. Darin sieht er weder Willkür noch Diskriminierung, sondern die Erfüllung des göttlichen Schöpfungsplans. Denn Gott selber ist es, der den Frauen andere Aufgaben zugedacht hat. Und sein Diener Wolfgang Haas ist dazu berufen, diese Ordnung wiederherzustellen.

Er ist überzeugt, dass es der Würde der Frau widerspricht, wenn diese – dem Manne gleich – nach dem Priestertum strebt. Denn Gott selber ist es, der Mann und Frau in verschiedenen Rollen sehen will. Um diese «*symbolische Rolle der Ge-*

schlechterdifferenz» herauszustreichen, zitiert Wolfgang Haas in einem Schreiben die Theologin Barbara Albrecht, die im Manne das Haupt-Sein und in der Frau das Gehilfin- und Leib-Sein sieht: *«Haupt-Sein ist ein Bild, das (noch einmal sei es gesagt: ohne jede Wertung!) etwas von der Eigenart des Mannes auszudrücken versucht: seine Kraft zum Leiten und Regieren, zum zweckbezogenen Reflektieren und sachlichen, rationalen Planen eines Werkes; seine Eignung zum Ausblick und Ausgriff in die Welt, sein `Pfeil'-Sein, seine Einstellung auf das `Ideenmässige', seine Kraft zur Abstraktion und Spekulation. `Leib'-Sein hingegen ist ein Bild, das die Frau als Jungfrau, Braut und Mutter beschreibt, ihre Nähe zum Empfangen und Gebähren, zum Leben, zur Natur, zur `Mutter' Erde.»* Haas stimme daher der Meinung von Barbara Albrecht zu, *«dass es eine Verkennung der eigentlichen Würde der Frau ist, wenn diese nach dem Priestertum strebt.»* Schon Christus habe eben nur Männer zum Apostelдienst berufen und das Abendmahlsereignis sei eine reine Männersache gewesen, argumentiert Wolfgang Haas. *«Gerade Maria, seine Mutter, welche als erste von ihrem Sohn hätte sagen können: `Das ist mein Leib', ist im Abendmahlssaale nicht dabei. Der Herr beruft sie nicht zum priesterlichen Dienst der Eucharistie»*, heisst es im bischöflichen Schreiben wörtlich. Wolfgang Haas leitet daraus ab, dass Christus in diesem Moment keine Frauen dabei haben wollte.

Die Frau hat also *«Leib»*, hat *«Jungfrau, Braut und Mutter»* zu sein. Sie muss empfangen und gebären, muss dienen und demutsvoll annehmen. Der Mann jedoch hat zu leiten, zu handeln, zu regieren. Er hat zu planen und zu reflektieren. Er muss in die Welt ausgreifen. So hat es die Schöpfung, Gott selber, vorgesehen. Für Wolfgang Haas ist es deshalb auch göttliche Bestimmung, dass die Frau nicht zum Priesteramt zugelassen werden kann, zu einem Priesteramt, welches demnach wesentlich aus leiten, planen und regieren besteht. Für Haas ist klar: Gott will dies ebenso wenig wie Jesus. Ein Faktum, an welches man sich, will man die Bibel nicht verraten, auch heute noch zu halten habe. Eine Theologie, die beispielsweise auf einen

Schlag alle evangelisch-reformierten Kirchen des Verrats an der Bibel bezichtigt, da sie die Ordination der Frau kennen.

*

Dass dies bei weitem nicht alle Theologen so sehen, stört Wolfgang Haas nicht. Dass es die allermeisten Theologinnen ebenfalls anders sehen, beachtet er nicht. Dies lässt vermuten, dass diese angeblich göttliche Einrichtung ihm nicht ungelegen kommen mag. Denn Frauen stellen einen oft unberechenbaren Faktor dar. Sie sind oft unbequemer, stellen mehr Fragen, denken nicht in männlichen Kategorien und zeigen nicht selten in kirchlichen Schwierigkeiten mehr Rückgrat als mancher Priester. Ihnen ist mit männlich-klerikaler Logik oft nicht beizukommen. Sie lassen sich oft nicht einbinden in dieses System männlicher Ordnung. Auch lassen sich viele Frauen weniger schnell einschüchtern von der Amtshierarchie. Solche Formen natürlicher Autorität, weiblicher Stärke wirken sub-versiv. Frauen können sich oft besser auf das Chaos, die Unordnung, die Bewegung – und somit auf das Leben – einlassen. Das macht vielen Priestern Angst. Es trifft sie an ihrer schwachen Stelle: sich durch das sogenannt «schwache» Geschlecht herausfordern zu lassen. Der typisch klerikale Reflex ist der, dass man sich auf die Amtsautorität zurückzieht, Befehle oder Anordnungen auf die kirchliche Rechtsstruktur abstützt und so jeder Form von Fragen, Aufbrüchen oder Neuerungen zuvorkommt. Damit wehren sie die eigene Angst ab. Doch zugeben werden sie dies nie können. Deshalb umhüllen sie ihr Verhalten mit dem Deckmantel theologischer Argumentation.

Da mag es für sie schon mal tröstlich sein, dass anscheinend selbst der liebe Gott gar nicht will, dass Frauen im kirchlichen Amt als gleichberechtigte Menschen in unseren Pfarreien stehen. Umgekehrt will und kann auch ein Wolfgang Haas nicht auf die Arbeit von Frauen in der Kirche verzichten. Und an der ihnen zugedachten Stelle haben sie ja durchaus ihren Platz in der Kirche. Ja, mehr noch, sind sie gar von unersetzlicher Wichtigkeit. Ein Faktum, welches zu betonen die meisten Kleriker nie müde werden. Von der Pfarreisekretärin über die Religionslehrerin, zur Pastoralassistentin werden die weiblichen Betätigungsfelder in der katholischen Kirche hervorgestrichen. Nicht zu vergessen all die wichtigen Arbeiten von Pfarrhaushälterinnen. Da schreibt Bischof Joseph Candolfi doch einmal über die Wichtigkeit des vor-evangelischen (!) Wirkens der Haushälterinnen in den Pfarrhäusern in vollem klerikal-entblössendem Ernst: *«Wenn der Priester nicht da ist, ist deshalb noch nichts verloren; besser als ein automatischer Telephon-Beantworter stellt die Haushälterin die Verbindung zum Nachbarpfarrer her. Dieser kirchliche Dienst ist unbezahlbar.»* Mann weiss also Frauenarbeit in der Kirche durchaus zu schätzen.

Und so wird weiter wortreich über den wichtigen Dienst der Frauen schwadroniert. Da werden die Frauen – meist für kurze Predigtmomente – sogar auf die gleiche Stufe des Priesters gestellt. Auf die Stufe des Dienens nämlich. Denn auch die Aufgabe des Priesters sei ja nichts weiteres als ein Dienst am Ganzen. Nebenher wird verschämt verschwiegen, dass es in Tat und Wahrheit nicht selten um das Bedienen der Diener Gottes geht. Um sich aber mit gutem Gewissen bedienen zu lassen, stellen viele Kleriker ihre Macht als Dienst dar – und sprechen deshalb soviel davon, weil sie es selber nicht glauben. Der Frau aber muss es genügen, Dienerin der Diener Gottes sein zu dürfen – und dies in vielen Formen. Bei einem solchen Angebot an Möglichkeiten sieht Bischof Haas partout nicht ein, warum die Frauen nach mehr drängen. Die Frauen wiederum fühlen sich bei solcher Argumentation nicht nur nicht ernst genommen, sondern vom Bischof anmassend übergangen. Die Frauen wollen nicht von Bischof Haas in ihren Aufgaben und ihrem Tun definiert sein. Das jedoch begreift Haas nicht.

3. Barocke Versteinerung

Die Frauen, ihrerseits von der katholischen Kirche schon grundsätzlich diskriminiert – Weihen und damit Priester- oder Bischofsamt bleiben ihnen weiterhin verwehrt –, fühlen sich von der hierarchischen Machtdemonstration rund um den Fall Haas besonders verletzt. Die Churer Ereignisse sind für sie Ausdruck der grundsätzlichen hierarchischen Willkür, wie sie sie von der katholischen Kirche generell erleben und der sie ohn-mächtig ausgesetzt sind. Die Frauen nehmen die Kirche als eine überheblich auftretende Institution wahr. Ihr Repräsentant Wolfgang Haas verkörpert ein Kirchenbild, das ihnen fremd und unheimlich ist. Denn das Auftreten des neuen Bischofs, in Glanz, Purpur und andächtigen Bewegungen mag für viele Frauen die *«Arroganz in der Wortwahl»*, trotz *«barocker Sprache»*, nicht verbergen, wie eine Theologin es ausdrückt. Die *«versteinerte Unbetroffenheit»* macht sie frieren. Sie haben kein Verständnis für die wohlabgewogene kirchliche Diplomatie, für das klerikale Spiel der männlichen Hierarchie oder für die mitbrüderlichen Sanftheiten, hinter der die Kleriker ihre Machtentscheidungen verbergen. Das Kirchenbild, welches Wolfgang Haas verkörpert, ist für viele Frauen nicht nur vorkonziliär, sondern reicht gar vor die französische Revolution zurück. In eine Zeit, wo Thron und Altar, Fürst und Bischof noch ungestört von der aufmüpfigen Basis Entscheidungen mit absolutistischer Machtfülle treffen konnten. In eine Zeit auch, wo rauschende Roben, Glimmer, Farben und Hoheitsinsignien mehr zählten als die Sorge um die Gläubigen oder das kärgliche Leben der Bürgerinnen und Bürger. In eine Zeit, wo die triumphierende Kirche (ecclesia triumphans) ihre Machtfülle gerade auch in der pompösen Erscheinung ihrer Repräsentanten zur Schau stellte. In eine vergangene Zeit eben.

Für viele Frauen ist Wolfgang Haas ein theatralischer Mensch. Sein überbetontes Zeremoniar-Gehabe wirkt für sie seltsam unnatürlich. *«Der kann nicht einmal eine Seite eines Buches normal umblättern»*, meint eine Theologin. Die manieriert-fromme Gestik, das überandächtige Ineinanderlegen seiner Finger, die fast aufreizende Freundlichkeit, das stete Lächeln, das nette Gehabe, das alles empfinden viele als aufgesetzt und künstlich. Vor ihnen steht ein Mann, dem ein wichtiger Bereich der Lebensempfindungen abzugehen scheint:

keine Wut, keine Trauer, keine Enttäuschung. Muss ein Bischof wirklich so sein? Oder muss er nicht ganz anders sein? Vielen Frauen erscheint diese Berufssanftheit als ungesund. Vielen macht diese scheinbare Unempfindlichkeit gegenüber Schmerz und Verletzungen Angst.

Hinter dieser freundlich-undurchdringlichen Maske erleben die Frauen jedoch einen andern Menschen. Einen Menschen, der mit seinen gleichermassen sanften und harten Entscheidungen mehr Verletzungen anrichtet, als er es mit lauten und zornigen Worten könnte. Mehrere Theologinnen müssen sich vom lächelnden Bischof Haas belehren lassen, dass das «Frauenproblem» in der katholischen Kirche gelöst wäre, wenn sie nur selber ihre ureigenste Aufgabe wahrnehmen würden: Schenken Sie möglichst vielen Kindern das Leben, dann ist das Frauenproblem in der katholischen Kirche gelöst, rät er einer Theologin. Eine Reihe religiös erzogener Kinder ist für Haas das Wichtigste. Denn Nachwuchs braucht sie, die katholische Kirche. Zumal sie das Handicap hat, dass sie neue Kleriker immer aus dieser Geburtsarbeit der Frauen rekrutieren muss. Eine andere Theologin erhält von Wolfgang Haas den Rat, ins Kloster zu gehen, wenn sie schon nicht Mutter werden wolle. Mutter oder Nonne. Für den Klerus ist das egal. Beide Funktionen sind klar definiert und bedrohen sie in ihrem männlichen Amt nicht. Die Frau als gleichberechtigte Partnerin, die Frau als Frau gibt es für Wolfgang Haas nicht.

Es muss hier betont werden, dass diese Sicht der Frau von nicht wenigen Gläubigen durchaus geteilt wird. Entsprechend erleben Theologinnen, die es wagen, in der Kirche mitreden zu wollen, oft primitivste Anwürfe aus solchen Kreisen. Viele haastreue Frauen vergöttern das Amt, die geweihten Hände, die Würde, den Nimbus der jungmännlichen Reinheit, der sich in allzuvielen Fällen als reine Illusion entpuppt. Ein Umstand, der bis in die Bistumsleitungen hinein bekannt ist, und nicht einmal dementiert, aber oft verdrängt wird. Und dort, wo er wahrgenommen wird, senkt sich der Schleier des Verschweigens. Der Schein muss gewahrt bleiben.

Aus dieser Konstellation heraus ist es verständlich, dass besonders auch die Frauen auf die Ernennung von Wolfgang Haas zum Koadjutor und zwei Jahre später auf seine Übernahme der Bistumsleitung äusserst heftig reagieren. Tagelang hagelt es Proteste. Frauenvereine, -verbände und -gemeinschaften aller Couleurs äussern sich ablehnend und besorgt über die Ereignisse. Der Katholische Frauenbund wird gar bei der Bischofskonferenz vorstellig. Der katholische Frauenbund Nidwaldens fordert die Abberufung von Wolfgang Haas. Die Präsidentin der CVP-Frauen Schweiz, Ruth Grossenbacher, schlägt zur Lösung der verfahrenen Situation im Bistum Chur eine Tagsatzung oder eine Synode vor. Doch der Versuch, mit alten demokratischen Mitteln das Problem anzugehen, stösst bei Wolfgang Haas auf Ablehnung. Wie alle andern Proteste verhallen auch die Frauenproteste wirkungslos.

Auch die Kritik von Pastoralassistentinnen und anderweitig in der Seelsorge tätigen Frauen in bezug auf die von Haas kompromisslos verfolgte Vorherrschaft der Männer in kirchlichen Ämtern bleibt ohne Wirkung. Dabei geht es nicht nur um die ablehnende Haltung von Haas in Sachen Ordination der Frauen zu Priesterinnen, sondern auch um den Versuch, in den Pfarreien selbstverständlich von Frauen ausgeübte Dienste wieder mehr auf die Männer zu übertragen. Kopfschütteln lösen beispielsweise die Bestrebungen aus, den Ministrantendienst wieder ausschliesslich den Knaben zu erlauben – und dies zu einem Zeitpunkt, in welchem selbst Rom den Mädchen diesen Dienst offiziell zugänglich machen will.

Die Situation für kirchlich engagierte Frauen verschlechtert sich im Bistum Chur zusehends. Immer mehr Theologinnen erleben auf Pfarreiebene, dass sie zurückgebunden werden. In mehreren Pfarreien entbrennen bereits vor Jahrhunderten ausgefochtene und in vielen Pfarrhäusern zu beliebten scholastischen Witzsujets gewordene Dispute neu. Im glarnerischen Näfels bricht der neue haastreue Pfarrer einen Streit vom Zaun, weil die Pastoralassistentin seiner Meinung nach während eines Gottesdienstes zu nahe am Altar stand. Allen Ernstes wird danach – in Metern und Zentimetern – über die kanonisch nötige Distanz einer Frau zum Altar diskutiert. Man debattiert darüber, ob die Frau – ungeweiht wie sie ist – das heilige, vom Priester gewirkte Geschehen nicht beeinflussen oder stören könne. Die Wandlung von Brot und Wein in den Leib und das Blut Christi – ein Geheimnis des Glaubens, wie die Katholiken es in jedem Gottesdienst betend nennen – wird von eben diesen Altarhütern zu einem magischen Handeln des Zauberpriesters degradiert, bei welchem eine Frau mit ihren ungeweihten Interferenzen dem Geschehen die Würde nehmen könnte. Bei Fernsehgottesdiensten muss der Zeremoniar darauf achten, dass Frauen genügend weit vom Altar wegstehen, da durch die fehlende Tiefenschärfe des Fernsehbildes mitunter der falsche Eindruck entsteht, die Theologin stehe während der Wandlung direkt neben dem Priester, was jeweils eine wütende Briefaktion rechtgläubiger Katholikinnen und Katholiken nach sich zieht.

In mehreren Pfarreien ziehen sich die Pastoralassistentinnen aus ihrer Arbeit zurück oder wechseln das Bistum. Anfang der neunziger Jahre arbeiten im grossen Bistum Chur nur noch acht Pastoralassistentinnen. Denn die Arbeit in den Pfarreien wird immer schwieriger. Statt über wichtige Fragen von Jugendpastoral oder Firmalter zu diskutieren, wird in Dekanatsversammlungen breit und ausgiebig gestritten, wo genau das Messbuch auf dem Altar zu liegen habe. Katechetinnen erleben es, dass Pfarrer sich weigern, einen Gottesdienst zu feiern, weil sie mit einem der vorgeschlagenen Lieder nicht einverstanden sind. Sie erleben, dass junge, haastreue Pfarrer eigenmächtig in ihre Arbeit eingreifen und dreinreden. Eine Katechetin wird gar von ihrem Pfarrer unter Druck gesetzt, ein einem Journalisten gegebenes Interview zurückzuziehen. Als sie sich weigert, erteilt ihr der Pfarrer Hausaufgaben, die darin bestehen, über ihre Schuldhaftigkeit und ihren Ungehorsam nachzudenken. Als sich die 50jährige Frau, seit über 20 Jahren als Katechetin tätig, davon nicht sonderlich beeindruckt zeigt, taucht schliesslich der Pfarrer noch vor der Haustüre auf und lässt sich nach über einer

Stunde erst abwimmeln, als der Ehemann eingreift. Andere Frauen erleben, dass sie von den Männerhierarchen schlichtweg ignoriert werden. Ein Umstand, den viele schon bei Haas-Vorgänger Johannes Vonderach zu spüren bekommen. Da bereitet eine Katechetin ein Jahr lang ihre Schülerinnen und Schüler auf das Sakrament der Firmung vor. Am Firmtag steht sie beim Volk in den Kirchenbänken. Der Klerus ist vorne, zelebriert die Feier. Wortreich bedankt sich der Pfarrer beim Bischof als Firmspender, beim Kirchenchor und beim Organisten. Die Katechetin vergisst er. Vielleicht hat er ein schlechtes Gewissen. Denn zum anschliessenden gemeinsamen Mittagessen im Pfarrhaus muss er sie wieder ausladen, da Hochwürden nicht mit einer Katechetin am gleichen Tisch zu dinieren gedenkt.

*

Doch es liegt beileibe nicht immer an den Bischöfen. Viele Pastoralassistentinnen erleben plötzlich die eigenen Pfarrer als rückwärtsorientierte Bremser. Einerseits weil sie den Mut nicht aufbringen, weiterhin zu tun, was bisher getan wurde, andererseits, weil sie plötzlich mit haastreuen Priestern konfrontiert sind. Triumph der Churer Personalpolitik. Da versuchen Pfarrer – dem Frieden zuliebe – ihre Pastoralassistentinnen davon zu überzeugen, dass sie doch auf die Lesung des Evangeliums – sie sollte geweihtem Munde vorbehalten bleiben – von nun an verzichten sollen, da sonst der Krach mit Chur vorprogrammiert sei. Viele Theologinnen sehen sich dabei plötzlich von ihren eigenen Vorgesetzten im Stich gelassen. Der Druck von oben macht viele Pfarrer zu Angst-Haasen. Die Enttäuschung darüber ist bei den Frauen gross. Denn bei vielen Pfarrern ist zu spüren, dass sie es mit Chur, trotz Kritik, nicht verscherzen wollen. Man will ja vielleicht noch Dekan werden oder hat sonstige Ambitionen, für die man ein tolggenfreies Reinheft vorweisen muss. Bittere Erfahrungen für viele Theologinnen.

Andere Theologinnen merken plötzlich, dass sie zwar einen haaskritischen Pfarrer als Chef haben, der jedoch auf Pfarreiebene sich exakt analog zur Bistumsleitung in Chur gebärdet. Keine Diskussionen. Ich bin der Pfarrer. Das Patriarchat von Wolfgang Haas ertragen sie nur deshalb nicht, weil sie selber so sind.

Viele Gemeinden ihrerseits klammern sich an dieses alte Bild des Priesters. Noch heute sind viele Gemeinden nur zufrieden, wenn sie einen geweihten Priester bekommen. Diakone, Laientheologen und -theologinnen werden zwar als pastorale Schwerarbeiterinnen durchaus willkommen geheissen. Doch für den feierlichen sonntäglichen Akt wünscht man sich doch geweihte Hände. Das führt zur seltsamen Situation, dass einzelne Priester Sonntag für Sonntag einen Sakramentenmarathon in bis zu sieben Gemeinden absolvieren müssen, um rasch die Wandlungsworte sprechen zu können, derweil die pastoralen Bezugspersonen nichtstuend daneben stehen. Einzelne Gemeinden fühlen, dass dies nicht der Sinn des jesuanischen Abendmahls gewesen sein kann. So kommt es da und dort zu Veränderungen. Man lernt priesterlose Gottesdienste zu feiern, entdeckt neue-alte Formen des gemeinsamen Gebets, gemeinsamer liturgischer Formen, denen nicht ein Priester vorstehen muss, gewichtet die Gemeinschaft wieder höher als früher und begibt sich, wie kürzlich die Pfarrei Bülach, oft sogar an die Grenzen des pastoralen Ungehorsams. Eine Petition mit 1000 Unterschriften verlangt nämlich, dass die Gemeinde den heiratswilligen Priester behalten darf. Ein Umstand, den Rom absolut verbietet und auch der Ortsbischof nicht ändern kann. Ein Umstand aber auch, der zeigt, dass die Gemeinden von fremden Sakramentenspendern nichts mehr wissen wollen und mit ihrem Ansprechpartner, ihrer Bezugsperson zusammenleben möchten. Andere Gemeinden überlegen sich allen Ernstes, ihren verheirateten Diakon offiziell zu ihrem Pfarrer zu wählen. Die Basis wird – aus der Not heraus – die kirchlichen Gesetze sprengen.

5. Personelles Problem offenbart Strukturschwächen

Bald bricht der Streit darüber aus, ob der Fall Haas ein personelles Problem oder ein strukturelles Problem darstelle. Während die einen sich überzeugt geben, dass die Misere an der Person und am Verhalten von Wolfgang Haas festzumachen sei, sind die andern überzeugt, dass es im Grunde genommen die Strukturen der katholischen Kirche sind, die eine solche Situation überhaupt erst ermöglichen. Diese Diskussion läuft auch unter Frauen. Und sie läuft, gerade weil Frauen eine grössere Distanz zu Amt und Würden haben, offener und ehrlicher. Denn viele Kleriker, obwohl durchaus haas- und kirchenkritisch eingestellt, schrecken doch davor zurück, die Churer Problematik als Strukturproblem der Institution Kirche zu sehen. Denn solches würde auch die eigene Position, den eigenen Einsatz, das eigene Leben in Frage stellen. Doch dafür sind auch haaskritische Pfarrer zu sehr Teil dieser Institution. Und auch Nuntius Karl Joseph Rauber zögert bei dieser Frage keinen Moment: *«Die Churer Situation ist schon eher ein personelles Problem, weniger ein strukturelles, denn ein Bischofsamt kann man nicht anders handhaben, ein Bischof ist nun mal Leiter eines Bistums.»* Männer, insbesondere Kleriker, sind in dieser Diskussion also eher bereit, die Misere allein bei der Person von Wolfgang Haas festzumachen. Viele Theologinnen jedoch sind überzeugt davon, dass sich hier eine unselige Verknüpfung von personellen Eigenheiten mit strukutrellen Gegebenheiten zu diesem Konflikt ausgewachsen hat. *«Durch das Verhalten von Wolfgang Haas werden die strukturellen Mängel der katholischen Kirche schonungslos offenbart»*, erklärt eine Theologin.

Mit den strukturellen Mängeln meinen die Frauen vor allem zwei Punkte: das Problem der Macht, gegeben durch die Weihen, und das Problem des römischen Zentralismus. Viele Frauen spüren, dass es nicht wenige Pfarrer und Bischöfe gibt, die die Weihe als Machtinstrument einsetzen. Das Selbstverständnis des zölibatären Priesters ist heute noch in einem «Mehr-Sein», in einem Gefühl der «Besonderheit» verankert. Der Mann erkauft sich diesen Sonderstatus mit dem Pflichtzölibat, also durch den Verzicht auf Ehe und Familie. Man geht einen eigentlichen Tauschhandel ein. Man handelt sich mit den Qualen der Einsamkeit – und diese Qualen sind für viele Priester sehr gross -, mit dem Verzicht auf Familie, Ehe und Nachkommenschaft den Status des Erhobenen, des Besonderen ein.

Kein Wunder, dass viele Priester, die selbst sich negativ über den Pflichtzölibat äussern – und ihn teilweise auch brechen -, ihn dann wieder verteidigen, wenn es um die Frage der Priesterweihe von verheirateten Männern oder Frauen geht. Da entfährt schon mal einem Priester die bange Frage: Ja, wozu habe ich dann all dies auf mich genommen, wenn es nun plötzlich «billiger» zu haben sein könnte?

So kommt es zur eigenartigen Situation, dass der Pflichtzölibat – nicht der freiwillig gelebte Zölibat -, zu dem die meisten Priester ein gespaltenes Verhältnis haben, von eben diesen Priestern «gerettet» werden muss. Er garantiert die priesterliche Sonderstellung in den Gemeinden. Verbunden mit der Sonderstellung sind auch Macht- und Entscheidungsbefugnisse. Dies gilt für einen Bischof noch viel mehr als für einen Pfarrer. Noch an vielen Orten figuriert der Herr Pfarrer als «Präses» in den Vereinen und Verbänden. Bei Pfarreirat und Kirchgemeinderat nimmt der Herr Pfarrer eine entscheidende Stellung ein. Ob Kirchturmrenovationen oder neue Leuchter im Kirchgemeindehaus, ob Gottesdienstzeiten oder Aushilfeprediger, ob Altersjass-Nachmittag oder Ausflugsziel des Frauenvereins: In vielen Gemeinden wird nichts entschieden, ohne dass der Pfarrer gefragt wird. Andere Pfarrer lassen sich erst gar nicht fragen, sondern entscheiden gleich von Beginn weg selber. Diese grossen Entscheidungs- und Machtbefugnisse werden durch den zölibatären Charakter des Pfarrers mit einem besonderen Nimbus umgeben. Der Pfarrer wiederum muss, um die jesuanische Aufgabe nicht zu verraten, sein Tun, seine Entscheidungen und seine Macht immer als Dienst verstehen und verkaufen. Dasselbe gilt für höhere Weihen und daher auch für Bischöfe. Auch ihre Sonderstellung wächst durch die Weihe. Mit ihr auch die Machtbefugnisse. Und je grösser die Machtbefugnisse, desto intensiver das Gerede vom Dienen. Nicht zufällig nennen sich die Päpste, ausgestattet mit höchster Machtfülle, «servi servorum», Diener aller Diener.

Trotz teilweise absolutistisch anmutenden Machtbefugnissen wissen kluge Bischöfe die demokratischen Mitbestimmungsmöglichkeiten der Mitarbeiter zu nutzen. Doch dazu sind sie nicht verpflichtet. Sie dürfen entscheiden und mit äusseren Insignien und dem Bewusstsein, eine besonderes Amt auszuüben, Entscheidungen machtvoll treffen. Dass Männer allein durch die Weihe, und nicht etwa durch erweiterte Studien oder durch die Bewährung in seelsorglicher Praxis, dass also Männer allein durch die Weihe in diesen Sonderstatus erhoben werden, ist für viele Frauen heute nicht mehr tragbar. Zumal die meisten der Theologinnen die genau gleiche Ausbildung absolviert haben, die genau gleiche Berufserfahrung aufweisen wie ihre geweihten Kollegen.

Ein zweites Strukturproblem der katholischen Kirche ist der römische Zentralismus. Er macht nicht nur den Frauen zu schaffen. Doch es sind die Frauen, die diesen seit den Aufbrüchen des Zweiten Vatikanischen Konzils neu entstandenen Zentralismus klar beim Namen zu nennen wagen: *«Er ist ein Machtmissbrauch der Kirche»*, sagt eine Theologin. Die Zentrale in Rom reisst alle Entscheidungen an sich. Sie degradiert die Ortskirchen zu Befehlsempfängern und will keine starken, selbständigen Bischöfe mehr in den Provinzen. Alt Bischof Anton Hänggi, der das Konzil aktiv miterlebte, gehört zu einer aussterbenden Spezies von Bischöfen, wenn er sagt: *«Ich wollte in Rom nie nur Befehle entgegennehmen. Ich wollte in Rom diskutieren und dann die Entscheidungen in meiner Ortskirche, angepasst auf unsere Situation, umsetzen.»* Dieses Kirchenverständnis ist heute vorbei. Rom entscheidet, Rom befiehlt – wer nicht gehorcht, wird als Ungläubiger abgestempelt. Auch leiden viele Frauen darunter, dass diese Zentrale nie irgendwelche Fehler zugeben kann. Diese Haltung zeigt, dass Rom zwar viel über die Mündigkeit der Gläubigen spricht, sie ihnen letztlich aber abspricht. Die Hirten wollen ihre Schafe. Die Hirten wollen führen und leiten.

Diese Verbindung von Amtsautorität und römischem Zentralismus ist nicht neu. Aber sie wird, nach Überzeugung vieler Theologinnen gerade durch die Person von Wolfgang Haas schonungslos offen gelegt. Denn sie paart sich mit einem Charakter, der diese Entscheidungs- und Machtbefugnisse innerhalb des kirchenrechtlich Erlaubten bis an die Grenzen ausnutzt. Da ist Wolfgang Haas – rein rechtlich – kein Vorwurf zu machen. Doch kritisieren namentlich auch Frauen, dass solches Klammern ans Recht eine innere Unsicherheit des Bischofs verrät und für ein Bischofsamt sowie für das kirchliche Leben nicht eben förderlich ist. Klugheit und pastorale Umsicht müssten sich zum rechtlichen Spielraum hinzugesellen. Das aber wird bei Wolfgang Haas vermisst.

*

Kritisiert – als personelles Problem – wird auch die in vielen Punkten unhaltbare Theologie von Haas. Dabei geht es weniger um theologisch-biblische Fragen als um die Amtstheologie. Das überstarke Hervorstreichen des Stellvertretungsdienstes, der alleinigen Gottesvertretung auf Erden, empfinden die Frauen als arrogant. Denn sie sehen in dieser Haltung kein gemeinsames Beten mehr um den Geist Gottes, wie dies in der Kirchengeschichte vor allem bei Konzilien und wichtigen Veranstaltung der Fall gewesen ist, sondern eine Demonstration dessen, der sich im «Besitze» des Geistes Gottes zu wissen glaubt. So verstanden erscheint den Frauen auch der Gehorsamsbegriff reichlich pervertiert. Gehorsam versteht Haas in erster Linie als Befolgen der Richtlinien des Papstes und des Kirchenrechts. Frauen sehen im Gehorsam jedoch eine viel umfassendere Haltung der Gläubigen, in dem sie gemeinsam auf den Anruf Gottes, auf den Willen Gottes zu horchen versuchen. Glaubensgehorsam kann also niemals römischer Kadavergehorsam bedeuten. Überdies wird die Gleichsetzung von Gehorsam und Rechtgläubigkeit abgelehnt. Da sehen Theologinnen auch Widersprüche. Denn, wer ernsthaft auf Jesus hören, also ihm gehorchen will, dürfte beispielsweise keine Sünderinnen und Sünder vom Abendmahl ausschliessen. Gerade dies jedoch tun die Kirchenvertreter.

Doch solchen Gedankengängen, die übrigens keineswegs irgendwelchen feministischen Extrempositionen entspringen, ist Haas abhold. Sie brächten in ein System des Rechts, der Ordnung und der Ruhe Bewegung, Unruhe und neue Ideen. Davon fürchten sich viele Amtsvertreter. Nicht nur weil sie um ihr katholisches System fürchten, sondern auch weil sie sich selber hinterfragen müssten. Weil sie das von ihnen andauernd beschworene Wort vom «lebendigen Glauben» plötzlich Fleisch werden müsste. Veränderungen sind aber mit Unsicherheiten verbunden. Unsicherheiten machen Angst. Angst macht aggressiv. Aggression ruft nach apodiktischen Machtentscheiden.

6. Madonna oder Hure – Das «Frauenproblem» ist eigentlich ein Männerproblem

Die Kirchengeschichte zeigt, dass der Klerus zur Frau nie ein normales Verhältnis gefunden hat. Entweder ergingen sich die Diener Gottes in einer überhitzt-schwülstigen und teilweise knabenhaften Mutter-Königin-Mystik oder in einer arroganten, von Angst und Aggression gezeichneten Herabwürdigung der Frau zur Hure und Hexe. Noch heute ist es Markenzeichen vieler Kleriker, dass sie zwar durchaus **glauben**, zu den Frauen ein normales und ungezwungenes Verhältnis zu haben, aber oft gerade darin irren. Denn viele Kleriker verwechseln die fehlende echte Auseinandersetzung mit Frauen mit einem unkomplizierten Verhältnis. Auf die Frage, ob er in seinem Leben auch mal verliebt gewesen sei, sagt Bischof Wolfgang Haas einmal öffentlich: *«Ich habe mal für jemand geschwärmt. Aber es war ein harmloser Schwarm, das heisst, ich hatte Freude, diese Person zu sehen, aber ich hatte kein engeres Verhältnis»*. Diese Aussage mag zeigen, dass auch Wolfgang Haas die wirklich tiefe Auseinandersetzung mit einer Frau nie durchlebt hat. Viele Kleriker halten sich Frauen auch von Leib und Seele fern, da sie um die «sündhaften Versuchungen» wissen. Versuchungen, die allerdings weniger von den Frauen an den Kleriker herangetragen werden, als vielmehr aus ihnen selbst herauswachsen – und für kurze Momente das schöne Gebäude des hehren Zölibates, eingegangen *«um des Himmelreiches willen»*, zum Einsturz zu bringen drohen. Dieser innere Krampf, sich von Frauen fern halten zu müssen, ist Ursache dafür, dass es vielen Klerikern nie gelingt, Frauen zu sehen, wie sie sind: weder reine, unbefleckte, schützende und nährende Mütter noch befleckte, sündhafte Verführerinnen, noch demutsvolle, unterwürfige Dienerinnen. Frauen als Frauen zu nehmen, zumal es oft starke und reife Persönlichkeiten sind, fällt vielen Klerikern schwer.

Sobald die Frau der ihr von der Kirche und dem Klerus zugestandenen Rolle, dem Wochenbett, entsteigt, theologisch mitreden will, Amtsaufgaben übernehmen möchte, eine eigene Meinung äussert, wird sie für manchen Kleriker zur Bedrohung. Auch Theologinnen im Bistum Chur erleben in ihrer Ausbildung im Seminar St. Luzi und später in den Pfarreien immer wieder, dass sie auf die Rolle der Schlange, der heimlichen Verführerin, ja sogar der Nymphomanin reduziert werden. Sie werden als Huren und Hexen beschimpft, als Verführerinnen junger Priester angeprangert. Da viele Theologinnen durch ihre Kompetenz in ihren Ansichten kaum erniedrigt werden können, viele in ihrer konkreten Arbeit in der Gemeinde nicht der Unfähigkeit bezichtigt werden können, zielen die Angriffe meist unter den Rock. Primitivste Beschimpfungen kennen nicht wenige Theologinnen aus eigener Erfahrung. Telephone zu allen Nachtzeiten, anonyme Briefe. Der Inhalt zielt immer auf die Sexualität: *«Sie wollen wohl den Herrn Pfarrer noch am Altar verführen»* – *«Sie verdammte Hure, Sie»* – Oder sinngemäss, denn die Originalaussage kann hier nicht wörtlich widergegeben werden: *«Am liebsten würden Sie es wohl noch in der Kirche machen.»* Solche Angriffe auf Würde und Person wollen nur noch primitivste Erniedrigung sein. Sie wollen Schmerz auslösen, am wunden Punkt der persönlichen Würde treffen. Widerlichkeiten, die dadurch noch übler werden, dass sie oft von selbsternannten Rechtgläubigen, romtreuen, «echten» Katholiken – und vor allem auch Katholikinnen – gemacht werden. Die betroffene Theologin hat schliesslich das Handtuch geworfen und sich aus der Pfarreiarbeit zurückgezogen.

Auch im Seminar St. Luzi in Chur, in welchem seit 1975 in einem eigenen Trakt des Hauses auch Studentinnen wohnen, projizieren überhitzte, zölibatär-pubertäre Gemüter angehender Priester das Bild der schlangenartigen Verführerin auf die Frau. Da wird debattiert, ob die Studienpräfektin wohl das Telephon in einem Zimmer eines männlichen Kollegen benutzen darf. Da wird darüber gerätselt, ob eine Studentin im Männerhaus Priesterseminar frei und irgendwo auf eine der Toiletten gehen dürfe. Da wird eine Theologin gar als *«männertolle Person»* gescholten, die nur ins Seminar eingezogen sei, um angehende Priester von ihrem heiligen Weg abzubringen. Da wird unter Studenten und der Bistumsleitung verschwörerisch die Warnung weitergegeben: Wo Männlein und Weiblein unter einem Dach wohnen, da nehme Mann sich in Acht!

Als ob das leib-seelische Zusammenspiel einer Frau im allgemeinen, und einer Theologiestudentin im besonderen nur im Wunsch nach sexuellen Erlebnissen mit einem Theologiestudenten bestünde. Was soll aus der Seelsorgepraxis werden, wenn junge Kleriker mit dermassen schiefen und unreifen Frauenbildern in der Pfarrei Eheseelsorge betreiben müssen? Und was geschieht mit den jungen Klerikern selber? Mit der Verdrängung der Frauen aus dem Seminar, so glaubt man, sei gleichsam die «Sünde» und die «Verführung» aus dem angehenden Priesterleben entfernt – im wohligen Bewusstsein, dass dort, wo nur Männlein und Männlein unter einem Dach wohnen, die «Sünde» gleichsam durch die göttliche Schöpfungsordnung nicht Einzug halten könne. Das Thema der Priestersexualität ist durch die Heilighaltung des Pflichtzölibates zum grössten Tabu geworden in der katholischen Kirche.

*

Sicher, die tabuisierte Sexualität ist kein Problem, welches spezifisch mit dem Fall Haas zu tun hat. Es ist längst bekannt, belegt und bewiesen, dass eine Grosszahl – und nicht nur einige wenige! –, nein, dass eine Grosszahl der Priester den Pflichtzölibat irgendeinmal im Leben auf die eine oder andere Weise bricht. Ein Faktum, welches heute auch von Leuten in leitenden Positionen der katholischen Kirche nicht mehr bestritten wird. Untersuchungen in Deutschland sprechen von fast 90% Zölibatsbrechern unter den Priestern. Die fünfjährige Arbeit bei Schweizer Radio DRS und die Recherchen zu diesem Buch haben diese Problematik in erschreckendem Ausmass auch für die Schweiz offengelegt. Es könnten viele Priester mit

Namen genannt werden, die sich teils selber darüber geäussert haben, teils von andern «verraten» wurden, teils andere «verraten» haben, weil sie in kleinem Kreise heute dazu stehen, dass sie die versprochenen Pflichten der Ehelosigkeit – und weil die Sexualität nach katholischer Überzeugung nur in die Ehe gehört, vor allem die versprochene sexuelle Abstinenz – nicht einhalten können. Und es ist nicht nur die Tatsache zu beachten, dass viele Priester heimlich eine Freundin haben, eine «Josephs-Ehe» leben, wie die Kleriker dies mit gönnerhaftem Augenzwinkern zu nennen pflegen, sondern auch die Tatsachen, dass viele Priester heimlich einen Freund haben, mitunter heimlich Frauen sexuell belästigen, ja sogar zum Sexualkontakt nötigen, dass sich Priester auch an Kindern und Jugendlichen vergehen. Letztes in einem Ausmass, dass sich selbst Papst Johannes Paul II. bei seiner USA-Reise im August 1993 offen und klar solches Tun «seiner» Priester zu verurteilen genötigt sah. Nur wenige Monate später verurteilte der Papst bei einer Audienz kanadischer Bischöfe die *«Zölibats-Verfehlungen»* im kanadischen Klerus als *«Skandale»*.

Es wären einschlägige Lokale zu nennen, in denen Priester ihrer seelischen und körperlichen Einsamkeit für Momente zu entfliehen versuchen – und sich plötzlich betreten gegenüber stehen. Es wären Priester zu nennen, die – im echten Versuch, den Pflichtzölibat zu leben – an den haarsträubenden Beichtgeständnissen ihrer Kollegen seelisch und körperlich Schaden nahmen, weil ihre Illusion vom reinen Priesterleben in sich zusammenkrachte. Ganz zu schweigen von den vielen Priestern, die mutig und offen zu ihrem Unvermögen der völligen sexuellen Abstinenz stehen, den Beruf niederlegen und heiraten. Tausende waren dies weltweit in den letzten Jahren. Dutzende sind es allein in der Schweiz. Ein Umstand, der Rom grosse Sorgen bereitet – nicht nur aus moralischer, sondern auch aus existenzieller Sicht. Denn die in den letzten zwanzig Jahren weltweit ausgetretenen 80'000 Priester gefährden durch ihre Heirat das alte System katholische Kirche.

Tatsächlich: Wer hier moralische Massstäbe anlegt, erkennt das Problem nicht. Nicht, dass ein Priester sich bei einer Frau «verunreinigt» – allein schon dieses Bild ist aufs äusserste frauenfeindlich –, ist für die Betroffenen das grösste Problem. Um viel mehr bedrückt, belastet und bedrängt sie das Problem der darauf folgenden Schuldgefühle. Da stehen sie wieder auf der Kanzel, predigen über das Abtreibungsverbot, über das Verbot von Verhütungsmitteln, über die geistige Liebe, darüber, dass Homosexualität gegen die Natur sei – und hören sich dabei gegen sich selber predigen.

Es versteht sich von selbst, dass dieses Buch keine Enthüllungen über das Ausmass des gebrochenen Pflichtzölibats bringen will. Auch wenn in vielen Fällen Beweise, Selbstbezeugungen, Coming-outs, Namen und unbestreitbare Fakten vorgelegt werden könnten. Denn die Sache gehört nicht in die süffigen Schlagzeilen eines billigen Boulevardjournalismus. Sie gehört aber endlich auf die Traktandenliste der kirchlichen Gremien. Dahinter stecken nämlich erschütternde Einzelschicksale. Viele Priester leiden darunter unsagbar. Doch niemand wagt sich offen über die Nöte, die der Pflichtzölibat hervorruft, zu sprechen.

Da sind aber auch all die Frauen, die während ihrer Pfarreiarbeit von Priestern bedrängt und belästigt werden. Sie schweigen meist und tragen so eine enorme Last mit sich herum. Wer mag schon die Verantwortung dafür übernehmen, dass ein Priester seine Stelle verliert? Viele Frauen glauben auch, dass sie alleine sind. Nehmen allzuschnell die Schuld auf sich. Grübeln und fragen sich: War ich zu aufreizend? Habe ich je etwas getan oder gesagt, woraus der gute Priester falsche Schlüsse hätte ziehen können? Hatte ich zuwenig Distanz? Allseitig eine Mauer des Schweigens und Leidens. Für alle Beteiligten furchtbare Situationen. Darüber aber hängt man immer noch und immer wieder den Deckmantel der Tradition: Der Priester muss ganz frei sein können für seinen Dienst. Die Realität zeigt, dass nur wenige den Pflichtzölibat ein Leben lang halten und dabei auch noch leben können, nicht innerlich erstarren, einsame Sonderlinge werden.

Dass niemand der vielen an den Gesprächen zu diesem Buch Beteiligten offen darüber sprechen will, versteht sich von selbst. Es ist ein überaus emotionales Thema. Allein die paar Zeilen hier dürften vielen als völlig absurd erscheinen. Doch wegblicken gilt nicht mehr. Es gibt dies alles. Die Priester wissen dies selber am besten. Die Kirche täte gut daran, dieses Thema unter ihrem Dach – nicht öffentlich in den Medien – vom Tabu des Schweigens zu befreien. Offenheit und Ehrlichkeit würden zu neuer Glaubwürdigkeit führen. Denn das «Frauenproblem» in der Kirche ist im Grunde genommen ein Männerproblem.

Es zeigt sich überall in der katholischen Kirche. Besonders aber auch an einem Ort, wo die Männerkirche Urständ feiert: in Chur.

KAPITEL IV
Aaron lässt grüssen

Wolfgang Haas akzeptiert nur Hofberichterstattung

1. Die Medien als Sündenbock

Wohl kaum ein Bischof in der Schweizer Geschichte dürfte eine so schlechte Presse haben wie Bischof Wolfgang Haas. Er hat es auch wie kein anderer Bischof geschafft, die Medien auf sich und sein Tun aufmerksam zu machen. Seine äussere Erscheinung, seinen farbenfroh zur Schau gestellten bischöflichen Pomp, seine ihm eigene Gestik wissen vor allem die Bildmedien oft genug genüsslich darzustellen. Die Botschaften von Wolfgang Haas werden ob der Jagd nach «gutem» Bildmaterial nicht selten zweitrangig. Denn gewissen Medien geht die Seriosität ab, der Komplexität der Churer Ereignisse auf den Grund zu gehen. Sie rennen für den schnellen Schnappschuss, für ein verkürztes Bonmot, für ein medienwirksames Bild.

Dass Bischof Wolfgang Haas jedoch ausschliesslich ein Opfer der modernen Medienrealität – mit all ihren Negativerscheinungen – wird, ist nur die halbe Wahrheit. Oft ist er es selber, der sich mit unbedachten Äusserungen, mit apodiktisch erlassenen Dekreten und theologischen Eigentümlichkeiten in die Nesseln setzt. Dass er durch seine Aussagen, sein streng hierarchisches Kirchenverständnis, seine konservative Theologie und sein monarchisches Welt- und Menschenbild die Medien herausfordert, merkt er nicht. Denn viele Medien realisieren bald, dass sich hinter der barocken Sprache von Hochwürden oft genug seltsame Widersprüche verstecken. Dass es nachgerade die ureigenste Aufgabe der Medien ist, hier kritisch nachzufragen, begreift weder Haas noch seine Anhängerschaft. Sie wittern eine Verschwörung. Bald glaubt sich Wolfgang

Haas auch von den seriösen Medien nur verzerrt und falsch dargestellt.

Tatsache bleibt, dass Wolfgang Haas zum Medienereignis wird. Das Interesse an ihm und seinen Aussagen ist bei den Medien sehr gross. Es ist unbestritten, dass die Medien eine gewisse Zeit lang von dieser Neugier leben und ihre Beiträge auf dem Seltenheitswert der Person von Wolfgang Haas aufbauen. Es ist jedoch falsch zu glauben, die Medien hätten ihn und die Churer Krise zum Skandal ohne Ende emporstilisiert. Im Zeitalter von Satellitenfernsehen und Informationsüberflutung ist die Medienwelt von einer unmenschlichen Rasanz, von einem fast inhumanen Tempo geprägt. Informationen werden zur Verkaufsware. Was sich als Sensation nicht mehr anbieten lässt, verliert an öffentlichem Interesse. Unglücke, Affären, Verbrechen, ja sogar ganze Kriege, Massaker mit schrecklichen Bildern und vielen Toten, sind oft nur für Tage oder wenige Wochen ein Medienthema. Meist sind sie – wenn auch noch so schlimm – so schnell wieder vergessen wie geschehen.

Ein Fall Haas lässt sich medienmässig gar nicht zur Dauer-Sensation hochstilisieren. Die Energie, welche den Fall Haas zum Mediendauerthema macht, kommt aus tieferen Schichten. Denn der Fall Haas berührt gleichzeitig verschiedene Bereiche des persönlichen und öffentlichen Lebens: Theologie, persönlicher Glaube, Kirchenbild, Gesellschaftspolitik, staatskirchliche Rechtsfragen – auf irgendeine Weise wird fast jede Bürgerin, fast jeder Bürger dieses Landes, auch als Nichtkatholik/in, vom Fall Haas berührt. Die Medien, ganz und gar Erzeugnisse einer offenen und freien Demokratie, spüren, dass alle diese Themen von öffentlichem Interesse sind und dargestellt werden müssen. Bei Wolfgang Haas jedoch liegt ein Welt-, Menschen- und Staatsbild vor, welches – falls überhaupt – nur ergebenen Hofjournalismus zulässt. Diese Diskrepanz zwischen der Aufgabe von Medien in einer modernen Demokratie und der höflichen Berichterstattung, wie sie sich ein Wolfgang Haas vorstellt, ist selber wiederum Triebfeder für die Berichterstattung über den Bischof von Chur.

Sein Verhältnis zu den Medien ist bald einmal weniger ein gebrochenes oder gar gestörtes als vielmehr ein gar nicht vorhandenes. Schon für Haas-Vorgänger Johannes Vonderach ist es eine ausgemachte Sache, dass die Medien *«an allem schuld»* sind. Für ihn gibt es weder einen Fall Haas noch eine Churer Bistumskrise. Für ihn gibt es nur ein Medienproblem. Selbst hier weiss sich Chur eins mit der Bibel: *«Aaron soll seine beiden Hände auf den Kopf des lebenden Bockes legen und (...) alle Übertretungen (...) auf den Kopf des Bockes übertragen und ihn durch einen bereitstehenden Mann in die Wüste schicken. So soll der Bock alle Verschuldungen auf sich in eine abgelegene Gegend tragen.»* So spricht Jahwe zu Mose in 3. Buch Mose (Leviticus) im 16. Kapitel. Es ist die Geburt des Sündenbocks, dessen sich Chur dankbar bedient. Medien werden am liebsten abgewimmelt. Journalisten würden am liebsten in die Wüste geschickt.

*

«Bischöfliche Kanzlei Chur...» Die Stimme am Telephon tönt brüchig und etwas ausser Atem. Elf mal hat es geläutet, bis die Schwester den langen Weg durch die Gänge zum Telephon zurückgelegt hat. *«Herr Casetti? Einen Moment bitte».* – *«Nein, Herr Casetti ist eben weggefahren. Tut mir leid.»* – *«Herr Bischofssekretär Meier? Moment bitte.»* – *«Auch Herr Meier nimmt nicht ab.»* Die Schwester, die sich hier als Telephonistin des zweitgrössten Bistums betätigt, weiss auch nicht, wann die Herren zurückkommen.

Ungezählte Male hat sie sich zugetragen, diese Szene. So oder ähnlich. Bischof Haas selber zu verlangen, gibt man nach fünfzehnmaligem vergeblichen Fragen ohnehin auf. Einmal lässt sich die Schwester gar zur Bemerkung hinreissen: *«Ich kann Ihnen nicht sagen, wann sie wieder erreichbar sind. Man weiss bei diesen Herren eben nie...»* und lacht dabei das gequälte Lachen einer – der Stimme nach – eher älteren, pflichtbewussten Klosterfrau, die man ans Telephon abkommandiert hat, um lästige Zeitungs- und Radio-Menschen von den heiligen Hallen fernzuhalten. Einmal sind *«die Herren»* zwar da, aber die Schwester weiss nichts davon. Ein andermal wird erklärt, *«die Herren»* seien um 14.00 Uhr erreichbar. Um

14.00 Uhr ist jedoch niemand erreichbar. Nicht mehr für diese Woche, heisst es kurz und knapp.

Wer immer mit dem Bischöflichen Ordinariat in Chur beruflich zu tun hat, kennt diese Szenen. Es ist ein klägliches Katz- und Mausspiel, wie es sich mit andern Bistumsleitungen nicht spielen lässt. Ein Spiel, welches in Chur mit viel psychologischem Geschick gespielt wird. Hinhalten, abwarten, vertrösten, bedauern, neu vertrösten, hinhalten, abwarten. Irgendwann ist für die schnellebigen Medien jede Neuigkeit veraltet, und irgendwann gibt jeder noch so hartnäckige Journalist, jede noch so engagierte Journalistin auf. Stellungnahmen, Bestätigungen von Ereignissen oder Behauptungen, Dementis von Spekulationen oder Verifizierungen von Agenturmeldungen sind in Chur kaum je in der nötigen Frist zu erhalten. Der Satz: *In der Churer Bistumsleitung konnte zu dieser Frage niemand Auskunft geben*, wird zum Standardsatz für Medienleute. Eine aktive, offene Medienarbeit, ist in Chur unbekannt. Das Gefühl, gegenüber der Öffentlichkeit eine gewisse Informationspflicht wahrnehmen zu müssen, geht der Bistumsleitung gänzlich ab. Man tut so, als sei man ein Privatunternehmen, dessen Geschäftsgeheimnisse niemanden etwas angehen. Es ist immerhin festzuhalten, dass die Churer Bistumsleitung 700'000 Gläubige «verwaltet». Eine Unternehmung also, die der Öffentlichkeit mehr als nur ein paar schnippische Antworten schuldig ist.

Das Katz und Maus-Spiel läuft jedoch nicht nur zwischen Chur und der Aussenwelt. Auch innerhalb der Bistumsleitung, des Ordinariats, des Seminars und der Theologischen Hochschule weiss höchst selten jemand, wer warum gerade was tut. Zwischen Bistumsleitung und Theologischer Hochschule ist die gegenseitige Information auf fast Null gesunken. Die Information innerhalb der Bistumsleitung ist ein Bild für die Information aus der Bistumsleitung: Es harzt, stockt, klemmt. Es scheint, als ob jeder seinen eigenen Weg geht. Da hält man sich gegenüber Medien lieber etwas zurück. Denn mehr als einmal kommt es vor, dass sich widersprechende Informationen an Journalisten weitergegeben werden. Peinlichkeiten, die der Liebe Churs zu den Medien nicht eben zuträglich sind. Und als Chur die Nase von den aufsässigen Journalisten voll hat, wird man immer klarer abgewiesen. Der Ton wird zunehmend unfreundlicher, bis hin zu: «*Radio DRS sagen Sie? Nein, Herr Casetti ist nicht zu sprechen*». Der Ton verrät: Für **Sie** ist Herr Casetti nicht zu sprechen. Chur zieht sich zurück. Die Medien sind Feinde.

Informationen aus der Churer Kanzlei werden immer spärlicher. Telephonieren wird zunehmend zwecklos. Bitten um Rückruf ebenso. Bitten, etwas auszurichten, werden oft gar nicht entgegengenommen oder weitergeleitet. Bitten um Termine und Auskünfte verhallen meist im Leeren. Auch der Briefverkehr mit Chur ist überaus bemühend. Briefe werden, wenn überhaupt, zwei, drei Monate lang nicht beantwortet. Auf inhaltliche Anliegen geht man nicht ein. Meist kommen ein paar nichtssagende Zeilen. Die Bitte um eine Audienz bei Msgr. Haas wird von dessen Sekretär wochenlang hinausgeschoben und schliesslich begraben. Zu Pfingsten 1989, Wolfgang Haas ist eben ein Jahr Weihbischof, verkündet er, dass er «*im Bereich der Medien geschwiegen habe*», weil er eben den «*direkten Kontakt zu jedem einzelnen pflegen*» möchte. Journalisten gehören da nur dazu, wenn ihre Berichte ganz im Sinne des Churer Hofs ausfallen.

2. Büro für Dementis, Richtigstellungen und Dekrete

Das einzige, was in schöner Regelmässigkeit an die Medien verteilt wird, sind Dementis, Richtigstellungen, bischöfliche Erlasse und Verfügungen. Denn so sicher wie das Amen in der Churer Kathedrale sind «*Dementis*» und «*Richtigstellungen*» auf die «*von den Medien kolportierten Falschmeldungen*». In heiliger Entrüstung versucht man sich in die Opferrolle zu argumentieren. Die Dementis sind derart inflationär, umfangreich und nicht selten in ungeniessbarem barocken Sprachschwulst verfasst, dass sie bei den Medien kaum mehr Interesse auslösen. Doch die Produktion läuft zeitweise auf Hochtouren. Da muss ein faux pas der Bistumsleitung ausgebügelt, dort einer Behauptung widersprochen werden, da muss eine Aussage des Generalvikars dementiert, dort ein Rechtsgutachten klargestellt werden.

Wolfgang Haas macht keine Unterschiede zwischen «falschen» Medienmeldungen und «falschen» Aussagen eigener Leute. So zögert Haas nicht, auch seinen Generalvikar Vitus Huonder öffentlich blosszustellen, als dieser in der hoffnungslos verfahrenen Situation in Bonaduz ohne Rücksprache mit Haas eine Zweitfirmung ankündigt. Haas dementiert eine Zweitfirmung sofort. Als die Medien schliesslich Spannungen zwischen beiden wittern, dementiert Generalvikar Casetti sofort. Dies, obwohl Huonder Haas nach der Bonaduzer Affäre die Vertrauensfrage gestellt hatte. Aber auch Aussagen erzürnter Domherren werden dementiert und als unrichtig dargestellt. Offene Briefe aus Dekanenkreisen werden umgehend mit einem umfangreichen, seitenlangen Sermon über Aufgaben und Kompetenzen der Dekane richtiggestellt – gespickt mit Zitaten aus dem Kirchenrecht. Medienberichte aller Art werden grundsätzlich dementiert und für unrichtig erklärt.

Dabei unterscheidet Chur keinesfalls zwischen wirklichen sachlichen Unrichtigkeiten und kritischen und deshalb unangenehmen Fragen von Medienleuten. Chur ist grundsätzlich nicht einverstanden mit dem, was öffentlich über Chur gesagt wird. Auf sachliche Unrichtigkeiten reagiert Chur oft weniger heftig und schnell, auch weniger konsequent, als auf «heisse» Fragen und Spekulationen.

Besonders heiss ist für Chur beispielsweise die zornige Veröffentlichung von sieben Domherren (siehe Teil I, Kapitel II), die mit konkreten Beispielen die systematische Falschinformation durch die Churer Bistumsleitung an den Pranger stellen. Chur reagiert äusserst heftig. Es gelingt Chur jedoch nicht, in überzeugender Weise die Vorwürfe zu entkräften. Vielmehr spielt es die Aussagen der Domherren als Privatmeinung einiger weniger herunter. Damit versucht Chur unterschwellig den Eindruck zu erwecken, die restlichen 17 Domherren stünden absolut loyal zu Chur und die sieben entlarvten sich deshalb selber als Dissidenten. Angesichts der tatsächlichen Mehrheitsverhältnissen im Domkapitel grenzen solche Dementis an intellektuelle Unredlichkeit.

Heiss ist für Chur auch die eigenartige «Zeugen-Theologie»

von Wolfgang Haas, wie er sie in Ibach vor versammelten Jugendlichen darlegt (siehe Teil II, Kapitel II). Obwohl Tonbandaufnahmen von jener Aussage existieren, behauptet Chur, die Medien hätten hier eine Falschmeldung kolportiert. In einem mehrseitigen Brief, in welchem Wolfgang Haas seine Aussage *«richtig stellt»*, wiederholt dann aber den Kernsatz der von den Medien angeblich als Falschmeldung kolportierten Aussage: Der Priester zeugt am Altar das Heil Gottes. Deshalb muss dieser Akt einem Mann vorbehalten bleiben. Damit bestätigt er jedoch nur, was seriöse Medien berichtet hatten. Chur empört sich zwar über die mediale Darstellung der Sache, kann die inhaltlichen Aussagen jedoch sachlich nicht dementieren.

Heiss ist für Chur auch die Geschichte von Peter M (siehe Teil II, Kapitel I). Peter M. wird auf undurchsichtige Weise und mit fragwürdigen theologischen Abschlusszeugnissen in Chur heimlich zum Priester geweiht. Als Schweizer Radio DRS sowie die Bündner Zeitung darüber berichten, reagiert Chur entsprechend heftig. Generalvikar Christoph Casetti bezeichnet den Bericht als *«primitivsten Enthüllungsjournalismus»*. Doch auch hier gelingt es Chur nicht, die Sache inhaltlich zu widerlegen. Trotz lautstarker Empörung vermag Casetti keinen einzigen Punkt an der Geschichte als falsch zu entlarven. Als von den Medien Beweise für die Richtigkeit der Behauptungen angeboten werden, will Casetti von der Sache plötzlich nichts mehr wissen.

*

Die Medien spüren, dass Chur nicht selten mit einigen wenigen Fragen in argen Argumentationsnotstand zu bringen sind. Dies steigert natürlich die Wut gegen die Medien schlechthin. Chur ist nicht gewohnt, sein Denken, Handeln und seine Entscheidungen von der Sache her, argumentativ und dialektisch, auf den Prüfstand der öffentlichen und theologischen Diskussion zu bringen. Die Amtsautorität sieht solches nicht vor. In Chur wird entschieden, nicht diskutiert. Und bischöfliche Entscheidungen bedürfen keiner öffentlichen Legitimation oder Erklärung.

Dass man in Chur den Mechanismus der Medienlandschaft nicht begreifen will und kann, hängt mit dem Welt- und Kirchenbild der ausschlaggebenden Kleriker zusammen. Alles, was geistlich ist, ist für sie unantastbar und entzieht sich dem Recht auf kritische Befragung. Alles, was den Odem einer Weihe atmet, darf nur verehrt, nicht aber befragt werden. Jede kritische Frage ist Ausdruck moderner Destruktion und verwerflicher Säkularisierung. Was sich hinter dem Gemäuer der Churer Burg tut, geht die Öffentlichkeit nichts an. Obwohl, so betont Chur immer wieder, ja alles nur zum Wohle dieser Öffentlichkeit geschehe. Doch Medien, die sich allein mit solchen Beteuerungen nicht zufrieden geben, beweisen nur ihre fehlende Demut. Wer immer sich geknickt und gebeugt dem Churer Hof nähert, hat Chancen, gehört zu werden. Wer jedoch erhobenen Hauptes als mündiger Katholik durch diese Tore schreiten möchte, muss merken, dass dies als fehlende christliche Demut, ja gar als hoffärtiger Stolz betrachtet wird. Und da den meisten Medienschaffenden von Berufes wegen eine solche Art von demutsvoller Hingabe, von verehrender Zurückhaltung abgeht, passen sie nicht in die Churer Hofatmosphäre. Menschen, die sich nicht in diese falsch verstandene Demutshaltung zwingen lassen, lösen in Chur Angst aus. Die Churer Bunkermentalität ist Ausdruck davon.

Denn: Wer glaubt, gehorcht. Wer fragt, gehorcht nicht. Wer nicht gehorcht, glaubt nicht. So einfach ist das. Auch Widerwärtiges muss in Demut ertragen werden. Demut lässt keine Fragen zu. Wer dennoch Fragen stellt, rüttelt an den Grundfesten der Kirche, kratzt am Dogmengebäude. Wer also Fragen nur als Bedrohung erleben kann, nicht aber als Herausforderung zur fruchtbaren theologischen Diskussion, braucht dicke Mauern und ein stummes Telephon. Und braucht einen Sündenbock. Die Medien bieten sich da nachgerade an. Dabei übersieht Chur, dass es nicht die Medien waren, die Haas ernannt, einen päpstlichen Vermittler in die Schweiz gesandt und dem Bischof zwei Weihbischöfe zur Seite gestellt haben. Die Medien haben nur darüber berichtet, worüber man in Chur lieber verschämt geschwiegen hätte. Doch selbst mit dem biblischen Sündenbock will es nicht so recht klappen. Denn das Zitat in der Bibel sagt eigentlich etwas anderes, wenn es ohne Auslassungen zitiert wird:

«Aaron soll seine beiden Hände auf den Kopf des lebenden Bockes legen und über ihm alle Verschuldungen der Israeliten und alle ihre Übertretungen, die sie irgend begangen haben, bekennen, sie auf den Kopf des Bockes übertragen und ihn durch einen bereitstehenden Mann in die Wüste schicken. So soll der Bock alle Verschuldungen auf sich in eine abgelegene Gegend tragen.» Etwas zum Sündenbock machen, soll man gemäss der Bibel also nur dann, wenn man **eigene** Schuld begangen und auch zu bekennen hat...

3. Medienauftritte: im Tessin und im Ausland

Das «Medienproblem» ist für Chur deshalb so gross, weil sich Medien nicht an die innerkirchlichen Gepflogenheiten der brüderlichen Verschwiegenheit halten. Oft erzürnt weniger, wie die Medien etwas wiedergeben, als vielmehr, dass sie es überhaupt wiedergeben. Als im Luzerner Priesterseminar ein Theologiestudent nach einer zweistündigen Diskussion über den Pflichtzölibat vor allen Kollegen und im Beisein eines Journalisten gesteht, dass er sich selber befriedige, erwarten alle – geschockt durch ein solches Coming out –, dass die Medien darüber vornehm schweigen. Als sie es nicht tun, bricht ein Sturm der Entrüstung los. Aber nicht etwa über die Problematik der unterdrückten Sexualität, nicht über die Sünde der Onanie, sondern über die Frechheit heutiger Medienleute. Die «Sünde» der Medien besteht darin, dass sie das innerkirchliche Prinzip der brüderlichen Tabuisierung durchbrechen.

Deshalb verlegt sich Bischof Wolfgang Haas darauf, möglichst nur noch im Tessin oder im Ausland – vorzugsweise in Österreich – vor die Medien zu treten. Denn auf Distanz wagt auch er es besser, selbst seine Amtsbrüder zu kritisieren. Denn, wenn immer Deutschschweizer Medien Aussagen von Schweizer Bischöfen zitieren, reagieren die Haas-Treuen mit der Behauptung, dass die andern Bischöfe ja schon lange nicht mehr katholisch und nicht mehr papsttreu seien. Auch Bischof Haas selber deutet dies am 6. November 1990 in einem Auftritt im Tessiner Fernsehen an. Er kritisiert die Praxis der Bussfeiern mit sakramentaler Lossprechung. Sie werden in den Deutschschweizer Bistümern seit der Synode 72 nebst der Ohrenbeichte im Beichtstuhl als zusätzliche Möglichkeit der Busse durchgeführt. Aufgrund päpstlicher Normen ist es den Bischöfen nämlich möglich, solche Bussfeiern mit sakramentaler Lossprechung zu erlauben. Die Bischöfe der Bistümer Basel und St. Gallen haben von dieser Möglichkeit denn auch Gebrauch gemacht. Nicht so Bischof Haas. Er setzt ganz auf die Ohrenbeichte im Beichtstuhl und betrachtet öffentliche Bussfeiern mit Lossprechung als schweizerisches Sonderzüglein. Deshalb lässt er gegenüber seinen Pristern in einem Brief verlauten, dass er auch auf Anfrage der Pfarreien keine solchen Bussfeiern erlauben werde. Rom habe zu Bussfeiern mit genereller Lossprechung nie ja gesagt. Haas unterstellt damit den übrigen Schweizer Bischöfen fehlende Papsttreue.

Diese Argumentation ruft sofort den Sekretär der Bischofskonferenz, Pater Roland-Bernhard Trauffer, auf den Plan. Diese Form der Bussfeiern sei sehr wohl von Rom genehmigt. Im übrigen seien die Schweizer Bischöfe absolut papsttreu, redet sich Trauffer ins Feuer. Es gehe einfach nicht, dass jede Kritik an der Haltung von Wolfgang Haas sogleich als Unglauben verketzert werde. Denn auch die haaskritischen Katholiken, so Trauffer weiter, seien gläubig.

Haas hingegen weiss sich mit seiner Haltung in Einheit mit der Weltkirche und er weiss auch, dass er als Bischof für sein eigenes Bistum selber entscheiden darf. Und genau dies tut er auch. Obwohl auch im Bistum Chur unter Bischof Vonderach solche Bussfeiern mit sakramentaler Lossprechung möglich waren, erlaubt er sie ab sofort nicht mehr. Dies erstaunt um so mehr, als er noch kurz nach seinem Amtsantritt auf die Frage, ob er Bussfeiern mit Lossprechung weiterhin erlauben werde, wörtlich erklärt: «*Das muss man in einem grösseren Zusammenhang sehen. Das betrifft ja auch meine Mitbrüder im Bischofsamt. Das muss also auf Ebenen diskutiert werden, die sich nicht auf das Bistum Chur beschränken.*» Das kann zu jenem Zeitpunkt nur heissen, dass er als Bischof keinen «Alleingang» im

Sinne hat – zumindest solange nicht, bis er mit den andern Bischöfen darüber diskutiert hat.

Genau dies tut er aber nach Auskunft der Bistumsleitung Basel nicht. Dass ihm selber schon lange klar sein dürfte, dass er in seinem Bistum solche Feiern nicht mehr erlauben wird, zeigt die etwas verklausulierte, in der Sache aber doch klare Aussage von Haas, die er ein halbes Jahr vor dem Fernsehauftritt im Tessin macht: *«Die Gläubigen des Bistums Chur müssen in dieser Frage mit nichts anderem rechnen als mit dem, was in der Gesamtkirche gelten soll und praktiziert wird. Es ist nichts Autoritäres dabei, welches ich von mir aus tun werde, sondern ich möchte deutlich machen, was die Kirche darüber lehrt.»* Und die lehrt eben die Ohrenbeichte. Dass es der Papst selber ist, der die Möglichkeit von Bussfeiern mit Lossprechung – unter Berücksichtigung seiner von ihm gesetzten Normen – erlaubt, übergeht Haas geflissentlich. Ein Beispiel dafür, dass Haas päpstlicher als der Papst entscheidet und den Kurs der katholischen Kirche enger sieht als diese selbst. Ein Umstand übrigens, der vom späteren neuen Nuntius Erzbischof Karl Joseph Rauber bestätigt wird: *«Haas neigt dazu, die päpstlichen Worte gar zu eng auszulegen.»*

Zurück zum Fernsehauftritt vom November 1990. Haas kämpft an jenem Abend nicht allein. Auch Eugenio Corecco, Bischof von Lugano, der seinerseits «Communione e Liberazione» sehr nahe steht, macht durch verschiedene Äusserungen klar, dass er gesinnungsmässig mit der Haltung von Wolfgang Haas einig ist. Er stützt einige Grundaussagen von Haas und lässt durchblicken, dass er viele innerkatholische und weltkirchliche Probleme ähnlich beurteilt wie Haas. Auch Corecco sind die öffentlichen Bussfeiern ein Dorn im Auge. Er argumentiert, dass es sich hierbei nicht um eine pastorale Frage handle, sondern um ein Problem, welches unmittelbar den Glauben angehe. Die theologische Bruderschaft zu Haas wird offensichtlich. Die Distanz der beiden zur übrigen Bischofskonferenz ebenfalls.

Da die Bischofskonferenz grundsätzlich nach dem Kollegialitätsprinzip funktioniert, dürfen diese Meinungsverschiedenheiten nicht öffentlich werden. Tatsächlich gelingt es der Bischofskonferenz immer wieder, «brüderliche Einheit» und gegenseitigen guten Willen zu demonstrieren. Es sind denn auch weniger die Worte als vielmehr gewisse Taten, welche die Gräben zwischen den Bischöfen offenbar machen. So weiss es beispielsweise die Bischofskonferenz im Sommer 1991 erfolgreich zu verhindern, dass nach dem Rücktritt des Präsidenten, Weihbischof Joseph Candolfi, Bischof Wolfgang Haas oder Bischof Eugenio Corecco das Präsidium übernehmen könnten. Dies obwohl die Zahl der möglichen Kandidaten eingeschränkt wird, weil Rom keine Weihbischöfe mehr als Präsidenten akzeptieren möchte. Die Weihbischöfe Gabriel Bullet, Amédée Grab und Martin Gächter fallen allein durch diesen Umstand ausser Betracht. Schliesslich macht Pierre Mamie das Rennen. Otmar Mäder wird Vizepräsident. Beide gehören der «alten» Garde der Bischofskonferenz an.

*

Dieses kurze Medien-Techtelmechtel mit seinen Kritikern ist für Wolfgang Haas fast einmalig. Denn es ist nicht seine Linie, innerkirchliche Differenzen, unterschiedliche kirchlich-institutionelle oder theologische Standpunkte öffentlich und kontradiktorisch zu diskutieren, wie das etwa sein Kollege Bischof Kurt Krenn in Österreich nur zu gerne tut. Vielmehr zieht sich Haas fast vollständig aus den Schweizer Medien zurück. Mehrmals gibt er jedoch in Österreich Interviews über die Situation im Bistum Chur, die dank internationalem Austausch wieder in der Schweiz auftauchen. Dort stellt er sich gerne als Mann des Ausgleichs dar. Er spricht viel von seiner Gesprächsbereitschaft und Offenheit. So kündigt er beispielsweise im April 1991 ein *«Informations-Bulletin»* an, um seine Anliegen *«rascher und auch wirksamer»* seinen Gläubigen vorlegen zu können. Zwei Jahre später wartet das Bistum noch immer vergeblich auf diese offene Informationspolitik – und auf das Bulletin.

Auch gibt sich Wolfgang Haas im Ausland gerne als Mann, der die grossen Züge im Auge behält. So ruft er – ebenfalls von Österreich aus – die Menschen seines Bistums dazu auf, sich *«nicht auf gewisse Detailfragen rechtlicher Art zu fixieren»*, und spricht dabei den Rechtsstreit um seine Ernennung an. Hier verlangt er von seinen Leuten Grosszügigkeit. Seltsam genug. Denn ist es doch gerade er, der sich in allen anstehenden Fragen auf rechtliche Details und kanonische Spezialbestimmungen beruft, der nie einen Entscheid in gewisser Grosszügigkeit fällen kann, sondern sich sklavisch an Details des Kirchenrechts hält. Auch widerspricht sich Wolfgang Haas selber, wenn er sich, wie gesehen, immer wieder zur Gesprächsbereitschaft, zum Dialog und zur offenen Begegnung mit Menschen bekennt. Denn, so Haas wiederum in einem ORF-Interview, es komme nicht in erster Linie auf Dialog und Konsens an, sondern darauf, der inneren Wahrheit der Dinge zu entsprechen. Solche Aussagen unterstreichen, was er in seinem Bistum lebt: Es gibt nichts zu diskutieren. Dialog und Konsens sind zweitrangig. Fragt sich also, was Wolfgang Haas mit seiner stets behaupteten Gesprächsbereitschaft erreichen will. Echtes Gespräch – so kritisieren seine Gegner einstimmig – jedenfalls nicht.

Dass Kommunikation nicht seine Stärke ist, gibt Haas – wiederum in Österreich – sogar selber zu. Er vertraut nämlich einem Journalisten an, dass es ihm tatsächlich schwerfalle, die *«richtige Sprache»* zu finden und den *«richtigen Ton»* zu treffen und dass er da noch viel zu lernen habe. Vielleicht liegt es weniger an der Wortwahl. Denn Wolfgang Haas weiss mitunter durchaus, seine Worte wohl abzuwägen. Vielleicht liegt es eher daran, dass er nicht wirklich zuhören kann, dass Antworten schon gegeben sind, bevor Fragen gestellt sind. Vielleicht liegt es daran, dass er nicht verstehen kann, dass viele Gläubige nebst der Glaubensüberzeugung vor allem auch Zweifel und Fragen haben. Dass sie in Unsicherheiten leben, die als solche wahrgenommen werden wollen. Dass sie mehr Suchende als Besitzende sind – und so betrachtet einen inneren Jakobskampf mit Gott ausfechten. Dass in einem solchen Ringen um Gott kanonische Paragraphen, Kleidungsvorschriften für Geistliche und Abstände zwischen Frauen und Altar zweitrangig werden, kann nur verstehen, wer sich auf ein solches suchendes Gottes-Ringen einlassen kann.

Ganz abstinent von den Medien lebt aber auch Chur nicht. Von den rechts-konservativen Medienerzeugnissen lässt man sich nur allzugern porträtieren und interviewen. Das «Schweizerische katholische Sonntagsblatt», die «Katholische Wochenzeitung» oder «Timor Domini» gehören hier ebenso dazu wie etwa der mitunter hetzerische «Falke». Diese «eigenen» Medienkanäle benutzt Chur, um sich Stimme zu verschaffen. In der «Schweizerischen Katholischen Wochenzeitung» erscheinen regelmässig Pro-Haas-Artikel, Solidaritätsbekundungen und Aufrufe. So bittet beispielsweise die bei Haas-Gegnern als «KOZ» verspottete «Katholische Wochenzeitung» im Juni 1990 *«alle Mitglieder der Katholischen Volksbewegung `Pro Ecclesia' herzlichst um einen Gebetssturm»*, da Bischof Haas in den Medien *«auf die gemeinste Weise durch den Schmutz gezogen»* wird. Oder «Timor Domini» donnert: *«Der Abfall und die Heuchelei ist besonders gross in Zürich und an unseren theologischen Ausbildungsstätten in Luzern und Fribourg»* und fordert ein Berufsverbot für Pfarrer, die am Weihetag von Wolfgang Haas gegen diesen predigten.

*

Die haaskritischen Medien haben damit zu leben gelernt, dass alles, was sie berichten, in den Augen von Chur falsch, unrichtig, manipuliert oder tendenziös ist. In gewohnter Grosszügigkeit verurteilt Chur deshalb die Medien gleich in globo. Die rechts-konservative Presse jedoch, alle haasfreundlich eingestellt, halten keineswegs zurück mit Unterstellungen, Diffamierungen, Falschmeldungen, persönlichen Angriffen und teilweise unhaltbaren Spekulationen. Dass die haastreuen Medien ebenfalls tun, was Chur den übrigen Medien vorwirft, das stört im wahrheitsverliebten Chur offensichtlich nicht.

Wie locker die pro Haas Medien mit der Realität oder mit der Wahrheit umgehen, zeigt beispielsweise eine Behauptung im «Schweizerischen katholischen Sonntagsblatt», wonach die *«grosse Mehrheit der Katholiken hinter Wolfgang Haas»* stehe. Eine Behauptung, die nicht nur durch mehrere Repräsentativumfragen, sondern auch durch Aussagen von Weihbischof Joseph Candolfi klar widerlegt ist. Sogar aus den eigenen Reihen wird diese Behauptung im Übereifer demontiert, wenn ein Pfarrer in einem Leserbrief jubelt: *«Bravo, 30% für Haas»*. Von Mehrheiten dürfte – zumindest rein rechnerisch – also nicht die Rede sein. Solche Behauptungen mahnen eher an verzweifelte Durchhalteparolen und grenzen an Demagogie. Doch für das Sonntagsblatt ist das Ende der katholischen Zeitung «Neue Zürcher Nachrichten», sie wird Ende April 1991 eingestellt, nachgerade ein Beweis für seine Behauptung. Nach Überzeugung des Sonntagsblattes ist die NZN an ihrem Anti-Haas-Kurs erstickt. Eine Behauptung, die gleichermassen absurd wie aus der Luft gegriffen ist.

Auch die beiden Pro-Haas-Veranstaltungen in Sachseln und Wil, bei denen zusammen nur etwas mehr als die Hälfte der Leute aufmarschieren wie bei der Anti-Haas-Demonstration in Chur, nimmt das papstfürchtige Blatt als «Beweis» seiner Behauptung. Doch damit nicht genug. Man setzt noch einen oben drauf: *«Bischof Wolfgang Haas – das darf man nach fast einem Jahr sagen – ist zum beliebtesten Bischof geworden»*, behauptet man unverhohlen. Eine solchermassen verschobene Optik im Hinblick auf die Realitäten wird in den haasfreundlichen Kreisen jedoch nicht etwa als Demagogie oder Falschinformation betrachtet, sondern als nötiges Gegengewicht zu den haaskritischen Medien, wie ein Haas-Anhänger schriftlich erklärt. Offenbar geht es also nicht um Tatsachen, sondern um Propaganda, die als Gegenpropaganda verstanden, vor Gott und dem Gewissen legitimiert ist.

Unter dem Titel *«...mehr Beter als Demonstranten»* versuchen die Haas-Anhänger in der *«Katholischen Wochenzeitung»* glauben zu machen, die beiden Gebetstreffen in Sachseln und Wil mit total 4500 Teilnehmerinnen und Teilnehmern hätten mehr Leute mobilisiert als die gleichentags stattfindende Demonstration gegen Wolfgang Haas in Chur. In Chur sind 7000 Personen anwesend – teilweise mit Extrazügen angereist. Die Zahl wird von den Haas-Anhängern auch nicht explizit bestritten. Doch das hindert sie nicht daran, zu behaupten, dass es eigentlich nur ca. 3000 Demonstranten gewesen seien, da man nicht genau ausmachen könne, wer «nur» als Zuschauer und nicht als Demonstrant anwesend gewesen sei. Solch offene Versuche der bewussten Wahrheitsbeugung sind in den von Chur kritisierten Medien kaum zu finden und beunruhigen das moralische Gewissen der Churer Bistumsleitung nicht. Pikantes Detail: In der gleichen Nummer beklagt der Präsident des *«Journalistenverbandes Franz von Sales»* die tendenziöse, antikirchliche Berichterstattung der Medien. Solches verstosse gegen die *«Pflicht des Journalisten, wahrheitsgetreu und ausgeglichen»* zu informieren...

Die Haas-Eiferer behelfen sich aber nicht nur mit Verdrehungen von Tatsachen. Sie benutzen auch öffentlich das Mittel gezielter Diffamierung und Verunglimpfung von ihnen missliebigen Personen. Und dies in einem Umfange und Ausmass, wie es in den von Chur kritisierten Massenmedien nirgends zu finden ist. Die Postille *«DER FALKE – Zeitung für Unabhängigkeit und Freiheit»* tut sich da besonders hervor. Darin werden gleichermassen Politiker, Richter oder Kleriker in die Krallen genommen, wie der FALKE selber schreibt, und verhöhnt – versehen jeweils mit voller Adresse und Telephonnummer der Opfer. Da wird etwa der Dekan des Kantons Obwalden als *«Falscher Bruder Klaus»*, als *«Grosstuer»*, *«Galgenvogel»* und *«Dummkopf»* gebrandmarkt, dessen Markenzeichen *«Spleen und Aufgeblasenheit»* seien. Überdies sei er nicht nur ein *«Bischof-Wolfgang-Haas-Hetzer»*, sondern führe als Radioprediger die Radiohörer irre. Dem Rechtsgutachter Walter Gut wirft der FALKE vor, ein *«Gefälligkeitsgutachten»* und *«Falsch-Elaborat»* erstellt zu haben. Und so geht es weiter. Da wird die oft unzimperliche Art der Massenmedien nicht nur voll übernommen, sondern auf das Niveau billigster Persönlichkeitsverletzung transferiert. Doch gegen solche – ebenfalls nicht eben christliche – Machenschaften der churfreundlichen Presse, schweigt die kuriale Hofburg. Keine Verurteilung der Halb- und Unwahrheiten, kein moralischer Drohfinger gegen diesen «Journalismus», keine Dementis und Medienverurteilungen. Chur sieht nur den Splitter im fremden, nicht aber den Balken im eigenen Auge.

TEIL III

EXKURS I

Bulle, Dekret und Bistumsvertrag

Wurde bei der Ernennung verbrieftes Recht verletzt?

1. Der grosse Streit bricht aus

Die durch Rom erfolgte Ernennung von Wolfgang Haas zum Koadjutor löst in der Schweiz einen Riesenstreit über das Bischofswahlrecht aus. Kirchenjuristen, Völker- und Staatsrechtler, Kantonsregierungen, Nationalräte sowie der Bundesrat geraten gleichermassen in den Strudel der Diskussion. Zankapfel ist die Frage: Wer darf eigentlich einen Bischof einsetzen? Denn einerseits bestehen zwischen Chur und Rom verbriefte Wahlabkommen, andererseits ermöglicht das Kirchenrecht dem Papst die freie Ernennung von Koadjutoren. Da in der Schweiz Kirche und Staat aufs engste zusammenarbeiten, ist eine Bischofsernennung auch keine rein innerkirchliche Angelegenheit mehr, sondern hat immer auch gesellschaftspolitische Dimensionen. Daraus ergibt sich der zweite Zankapfel: Gelten bei einer Bischofsernennung nur innerkirchliche Rechte oder müssen auch staatliche und staatskirchliche Gesetze beachtet werden?

Der Rechtsstreit ist deshalb von Bedeutung, weil er zugleich historische, theologische, juristische und politische Dimensionen hat. Er bringt überdies alte Fragen neu auf den Tisch, welche die föderalistische und multikonfessionelle Schweiz als Staat betreffen: Welche politischen Rechte kann ein Schweizer Kanton gegenüber dem Vatikanstaat geltend machen? Welches Rechtsverhältnis hat der Bund mit dem Vatikan? Welche Verbindlichkeit haben schriftliche Vereinbarungen mit dem Kirchenstaat? Bricht innerkirchliches Recht staatliches Recht, weil für Gläubige päpstliche Entscheidungen aus theologischen

Gründen immer über weltlichem Recht stehen? Hat sich der Vatikanstaat, obwohl völkerrechtlich nicht einklagbar, dennoch an das internationale Völkerrecht zu halten, weil staatlichen Körperschaften sonst eine Rechtsbasis im Verkehr mit dem Vatikan fehlen würde? Fragen, die bald zum juristischen Expertenfutter werden. Für die Kirchenbasis aber stellt sich noch eine andere Frage: Ist Wolfgang Haas rechtmässiger Bischof von Chur oder liegt durch die Koadjutorenernennung eine Rechtsverletzung vor?
Der Streit um die Rechtsfrage beschränkt sich aber nicht auf das Bistum Chur. Auch in den Bistümern Basel und St. Gallen bricht die Diskussion um Bischofsernennungen auf. Dies hat seinen Grund darin, dass die drei Bistümer Basel, Chur und St. Gallen jeweils Sonderbestimmungen kennen, wonach sie den Diözesanbischof (mit Nuancen) selber wählen können. Das Bistum Basel darf gemäss Konkordat vom 26. März 1828 den Bischof völlig frei wählen. Das Bistum Chur darf gemäss Dekret aus dem Jahre 1948 den Bischof aus einem Dreiervorschlag Roms wählen. Das Bistum St. Gallen darf gemäss Konkordat vom 7. November 1845 aus einer vom Domkapitel zusammengestellten Sechserliste den Bischof wählen. In allen andern Bistümern der katholischen Kirche werden die Bischöfe von Rom bestimmt und eingesetzt. So also auch in den übrigen Schweizer Bistümern Lausanne/ Genf/ Freiburg, Sitten und Lugano. Die Diskussion wird daher besonders heftig, da dieses Wahlrecht namentlich im Bistum Chur anscheinend auf rechtlich wackligen Füssen steht.

2. Dreifaltige Rechtsgrundlage

Tatsache ist, dass die päpstliche Ernennung eine Bischofswahl durch das Domkapitel verhindert. Ein Koadjutor geniesst kraft seines Amtes ein unmittelbares Nachfolgerecht und muss sich keiner Wahl stellen. Die Mitglieder des Domkapitels, die 24 Domherren, protestieren sofort und verweisen auf ihr verbrieftes Recht, den Bischof von Chur selber wählen zu dürfen. Sie sehen in der Koadjutorenernennung eine Umgehung dieses Wahlrechts, also eine Rechtsverletzung. Für den darauf losbrechenden Rechtsstreit von Bedeutung sind nebst dem 1983 revidierten Kirchenrecht, mit seinen insgesamt 1752 Paragraphen, vor allem drei historische Dokumente:

- der **Bistumsvertrag**. Zwischen dem Kanton Schwyz und dem damaligen Bischof von Chur wird am 3. August 1824 ein Vertrag über den Anschluss des Kantons zum Bistum Chur abgeschlossen. In diesem Bistumsvertrag werden dem Kanton Schwyz vertraglich zwei Domherren zugestanden, die *«vorzüglich auch zur Wahl eines Bischofs mit gleichem Sitz- und Stimmrecht wie die alten Domherren einberufen werden»* (Paragraph 3). Damit wird nicht nur ausgesagt, dass die beiden neuen Domherren die gleichen Rechte wie die alten haben werden, sondern dass sie auch ein Mitbestimmungsrecht bei der Bischofswahl haben.
- die päpstliche **Bulle *«Imposita humilitati nostrae»*** von Papst Leo XII. Darin anerkennt der Papst im Dezember 1824 den Bistumsvertrag. Wörtlich heisst es in der Bulle: *«Was endlich die Wahl des Bischofs von Chur betrifft, so beschliessen wir, dass selbe nach der gesetzlichen und bis dahin herkömmlichen Übung vom Domkapitel vorgenommen werden solle, wobei die neuen schwyzerischen Domherren mit den bisherigen Domherren von Chur gleiche Rechte geniessen sollen…»* Wiederum werden die Gleichstellung der neuen Domherren und die Bischofswahl durch das Domkapitel bestätigt. Diese päpstliche Aussage wird von mehreren Experten als völkerrechtliche Anerkennung des Wahlrechts gewertet. Dies ist der Grund, warum später einige Experten dem Wahlrecht konkordatären Charakter, d.h. völkerrechtliche Verbindlichkeit, zuordnen, obwohl es sich beim Bistumsvertrag nicht um ein echtes Konkordat handelt.
- das päpstliche **Dekret *«Etsi salva»*** aus dem Jahre 1948. Am 28. Juni 1948 schränkt der Heilige Stuhl in diesem Dekret das ursprünglich völlig freie Wahlrecht des Domkapitels ein. Das Domkapitel darf «nur» noch aus einem von Rom unterbreiteten Dreiervorschlag auswählen. Es heisst

dort wörtlich, dass der Papst dem Churer Domkapitel das «*Vorrecht gewährt, den Bischof bei unbesetztem Sitz, unter drei, dem Heiligen Stuhl vorgestellten Kandidaten, zu wählen*». (Hervorhebungen im Text). Dazu kommt, dass das Wahlrecht für den Fall eines «*verwaisten Bischofssitzes*» (Sedisvakanz) gewährt wird. Damit wird das Wahlrecht entscheidend verändert, nicht aber aufgehoben. Die meisten Experten sind sich einig darüber, dass für die heutige Bischofswahl im Bistum Chur allein «*Etsi salva*» als verbindliche Rechtsgrundlage zu dienen hat. Dennoch kommen sie zu unterschiedlichen Schlüssen.

*

Die rechtliche Ausgangslage ist also klar und verworren zugleich. Alle drei Dokumente scheinen in ihren Aussagen klar zu sein. Bei näherem Hinsehen jedoch enthalten sie Unschärfen, welche den Juristen Kopfzerbrechen bereiten. Der Streit über die Interpretation der drei Dokumente konzentriert sich vor allem auf drei Fragen:

- Ist das verbriefte Wahlrecht juristisch gesehen ein einklagbares «*Recht*» oder stellt es nur ein «*Privileg*» dar, welches der Papst gleichsam als Gnadenerweis gewähren kann, aber nicht gewähren muss?
- Dürfen die Domherren nur bei der Wahl mittun, wenn der Bischofssitz durch Tod oder Rücktritt des Inhabers verwaist ist, also nur bei einer sogenannten Sedisvakanz?
- Gilt das verbriefte «Recht» nur für die Wahl des (leitenden) Diözesanbischofs oder auch für Weihbischöfe (ohne Nachfolgerecht) und Koadjutoren (mit Nachfolgerecht)?

Durch die päpstliche Ernennung von Wolfgang Haas zum Koadjutor kommt noch eine vierte Grösse ins Spiel: das **Kirchenrecht**. Es macht die ganze Rechtsfrage noch heikler, weil es gegenüber den drei Dokumenten juristisch nur schwer einzuordnen ist und überdies eigene Vorschriften zu Bischofswahlen enthält. Endgültig kompliziert wird die Sache durch den Umstand, dass in keinem der drei vatikanischen Dokumente die Koadjutoren ausdrücklich erwähnt sind. Daraus schliessen die einen, Koadjutoren seien automatisch mitgemeint, weil sie auch nicht explizit davon ausgenommen würden, die andern argumentieren gerade umgekehrt. Im Kirchenrecht hingegen sind die Koadjutoren als vom Papst frei ernennbar erwähnt. Hier kreuzt Kirchenrecht also verbrieftes Mitbestimmungsrecht. Denn durch diese Ernennung wird nicht nur die zugesagte Wahl aus einem Dreiervorschlag, sondern zugleich eine «Sedisvakanz» verhindert. Was also sind die drei Dokumente mit verbrieftem Wahlrecht wert, wenn sie der Papst per Kirchenrecht ausser Kraft setzen kann?

3. Die heilige Wut des Kantons Schwyz

Genau diese Frage bringt den Kanton Schwyz in Rage. Denn im Falle von Wolfgang Haas sind sie nichts wert. Bereits am 25. Januar 1988 – also fast drei Monate vor der offiziellen Ernennung – interveniert der Regierungsrat des Kantons Schwyz vorsorglich beim päpstlichen Nuntius Edoardo Rovida in Bern. Der Stand Schwyz hat nämlich Wind davon bekommen, dass die Ernennung eines Koadjutors bereits 1987 beschlossene Sache ist.

Es ist jedoch anzunehmen, dass der Kanton Schwyz im Jahre 1987 offiziell nicht über die Entwicklung informiert werden darf. Zumindest nicht ohne Rücksprache mit Rom. Denn vom Kanton Schwyz ist der härteste Widerstand schon deshalb zu erwarten, weil der Bistumsvertrag von 1824 den beiden Schwyzer Domherren ein Recht auf die Mitwirkung bei der Wahl des Bischofs bestätigt. Solange jedoch die erwartete Ernennung nicht offiziell vorliegt, sind dem Stande Schwyz die Hände gebunden. So wundert es nicht, dass er offiziell erst im letzten Moment, nämlich erst am Tag der Ernennung, am 5. April 1988, von Wolfgang Haas selber informiert wird. In diesem Punkt wird das Staatswesen Schwyz für kurze Zeit einseitig abhängig von der römischen Kirchenpolitik. Ein Umstand, den der urschweizerische Kanton nicht unwidersprochen hinnehmen kann.

Die vorsorgliche Intervention bei der Nuntiatur, in welcher

der Kanton Schwyz auf den Bistumsvertrag und seine Rechte verweist, bringt nichts ein. Der Eingang des Schreibens wird von der Nuntiatur zwar bestätigt. Auf den Inhalt geht man aber am Thunplatz in Bern, in der apostolischen Residenz, nicht ein. Doch der Kanton Schwyz ist entschlossen, auf dieses Recht nicht zu verzichten, zumal *«der Stand Schwyz zusammen mit den Kirchgemeinden jährlich beachtliche Staatsmittel an die Verwaltung des Bistums Chur bezahlt (Budget 1988 Fr. 168'600.-)»*, wie es im regierungsrätlichen Protokoll vom 10. Mai 1988 heisst. Im Klartext: Wer zahlt, will auch mitreden.

Als die Koadjutorenernennung schliesslich Tatsache ist, reagiert der Kanton Schwyz umgehend. Die Regierung gelangt mit einem zweiten Schreiben an die Nuntiatur. Darin protestiert sie gegen die Ernennung und weist auf das Recht der Domherren auf eine Bischofswahl hin. Wieder wird der Eingang des Briefes vom Nuntius bestätigt. Diesmal wird zugleich der apostolische Rechtsstandpunkt mitgeliefert. Bei diesem «Recht» handle es sich «nur» um ein Privileg. Und dieses sei rechtlich nicht einzufordern. Die Domherren dürfen den Bischof also nur selber wählen, wenn der Papst ihnen diese Gnade erweist.

Doch im Kantonsparlament sieht man dies anders. Nur zehn Tage nach der Ernennung reicht der Schwyzer Kantonsrat Toni Dettling ein dringliches Postulat ein. Für Dettling gibt es keine Zweifel, dass Rom *«örtliche Rechte übergangen»* habe. Auch Dettling verweist auf den Passus im Bistumsvertrag und will von der Schwyzer Regierung wissen: *«Teilt der Regierungsrat die Auffassung, dass dadurch die Abmachungen des Standes Schwyz mit dem Bistum Chur verletzt worden sind?»* Weiter fordert Dettling, dass das Recht auf Nachfolge rückgängig gemacht werde.

*

Die Antwort der Schwyzer Regierung fällt eindeutig aus: *«Aufgrund der Überprüfung der Rechtslage gelangt der Regierungsrat zur Überzeugung, dass der Heilige Stuhl bei der Ernennung von H.H. Weihbischof Wolfgang Haas staatsvertragliche Abmachungen des Kantons Schwyz zu Gunsten seiner Domherren missachtet hat»* (Protokoll, 10. Mai 1988). Auch wenn zwischen dem Bistum Chur und Rom kein völkerrechtlich verbindliches Konkordat besteht, pochen die erzürnten Schwyzer darauf, dass hier ein versprochenes Wahl*recht* verletzt worden sei. Sie verweisen auf ein Schreiben vom 29. Januar 1947, in welchem der damalige Nuntius der Schwyzer Regierung versichert: *«...dass der Heilige Stuhl nicht im Sinne hat, das* ***Recht*** *zur Wahl des Bischofs dem Kapitel von Chur zu entziehen, sondern nur die Wahl des Bischofs auf eine vom Heiligen Stuhl unterbreitete Dreierliste von Priestern zu beschränken.»* Obwohl das Wahlrecht nicht konkordatsmässig verankert sei, so das Schreiben weiter, *«ist der Heilige Stuhl doch bereit, dieses* **Recht** (Hervorherbung durch d. Verf.) *anzuerkennen»*. Der Nuntius spricht 1947 also selber zweimal von einem «Recht». An diesen Strohhalm klammern sich die Schwyzer.

Trotz dieser klaren regierungsrätlichen Antwort, ist die Wut im Schwyzer Kantonsparlament derart gross, dass es das Postulat mit 79 zu 3 Stimmen als erheblich erklärt. Dies hat zur Folge, dass die Regierung einen ausführlichen Bericht erstellen muss. Die Sache ist noch nicht erledigt. Am 23. Mai 1989 – also ein Jahr nach der denkwürdigen Bischofsweihe in Chur – liegt dieser Bericht vor.

4. Gutachten und Gegengutachten

Während die Schwyzer Regierung an ihrem ausführlichen Bericht arbeitet, erscheinen mehrere Gutachten über die Rechtsfrage dieser Bischofsernennung. Je nach Standpunkt gelangen die Experten zu vollkommen gegenteiligen Schlüssen. Es würde den Rahmen dieses Buches sprengen, sie hier alle darstellen zu wollen. Die Tragweite dieses Expertenstreits verlangt jedoch, dass einige Gutachten und Meinungen kurz gestreift werden müssen. Sie geben nicht nur Einblick in die Verbissenheit, mit der die Juristen in diesen Streit hineinknien, sondern zeigen auch die Uferlosigkeit dieses Rechtsstreits.

*

Mit einem ersten grösseren Gutachten meldet sich der damalige Assistent des Instituts für Kirchenrecht und Staatskirchenrecht der Universität Fribourg, Rechtsanwalt Franz Xaver von Weber. Für von Weber liegt keine Rechtsverletzung vor. Seine Hauptargumente:

- Der Bistumsvertrag ist kein Konkordat. Er hat also keine völkerrechtliche Verbindlichkeit.
- Das in der Bulle von Papst Leo XII. 1824 anerkannte Wahlrecht ist kein «Recht», sondern «nur» ein Privileg.
- Dieses Privileg gilt nur für die Wahl des Diözesanbischofs, nicht aber für Weihbischöfe.
- Dieses Privileg spielt nur bei verwaistem Bischofssitz (Sedisvakanz).
- Ein Recht auf eine Koadjutorenwahl gibt es im Bistum Chur nicht.

Aus von Webers Argumenten lassen sich folgende Schlüsse ziehen: Wenn der Bistumsvertrag von 1824 kein Konkordat darstellt, ist er für den Heiligen Stuhl auch nicht völkerrechtlich verbindlich. Die Schwyzer Domherren können ihr «Recht» auf eine Bischofswahl also nicht auf einen Vertrag gründen, der für den Heiligen Stuhl gar keine rechtliche Verbindlichkeit hat. Denn nach geltendem Kirchenrecht kann der Heilige Stuhl staatliche Sonderrechte bei Bischofswahlen gar nicht anerkennen, die nicht in einem Konkordat vereinbart sind. Rom schützt sich also mit dem von ihm selbst geschaffenen Kirchenrecht. Der Kanton Schwyz kann also nur geltend machen, dass seine zwei Domherren den andern gleichgestellt sind. Wenn aber alle nicht wählen können, dürfen auch die beiden Schwyzer nicht.

Wenn es sich hier nicht um ein Wahl«recht», sondern nur um ein Privileg handelt, darf Rom die Wahl umgehen. Denn ein Privileg ist ein vom Papst gewährter Gnadenakt, welcher nicht rechtlich eingefordert werden kann. Das ganze 19. Jahrhundert war gezeichnet von der Privilegientheorie. Das heisst: Alles, was die Kirche gewährte, gewährte sie nur auf Zeit, weil sie sich nicht gegenüber weltlichen Mächten (Staaten) ewig und unwiderruflich binden wollte. Im Falle von Wolfgang

Haas wird das Privileg nicht gewährt. Ein Umstand, der für Rom und von Weber rechtlich in Ordnung ist.

*

Die Regierung des Kantons Schwyz reagiert negativ auf dieses Gutachten. Sie kritisiert, dass von Weber die kirchenrechtlichen Gegebenheiten in diesem Streit überbewerte. Da der Kanton Schwyz als Staat mit dem Heiligen Stuhl verkehre, sei es daher logisch, dass primär völkerrechtliche und staatsrechtliche Regeln, weniger aber kirchenrechtliche Regeln, bestimmend seien. Genau so wie die Kirche sich durch die Privilegientheorie gegenüber Staaten nicht rechtlich binden wolle, wolle sich umgekehrt der Stand Schwyz als Staat nicht vom Wohlwollen kirchlicher Stellen abhängig machen. Eine solche *«Privilegientheorie...ist mit Entschiedenheit abzulehnen»*, schreibt die Regierung.

*

Im März 1989 legt der spätere Fichendelegierte und alt Regierungsrat Dr. Walter Gut, Luzern, eine juristische Studie vor. Gut betont, als Privatperson zu handeln. Für Walter Gut liegt eine klare Rechtsverletzung vor. Er bezeichnet die Ernennung von Wolfgang Haas zum Koadjutor als *«konkordatswidrig»*. Seine Hauptargumente:

- Mit *«Etsi salva»* ist 1948 *«rechtsbeständiges und verbindliches Sonderrecht»* geschaffen worden (Wahlrecht aus einem römischen Dreiervorschlag), an welches sich, einmal gewährt, auch Rom halten muss.
- Die Koadjutorenernennung verhindert wegen dem Automatismus der Nachfolge ein Sedisvakanz. Da das Wahlrecht aber nur im Falle einer Sedisvakanz gelten soll, wird hiermit *«eine spätere ordentliche Bischofswahl»* verunmöglicht.
- Koadjutorenernennungen könnten also andauernd verhindern, dass *«Etsi salva»* überhaupt in Funktion treten kann und somit andauernd *«geltendes Sonderrecht verletzt»* wird.
- Das Kirchenrecht schreibt für die freie Ernennung eines Koadjutoren durch den Papst *«schwerwiegende Umstände»* vor. Diese seien in Chur nicht gegeben gewesen. Für die Ernen-

nung eines Koadjutors hat zu diesem Zeitpunkt im Bistum Chur *«kein sachlicher Grund»* bestanden. Dies wiegt um so schlimmer, als auch das Zweite Vatikanische Konzil die Koadjutorenernennung *«klar als letzte der möglichen Massnahmen»* sehe.

Aus Walter Guts Argumenten lassen sich folgende Schlüsse ziehen: Rom kann Privilegien gewähren. Wenn es dies aber tut, schafft es Sonderrecht, an das es sich schliesslich selber zu halten hat. Rom kann also nicht, ohne sich selber zu binden, Rechte und Privilegien «nach Lust und Laune» gewähren oder vorenthalten, sonst kann es die rechtlichen Machtmittel stets in den eigenen Händen behalten und als einer der beiden Vertragspartner allein bestimmen, ob ein Vertrag spielt oder nicht. Der Heilige Stuhl könnte das gewährte Recht/Privileg der Wahl bei «verwaistem Bischofssitz» ausser Kraft setzen, indem es solche Sedisvakanzen mit dem «Trick» von Koadjutorenernennungen andauernd verhindert. Oder einfacher gesagt: Rom könnte jede unangenehme Bischofswahl durch eine direkte Koadjutorenernennung verhindern. Dieses selbst geschaffene Sonderrecht sieht Walter Gut im Fall Haas verletzt. Gut argumentiert also aus einer eher völkerrechtlichen Position.

Walter Gut wirft dem Heiligen Stuhl zudem vor, das von der Kirche selbst geschaffene Kirchenrecht zu missachten. Tatsächlich gibt das Kirchenrecht dem Heiligen Stuhl die Möglichkeit, *«bei Vorliegen schwerwiegender Umstände»* (Can. 403,2) einen Weihbischof zu ernennen oder, wenn es dem Heiligen Stuhl *«zweckmässiger»* (Can. 403,3) scheint, einen Bischofskoadjutor. Diese «schwerwiegenden Umstände» sieht Walter Gut eindeutig nicht gegeben.

*

Eine ebenfalls beachtenswerte Publikation veröffentlich schliesslich Bundesrichter Dr. Giusep Nay. Er äussert sich zu den beiden Gutachten von Weber und Gut und nimmt dabei eine Art Zwischenstellung ein. Seine Hauptargumente:

– Das Domkapitel hat bei der Wahl von Weihbischöfen (mit und ohne Nachfolgerecht) kein Mitspracherecht (Pro Weber).

- Das Wahlrecht des Domkapitels ist kein Recht, sondern ein innerkirchliches Privileg (Pro Weber).
- Die Beschränkung des Wahlrechts auf eine Sedisvakanz (verwaister Bischofssitz) bedeutet nicht zugleich, dass Rom in der Ernennung von Koadjutoren frei ist (Contra Weber). Wenn nämlich Sedisvakanzen jedesmal durch Koadjutorenernennungen vorsorglich verunmöglicht werden, kann das Wahlrecht gar nie in Kraft treten (Pro Gut).
- Die Verneinung einer Rechtsverletzung von Franz Xaver von Weber überzeugt nicht. Es bleibt die Frage offen, ob hier nicht *«in unstatthafter Weise»* die Aushöhlung des Bischofswahlrechts des Bistums Chur versucht wird.

*

Doch damit gibt sich Franz Xaver von Weber nicht zufrieden. In einer Replik geht er auf die Gutachten Gut und Nay ein und betont noch einmal, dass keine Rechtsverletzung vorliege. Gegenüber dem Gutachten von Walter Gut hält von Weber fest:

- Die Schlussfolgerungen erweisen sich in den wesentlichen Punkten als sachlich unzutreffend.
- Die Studie von Dr. Gut ist korrekturbedürftig.

Weiter weist von Weber darauf hin, dass die beiden Gutachten von Walter Gut und Giusep Nay in verschiedenen Fragen zu widersprüchlichen Schlüssen kommen. Von Weber nimmt für sich in Anspruch, dass sich auch Giusep Nay nicht für eine Rechtsverletzung habe aussprechen können. Von Weber versucht dies mit einem – allerdings falschen – Zitat zu belegen. Die Aussage Nays *«Die eindringlich sich stellende Frage...bleibt nach wie vor zumindest vollständig offen»*, bezieht von Weber kurzerhand auf die Frage einer möglichen Rechtsverletzung. Giusep Nay hatte allerdings damit etwas ganz anderes gemeint. Das vollständige Zitat lautet nämlich: *«Wie von Weber selber anführt, höhlten die ‹päpstlichen Kanzleiregeln› im Laufe der Jahrhunderte die Bischofswahlrechte aus und vermochten sie verschiedenenorts auch rechtlich zu verdrängen.* ***Die eindringlich sich stellende Frage,*** *ob dies insbesondere mit der Formulierung ‹Sede vacante› nicht auch* *in Chur in unstatthafter Weise versucht wurde und wird,* ***bleibt nach wie vor zumindest vollständig offen*»** (Zitiert nach dem Protokoll des Schwyzer Regierungsrates, Hervorhebung durch d. Verf.). Für Nay ist also nicht die Frage offen, ob in Chur eine Rechtsverletzung stattgefunden hat, sondern ob eine Aushöhlung des Wahlrechts versucht worden sein könnte.

*

Auch der St. Galler Kantonsrichter und Spezialist für Staatskirchenrecht Urs Josef Cavelti kommt im August 1990 zum Schluss, dass die Ernennung zum Koadjutor widerrechtlich bleibt und zudem gegen Treu und Glauben verstosse. *«Die Kirche bleibt den Völkerrechtsregeln, die sie freiwillig gewählt hat, unterworfen»*, argumentiert Cavelti. Der Grundatz von Treu und Glauben sei eine elementare Regel der Rechtskultur und nicht bloss eine Floskel. Cavelti stellt sich auf den Standpunkt, dass die Neuumschreibung des Churer Wahlrechts im Jahre 1948 in *«Etsi salva»* nichts daran geändert habe, dass die Koadjutorenernennung widerrechtlich ist, wenn das Domkapitel ausgeschaltet wird. Für Cavelti ist Wolfgang Haas widerrechtlich Koadjutor und so auch Bischof des Bistums Chur geworden.

5. Rom und Chur sind sich einig

In die Diskussion um die rechtliche Situation schaltet sich schliesslich auch die Apostolische Nuntiatur ein. Sie erachtet unter anderem folgende *«Präzisierungen und Informationen für angebracht»*:

- Die Bulle *«Imposta humilitati nostrae»* aus dem Jahre 1824 tritt dem Kanton Schwyz keine besonderen Rechte ab. Sie betont lediglich, dass die Domherren des Standes Schwyz dieselben Vorrechte geniessen, wie die andern Domherren.
- 1956 zeigt der Heilige Stuhl, anlässlich einer Forderung nach einem Koadjutor durch Bischof Caminada, auf, dass sich das im Jahre 1948 verabschiedete Vorrecht nicht auf die Wahl eines Bischofkoadjutors anwenden lässt.

- Die Ernennung von Koadjutoren ist und bleibt in der alleinigen Kompetenz des Heiligen Stuhls.

Die Nuntiatur versucht also zu zeigen, dass die Ernennung eines Koadjutors immer alleinige Sache Roms war, dass hier also so etwas wie eine Tradition vorliegt. Rom ist auch bemüht aufzuzeigen, dass in den Jahren seit *«Etsi salva»* (1948) dieser Umstand in vielen Schreiben immer wieder dem Churer Domkapitel klargemacht wird (1926, 1932, 1956). Für Rom ist klar: Der Heilige Stuhl befindet sich im Recht. Schwyz irrt.

*

Am 31. Mai 1989 greift die Kurie in Chur selbst in die Diskussion ein. Sie veröffentlicht eine ausführliche *«kirchenrechtliche Begründung»* darüber, warum die Ernennung eines Bischofkoadjutors in die *«ausschliessliche Kompetenz des Heiligen Stuhls»* fällt. Mit diesem programmatischen Titel macht Chur sogleich klar, dass es nicht um die Diskussion geht, ob Bischof Haas rechtmässiger Bischof von Chur sei, sondern dass es lediglich um die Begründung geht, dass er es tatsächlich ist. Die Autorschaft dieser Schrift wird nicht angegeben. Es fällt aber auf, dass die Argumentation teilweise fast wörtlich derjenigen von Franz Xaver von Weber folgt. Ihre Hauptargumente:

- Das Mitbestimmungsrecht gilt nicht für Koadjutoren. Das Domkapitel kann also nur den Diözesanbischof, nicht aber Weihbischöfe oder Koadjutoren wählen. Schon als der Vorgänger von Johannes Vonderach, Christianus Caminada, 1956 um einen Koadjutor bittet, wird er von Rom darauf verwiesen, dass *«das Privileg von 1948 sich nicht für die Wahl eines Bischofkoadjutors anwenden lässt»*.
- Dass in den drei Dokumenten Koadjutoren nicht wörtlich erwähnt sind, ist ein Zeichen dafür, dass sie nicht unter die verbrieften Abmachungen fallen. Rom hat sich die freie Ernennung der Koadjutoren immer vorbehalten. Beweis: Im Konkordat mit Portugal (1778) hat Rom die Koadjutoren von der Mitbestimmung durch die Regierung explizit ausgenommen. (Anmerkung des Verfassers: Gerade das sehen die Schwyzer anders: Gerade weil Rom also die Koadjutoren in Chur **nicht** explizit ausgenommen hat, sind sie nach

Ansicht von Schwyz implizit mitgemeint, sonst hätte Rom sie auch hier wie in Portugal explizit ausnehmen müssen!).

- Das Recht zur freien Koadjutorenernennung muss Rom vorbehalten bleiben, weil es historisch ist. Es wurde eingeführt, um Sedisvakanzen vorzubeugen, damit protestantische Fürsten nach dem plötzlichen Tod eines Bischofs nicht Besitzungen an sich reissen konnten.
- Das Churer Mitbestimmungsrecht gilt nur bei einem «verwaisten Bischofssitz» (Sedisvakanz), also nur dann, wenn der leitende Diözesanbischof unerwartet stirbt oder zurücktritt.
- Der Bistumsvertrag ist kein rechtlich verbindliches Konkordat. Das gewährte Mitbestimmungsrecht ist daher nur ein Privileg. Auch das Dekret «Etsi salva» von Papst Pius XII. (1948) spricht nur von einem Privileg.
- Die Wahlstatuten des Domkapitels sprechen zwar vom «**Recht** der Bischofswahl» (Hervorherbung im Text). Diese Statuten sind aber nur rechtsverbindlich, soweit sie dem Dekret «Etsi salva» nicht widersprechen.
- Wolfgang Haas ist bereits der fünfte vom Papst frei ernannte Koadjutor seit 1824 (Kaspar I. de Carl ab Hohenbalken 1843, Anton Gisler 1928, Laurenz Matthias Vinzenz 1932, Johannes Vonderach 1957). Bis anhin hat das Domkapitel bei deren Ernennung nie irgendwelche verletzte Rechte reklamiert.

6. Der demokratische Ur-Reflex

Diese Gutachten und Gegengutachten, die schliesslich in den ausführlichen Bericht der Schwyzer Regierung einfliessen, bestärken den Regierungsrat in seiner Haltung. Es liege eine klare Rechtsverletzung vor und es gebe *«keine Veranlassung, von der damals getroffenen Beurteilung der Rechtslage grundsätzlich abzuweichen»*, schreibt der Regierungsrat im Mai 1989. Er schliesst sich wesentlich den Argumenten von Walter Gut und Giusep Nay an.

Da der Kanton Schwyz auf der Durchsetzung seiner Rechte besteht, ersucht er den Bundesrat, beim Heiligen Stuhl vorstellig zu werden. Der Bundesrat soll darauf hinwirken, dass Haas auf das Nachfolgerecht verzichtet. Der Bundesrat, der sich in der Sache eher zurückhaltend verhält, kann den Wunsch der Schwyzer Regierung nicht erfüllen. Der Schwyzer Regierung bleibt vorerst also nicht vielmehr, als die Faust im Sack zu machen. Die rechtlichen Mittel sind ausgeschöpft. Dazu kommt, dass der Vatikanstaat sich dem allgemeinen Völkerrecht entzieht und nicht vor dem Gerichtshof eingeklagt werden könnte. Diese für Schwyz negativen Umstände lassen das Verhältnis zwischen Schwyz und Chur auf den Gefrierpunkt absinken.

*

Viele mag es befremden, dass Wolfgang Haas der hartnäckigste Widerstand aus einem Kanton entgegenschlägt, der zum katholischen Stammland der Schweiz gehört. Denn viele Bürgerinnen und Bürger der Urschweiz leben durchaus einen von der Tradition geprägten Katholizismus. Ihre Treue zur katholischen Überlieferung ist sicher nicht kleiner als anderswo. Dass hier durchaus kirchentreue Katholikinnen und Katholiken den Aufstand proben, hat mit Theologie wenig zu tun.

Hier geht es um Geschichte. Und es ist wohl typisch, dass ein derart unhistorischer Mensch wie Wolfgang Haas, die geschichtliche Vergangenheit der Urschweiz nicht versteht. Hier liegt aber der Schlüssel zum Verständnis der heftigen Reaktion des Kantons Schwyz. Fremdbestimmung ist ihm seit der Gründung des Bundes ein Greuel. Fremde Vögte werden aus einem demokratischen Ur-Reflex heraus abgelehnt – selbst wenn sie von der römischen Kirchenzentrale geschickt werden. Dieses demokratische Moment, welches letztlich die ganze katholische Schweizer Kirche prägt, versteht man weder in Chur noch in Rom. Wolfgang Haas fürchtet demokratische Mitsprache wie der Teufel das Weihwasser. Kirchliche Angelegenheiten können für ihn nie mit Demokratie zu tun haben. Hierarchie und Demokratie schliessen sich aus. Was ihm die Schwyzer nicht verzeihen, ist nicht sein antiquiertes Kirchenbild, nicht seine ablehnende Haltung in Sachen Ministrantinnen, nicht sein Bestreben, die Menschen wieder in den Beichtstuhl zu bringen, nicht seine für viele überbetonte Frömmigkeit. Was sie ihm nicht verzeihen, ist seine Ignoranz gegenüber der demokratischen Geschichte der Urschweiz. Sie spüren, dass Wolfgang Haas sie in diesem Punkt nicht ernst nimmt, über sie hinweggeht, weil er eine streng hierarchische Kirche als normative Kraft über die Errungenschaften der Demokratie stellt. Zuerst kommt die Kirche, dann der Staat.

Die Bevölkerung im Alltag lebt jedoch gleichzeitig in beiden Strukturen. Sie verbindet das demokratische Bürgertum mit dem Bekenntnis zu einer hierarchischen Kirche. Sie verträgt es aber nicht, wenn sich eine der «Gewalten» zu mächtig, zu absolutistisch aufspielt. Wolfgang Haas scheitert, weil er die Hierarchie verabsolutiert. Er scheitert, weil er meint, Entscheidungen müssten immer und überall ohne Diskussionen durch den Obersten gefällt werden. Er scheitert, weil er das römische Kirchenmodell auf das gewachsene Schweizer und Schwyzer Staatsmodell überstülpen will. Wolfgang Haas ist kein Schwyzer, nicht, weil er Liechtensteiner ist, sondern weil er kein Demokrat ist. Er ist der fremde «Vogt» aus dem Hause Liechtenstein, der einheimische Rechte missachtet. Im Empfinden der Schwyzer eine schwere Sünde. Wie schwer, zeigt der Umstand, dass ein Kantonsrat von Schwyz an der Demonstration in Chur aus dem Bundesbrief zitiert.

7. Schlagabtausch zwischen Chur und Chur

Die grundsätzlichen Diskussionen um das Bischofswahlrecht verebben zwar in der breiteren Öffentlichkeit so schnell, wie sie aufgebrochen sind. In Fachkreisen wird jedoch weiter gestritten. Weitere Gutachten erscheinen. Obwohl mittlerweile klar ist, dass mit dem Versuch, die Ernennung von Wolfgang Haas zum Koadjutor als rechtswidrig zu entlarven, der unbeliebte Churer Hirte nicht aus seinem Amt zu bringen ist, erhalten diese Gutachten ein gewisses Gewicht. Dies vor allem in

Chur selber. Als 1988 Verwaltungsgerichtspräsident Wolf Seiler in einem Gutachten gegenüber der Bündner Kantonsregierung eine Rechtsverletzung bejaht, beschliesst das politische Chur, Wolfgang Haas als Bischof von Chur nicht zu anerkennen. Vier Jahre später greift die Bündner Regierung die leidige Frage erneut auf und gibt nochmals eine Studie in Auftrag. Ausgearbeitet wird diese Studie vom Freiburger Staats- und Verwaltungsrechtler Thomas Fleiner. Im Frühling 1993 liegt sie vor. Fleiner kommt, wie ehedem Seiler, zum Schluss, dass bei der Ernennung von Bischof Haas zum Koadjutor Völkerrecht verletzt worden sei. Fleiner argumentiert, dass in Sachen Bischofswahl zwischen dem Kanton Graubünden und dem Vatikan eine auf *«Gewohnheitsrecht beruhende Rechtspflicht»* bestehe. Dies sei nicht nur im Hinblick auf den Fall Haas von Wichtigkeit, sondern auch für alle zukünftigen Bischofswahlen im Bistum Chur.

Das Gutachten Fleiner ist für die Bündner Regierung äusserst brisant. Denn, will sie den in diesen Fragen unbestrittenen Fachmann nicht desavouieren, bleibt der Regierung nur noch die Verweigerung der Anerkennung von Wolfgang Haas als Bischof von Chur. Eine solche Verweigerung birgt allerdings die Gefahr einer offenen Auseinandersetzung zwischen Kirche und Staat. Eine solche Auseinandersetzung will die Regierung nicht fahrlässig vom Zaune brechen. Man habe deshalb das Resultat mit *«grosser Zurückhaltung»* behandelt, umschreibt Regierungsrat Joachim Caluori die heikle Situation. Aber, so meint Regierungsrat Caluori: *«Unsere Stellung gegenüber Herrn Haas ist gleichgeblieben.»* Das heisst im Klartext: Keine Anerkennung durch die Regierung.

*

Chur quittiert das Gutachten Fleiner postwendend als *«wissenschaftlich nicht seriös»*. Gerichtsvikar und Opus Dei-Mitglied Joseph Bonnemain zerzaust es nach Strich und Faden. Bonnemain wirft Fleiner *«tendenziöse Absicht»* vor. Das Gutachten sei nicht mehr als eine Neuauflage alter Gutachten. Der Vorwurf, Fleiner habe die umfangreichen Unterlagen in den Archiven des Heiligen Stuhls, der Nuntiatur in Bern und der

Bischöflichen Kurie in Chur nicht benutzt, fällt letztlich jedoch auf den Kritiker zurück. Denn jedermann weiss, dass an solches Material überhaupt nicht heranzukommen ist. Und es ist wesentlich Joseph Bonnemain selber, der als Gralshüter kirchlicher Archivgeheimnisse amtet, wie im nächsten Abschnitt noch darzulegen sein wird. Lägen also in den erwähnten Archiven tatsächlich die Beweismaterialien für die Rechtmässigkeit der Ernennung von Wolfgang Haas, müssten die haastreuen Kreise eigentlich alles Interesse daran haben, dass dieses Material öffentlich wird. Das Material, so Fleiner in einer Replik, sei jedoch nicht greifbar gewesen. Fleiner vermutet, dass es deshalb nicht greifbar ist, weil es in Tat und Wahrheit das Gegenteil beweisen könnte – und deshalb unter Verschluss behalten wird.

8. Keine bischöfliche Absolution für Expertenbericht

Der Rechtsstreit wirft schliesslich im November 1992 noch einmal hohe Wellen. Viereinhalb Jahre nach der Koadjutorenernennung veröffentlicht eine Expertengruppe einen Bericht über die *«Bischofswahlen in der Schweiz»*. Dieser Bericht wird von der Römisch-katholischen Zentralkonferenz, der Vereinigung der kantonalkirchlichen Organisationen, in Auftrag gegeben. Die Mitglieder der Expertengruppe, der Politikwissenschafter Alois Riklin (Präsident), Mittelschulrektor Ephrem Bucher, Kantonsrichter Urs J. Cavelti, Theologieprofessor Eduard Christen, Staats- und Völkerrechtler Walter Kälin sowie Bundesgerichtsschreiber Peter Karlen kommen darin unter anderem zum Schluss, dass bei der Ernennung von Wolfgang Haas zum Koadjutor Völkerrecht verletzt worden sei. Dieser Schluss wird nicht nur von der Bistumsleitung in Chur, sondern auch – wie der Bericht als Ganzes – von den Schweizer Bischöfen zurückgewiesen.

In einer überraschend emotionalen Erklärung verurteilt Bischof Pierre Mamie die Veröffentlichung dieses Berichts. Weder die Bischofskonferenz noch einzelne Bischöfe hätte je einen solchen Bericht verlangt. Die römisch-katholische Zentralkonferenz der Schweiz müsse sich bewusst sein, dass die Gelder der Schweizer Katholiken nicht für solches bestimmt seien und in unzulässiger Weise für dieses Buch verwendet worden seien, kritisiert Mamie. Die Wut in der Bischofskonferenz ist aus der Optik des mimosenhaften Verhaltens Roms verständlich. Wer immer es wagt, Rom in seinem gemächlichen Bemühen um eine Lösung im Bistum Chur zu stören, muss gewärtigen, dass die römischen Mühlen noch langsamer mahlen. Die Schweizer Bischöfe wollen unbedingt verhindern, dass Rom, erzürnt über den Expertenbericht, mit der versprochenen Lösung noch länger zuwartet.

*

Auch der Churer Offizial Joseph Bonnemain reagiert wieder mit einer Stellungnahme. Er will, wie er selber schreibt, die Öffentlichkeit *«objektiv»* informieren. Denn Bonnemain erachtet den Expertenbericht in gewissen Teilen als falsch. Dabei versucht er gar nicht erst, dem Expertenbericht etwas Positives abzuringen. Im Gegenteil. Dass hier ein staatskirchliches Gremium in ein für Chur rein kirchliches Vorgehen hineinzufunken beginnt, passt den Churer Klerikern gar nicht. Sie sind es nicht gewohnt, von weltlichen Stellen kritisch befragt zu werden. Die Kantonalkirchen, so Wolfgang Haas in einem Schreiben an die Expertenkommission, hätten die Aufgabe, der Kirche die materielle Existenz zu sichern. Der Rest ist Sache der Kleriker. Dieser Ansicht ist auch Joseph Bonnemain. Im April 1993 erklärt Bonnemain, dass die Gläubigen dazu berufen seien, *«entsprechend ihrer Sendung, ihren Aufgaben, ihrem Stand, ihrem Amt, ihrem Charisma und ihren Möglichkeiten der Kirche materielle Unterstützung zu gewähren»*. Die Gläubigen haben also dafür zu sorgen, dass die Kasse klingelt, dürfen jedoch niemals in Form von staatlichen oder politischen Einrichtungen in die Verwaltung des kirchlichen Vermögens eingreifen. Oder noch einfacher gesagt: Die Gläubigen dürfen bezahlen, aber nicht mitbestimmen.

Wolfgang Haas spricht der Zentralkonferenz die Legitimation ab, sich zur Frage der Bischofswahl überhaupt zu äussern und dazu eine Expertengruppe einzusetzen. Als die Expertengruppe bei ihm um Akteneinsicht bittet und ihm anbietet, zwei Personen seines Vertrauens in die Expertengruppe delegieren zu können, versucht er auszuweichen. Chur sei gar nicht die richtige Anlaufstelle, schreibt Haas den Experten. Die Rechtsfragen seien im Vorfeld von der Nuntiatur sowie von Rom geprüft worden. Also seien die Nuntiatur und Rom die richtigen Anlaufstellen, um Akteneinsicht zu verlangen. Die geneigte Leserschaft erinnert sich, dass Offizial Joseph Bonnemain dem Staatsrechtler Thomas Fleiner vorgeworfen hatte, die Unterlagen im Archiv der Kurie des Bistums Chur für sein Gutachten nicht einbezogen zu haben. Damit liegt der Widerspruch beider Aussagen offen auf dem Tisch. Haas behauptet, die wesentlichen Akten lägen in Rom und in Bern. Bonnemain behauptet indirekt, sie lägen in Chur.

Doch damit nicht genug. Wolfgang Haas stolpert, einmal mehr, über die eigenen Drähte und widerlegt sich schliesslich selber. Überraschend verspricht er gegenüber der Expertengruppe doch noch Akteneinsicht. In Akten, die nun plötzlich doch vorhanden zu sein scheinen. Die Akten seien jedoch noch nicht alle durchgesehen und geordnet, lautet die neuste Erklärung aus Chur. Man werde aber in den *«nächsten Monaten»* versuchen, das gesamte Aktenmaterial zugänglich zu machen und es eventuell *«sogar veröffentlichen»*. Auf die Einlösung dieses Versprechens, gemacht im Februar 1991, wartet die Öffentlichkeit noch heute. Stattdessen beginnt ein unrühmliches Katz und Maus-Spiel, welches den Churer Aktenhütern ein erbärmliches Zeugnis menschlichen Umgangs ausstellt.

Im August 1991 – die *«nächsten Monate»* sind längst vergangen – bittet die Zentralkonferenz ein zweites Mal um Akteneinsicht. Keine Antwort aus Chur. Einen Monat später bittet man wieder um Akteneinsicht. Keine Antwort aus Chur. Ebenfalls im September kündigt man Bischof Haas einen Telefonanruf auf den 9. oder 10. September 1991 an, um einen Besprechungstermin auszumachen. 15 mal (!) telefoniert die Zentralkonferenz im Zeitraum zwischen dem 9. und 23. September nach Chur. Vergeblich. Chur schweigt. Am 26. September schliesslich kommt Post aus Chur. Nicht von Bischof Wolfgang

Haas, sondern von Offizial Joseph Bonnemain. Darin vertröstet er die Experten in Sachen Veröffentlichung der Akten auf später. Er sei jedoch zu Einzelauskünften bereit.

Daraufhin überreicht ihm die Zentralkonferenz im Dezember 1991 eine Liste mit 16 Akten, um deren Einsicht gebeten wird. Schon scheint das Ganze doch noch auf kooperativguten Wegen, als Bonnemain kurz vor Weihnachten 1991 wegen einer kritischen Stellungnahme der Zentralkonferenz einen Rückzieher macht. Zur Strafe gibt es gar nichts. Im Februar 1992 bittet die Zentralkommission erneut um Akteneinsicht. Ende Februar lehnt Bonnemain die Akteneinsicht ab. Er übernimmt dabei die Argumentation von Wolfgang Haas, wonach an der Zuständigkeit der Experten an der Überprüfung der Bischofswahlfrage gezweifelt werde. Auch Bonnemain verweist die Experten nun plötzlich an die römischen Archive. Und dass es dort für niemanden etwas zu holen oder einzusehen gibt, ist so sicher wie das Amen in der Churer Kathedrale. Bonnemain verschiebt auch die von Haas angekündigte und bereits einmal verschobene Veröffentlichung der Churer Akten auf den Sanktnimmerleinstag. Die öffentliche Stimmung sei nicht dazu angetan, diese Akten nun zu veröffentlichen.

Die Zentralkonferenz und die Experten sind durchaus nicht die einzigen, die sich vom Ordinariat in Chur vorführen lassen müssen. Domkapitel, Dekane, Priesterrat und Seelsorgerat, ja sogar die Bischofskonferenz könnten ein Lied singen von leeren Versprechungen, Rückziehern, trotzigem Stillschweigen und windigen Begründungen. Das Ordinariat springt mit Bischöfen und Experten um, als handle es sich um ungehorsame Ministranten. Auffällig ist dabei, dass in vielen Fragen zuerst immer Wolfgang Haas selber als Gesprächspartner oder Briefeschreiber auftritt, später aber dann einen seiner Untergebenen vorschiebt. Dies mag zeigen, dass er sichtlich bemüht ist, die Fäden primär in den eigenen Händen zu halten und nur zu delegieren, wenn es nicht mehr anders geht.

*

Die Beziehung zwischen Chur und der Zentralkonferenz, bzw. der Expertengruppe ist bald nachhaltig gestört. Es wundert daher nicht, dass Joseph Bonnemain auch inhaltlich keine lobenden Worte für den Expertenbericht findet. Der Tenor seiner Stellungnahme lautet: Die Behauptung einer Rechtsverletzung ist *«völlig unhaltbar»*. Noch einmal geht Bonnemain detailliert auf die mittlerweile bekannten und oben dargelegten Fakten ein: Das Mitbestimmungsrecht ist kein Recht, sondern nur ein Privileg. Die beiden Schwyzer Domherren haben keine Sonderrechte. Das Mitbestimmungsrecht gilt nicht für Koadjutoren.

9. Der «Fall Chur» schon im 4. Jahrhundert bekannt[1]

Die Befürworter von Wolfgang Haas argumentieren nicht selten, dass es schon immer die Aufgabe der Kirchenführung in Rom gewesen sei, die Bischöfe zu ernennen. Das trifft jedoch nicht zu. Und wenn die gleichen Kreise zusätzlich behaupten, die Kirche handle hierbei in ihrer *«stets gleichbleibenden Tradition»*, verraten sie, wie schlecht sie die Kirchengeschichte kennen. Denn nicht nur in diesem Punkt verändert sich die *«gleichbleibende Tradition»* gleich mehrmals. Die direkte Ernennung der Bischöfe durch Rom beginnt erst in der Neuzeit.

Schon die Frühkirche kennt zwar bereits eine Art hierarchische Kontrolle der Bischofswahlen. Nicht jedoch im heutigen zentralistischen Sinne. Die Bischofswahlen werden im vierten Jahrhundert nicht etwa durch Rom, sondern durch die regionalen Bischofskollegien beaufsichtigt. Was die Ernennung betrifft, kennt die Frühkirche eine umfassende ortskirchliche Mitbestimmung. Dies bezeugt unter anderem der sogenannte Clemens-Brief, geschrieben um 95 nach Christus. Dort heisst es, dass die Amtsträger – von Bischöfen im heutigen Sinne kann noch nicht gesprochen werden – *«unter Zustimmung der ganzen Gemeinde»* eingesetzt worden seien. Dieses Mittun der

[1] Das folgende Kapitel stützt sich unter anderem auf einen längeren Aufsatz von Klaus Schatz, veröffentlicht in der Schweizerischen Kirchenzeitung vom 7. September 1989.

ganzen Gemeinde ist nicht etwa eine frühkirchliche Neuerung, sondern eine Praxis, wie sie in der Apostelgeschichte greifbar ist. Also echt biblische Tradition. Es ist die *«ganze Gemeinde»*, welche Stephanus wählt (Apg 6,1–7) und beim sogenannten Apostelkonzil beschliessen die Apostel und die Ältesten *«mit der ganzen Gemeinde, Männer aus ihrer Mitte auszuwählen»* (Apg 15,22–29). Über Wahlprozedere oder gar Regeln der Einsetzung in die Ämter zu jener Zeit wissen wir kaum etwas.

Solche Regeln finden wir dann im 3. Jahrhundert bei Bischof Cyprian von Karthago. Sie zeigen uns, dass auch die Transparenz von Bischofswahlen gewährleistet sein musste. Die Wahl müsse vor der ganzen Gemeinde stattfinden, *«in Gegenwart des Volkes, das das Leben des einzelnen vollständig kennt und den Charakter eines jeden im Verkehr mit ihm durchschaut hat.»* Cyprian ist also gegen Geheimverfahren. (Gerade das Ernennungsprozedere im «Fall Chur» ist jedoch ein Lehrstück klerikaler Geheimpolitik und somit ein klassischer Bruch mit der kirchlichen Tradition.) Die Kleriker sollen für den Kandidaten zeugen, das Volk soll abstimmen und die Nachbarbischöfe sollen den Gewählten schliesslich rechtlich in das Amt einsetzen. Ein Prozedere, welches die angeblich *«stets gleichbleibende Tradition»* der katholischen Kirche heute nicht mehr kennt. Wenn die romtreuen Katholiken heute also die gegenwärtige Wahlform der Bischöfe gegen den «Modernismus» verteidigen, verteidigen sie zugleich den Modernismus früherer Neuerer. Wollten sie aber das verteidigen, was die Kirche in ihrer frühesten Form praktizierte, müssten sie die Volkswahl der Bischöfe sowie deren rechtliche Einsetzung durch die Nachbarbischöfe verteidigen. Rom hätte dann nichts mehr zu sagen.

*

Im 4. Jahrhundert beginnt die bereits erwähnte hierarchische Kontrolle stärker zu spielen. Vor allem Metropolite und Patriarchen haben immer mehr das letzte Wort bei den Bischofswahlen. Auch versuchen einige, unter Ausschluss des Volkes, ihre eigenen Favoriten auf die Bischofsstühle zu hieven oder ihre eigenen Nachfolger selbst zu bestimmen. Umstände, die an den

1600 Jahre später stattfindenden «Fall Chur» gemahnen. Dagegen regt sich Widerstand. Das Konzil von Nizäa verfügt deshalb, dass ein Bischof nie durch einen einzigen Bischof eingesetzt werden darf. Es müssen mindestens drei Bischöfe beteiligt sein. Dieser Ritus – er wird heute auf die Bischofs*weihe* angewandt – ist ursprünglich auf die Bischofs*einsetzung* bezogen. Im 5. Jahrhundert wenden sich sogar Päpste, wie etwa Leo der Grosse, gegen die Übermacht der Metropoliten und heben die Bedeutung der «Wahl» hervor. Denn: *«Wer allen vorstehen soll, soll von allen gewählt werden»*, legt das mittlerweile berühmte Papstwort aus jener Zeit fest, nachdem einer Gemeinde ein unbekannter Bischof mit Waffengewalt aufgezwungen worden war. Und der römische Bischof Coelestin I. schreibt im Jahre 428 an die südgallischen Bischöfe: *«Kein Bischof soll Widerstrebenden gegeben werden.»* Widerstand gehört also noch zum Recht des Volkes. Da wird noch niemand fehlender Demut, verweigerten Gehorsams oder ungeheurer Papst- und Kirchenfeindlichkeit angeklagt, wenn er einen Bischof nicht akzeptieren kann. Auch in diesem Punkt hat sich die *«stets gleichbleibende Tradition»* also gewaltig geändert. Die Bischöfe sind sich bewusst, dass nur fruchtbar wirken kann, wer vom Volk freudig begrüsst und aufgenommen wird. Da ist noch nichts zu spüren von zentralistischer Entscheidungsgewalt des modernen Rom. Im Gegenteil. Dass Bischöfe nicht selten von andern Bischöfen dem Volk aufgezwungen werden, wird vom Papst ausdrücklich verurteilt. Damals.

*

Aber die Kirchengeschichte geht weiter und damit auch die veränderte Tradition. Im 6./7. Jahrhundert obliegt das letzte Wort einer Bischofsernennung immer mehr den Königen. Die Notwendigkeit der Wahl durch Klerus und Volk bleibt aber weiterhin Thema Nummer eins auf vielen Synoden. Trotzdem beginnt das antike Bischofswahlrecht in dieser Zeit langsam zu bröckeln. Durch die Letztentscheidung des Königs, gerät die «Wahl» oft in die Hände des Adels. Nicht selten dürfen Klerus und Bürger nurmehr beim König um einen Bischof bitten. Dieser darf jedoch erst nach der Zustimmung des Königs geweiht werden. Auswüchse wie die «Simonie» (Bischofssitz gegen Geld) sind die Folgen. Die Bischöfe am Gängelband der Könige. Dieser Zustand prägt die Jahrhunderte bis zur Jahrtausendwende.

Im 11. Jahrhundert versucht der Reformer Papst Gregor VII. die freie Bischofswahl durch die Ortskirche wiederherzustellen. Gregor will die Bischofswahlen aus den Klauen der königlichen und adligen Herrschaftsinteressen zu befreien. Als Ergebnis bringt die gregorianische Reform die Wiederherstellung der Bischofswahl mit dem Letztentscheidungsrecht des Metropoliten. Die Wahl wird jetzt vom rein kirchlichen Kreis der Domherren vorgenommen. Das Volk ist damit von der direkten Wahl nun auch offiziell ausgeschlossen. Die «gregorianische Reform» hat die Tradition einmal mehr entscheidend verändert.

*

Bis ins 12. Jahrhundert hat der Papst ausserhalb der römischen Provinzen keinen bestimmenden Einfluss auf die Bischofswahlen. Es ist dann Papst Innonzenz III. (1198-1216), der bei Absetzungen oder bei Amtsverzicht von Bischöfen seine eigene Zuständigkeit durchsetzt und so das Letztentscheidungsrecht nach und nach auf Rom überträgt. Streitereien in den Domkapiteln, unklare Mehrheiten und zunehmende Appellationen an Rom führen schliesslich dazu, dass sich die päpstliche Zuständigkeit für Bischofswahlen (erst!) im 14. Jahrhundert endgültig durchsetzt. Sie ist also in der Tradition der 2000-jährigen Kirchengeschichte erst 600 Jahre alt. Eher unrühmlich daran ist, dass es der Kurie in Rom ums Geld ging. Denn es bildet sich eine Art Simonie unter päpstlicher Führung. Urban V. reserviert im Jahre 1363 sämtliche Erzbistümer, Bistümer und Abteien von einer bestimmten Einkommenshöhe an (!) für die Kurie. Die von Gregor wiedereingeführte freie Bischofswahl, ist damit wieder zerstört. Zwar gibt es weiterhin Bischofswahlen durch örtliche Domkapitel. Solche Wahlen geschehen nun aber im Auftrag des Papstes oder durch ein päpstliches Privileg.

Es dauert faktisch bis in unser Jahrhundert hinein, bis Rom wirklich überall auf der Welt die Bischöfe selbst bestimmt! Im

Wiener Konkordat von 1448 wird nämlich das Wahlrecht der Domkapitel wiederhergestellt. Auch verhindert der politische Absolutismus ein freies Schalten und Walten Roms in Sachen Bischofswahlen. Im monarchischen Frankreich und Spanien des 16. Jahrhunderts werden die Bischöfe von den Königen, nicht vom Papst ernannt. Und auf dem Konzil von Trient verlangt ein Kardinal 1563 gar die Rückkehr zur alten Form der Bischofswahl durch das Volk. Der Vorstoss hat keine Chance. Die Italiener beharren auf dem päpstlichen Ernennungsrecht. Die Spanier wiederum sind mit der königlichen Nomination der Bischöfe zufrieden.

Da das Konzil letztlich richtig erkennt, dass nicht allein der Wahl- oder Ernennungsmodus gute Bischöfe garantiert, werden Prüfungsverfahren für angehende Bischöfe beschlossen. Das Nominationsrecht durch staatliche (!) Gremien bleibt in vielen Ländern bis Ende des 19. Jahrhunderts der Normalfall. In Frankreich, Bayern, Österreich-Ungarn, Spanien, Portugal, Brasilien u.a. werden um 1870 die Bischöfe staatlich ernannt und vom Papst bestätigt. In vielen mehrheitlich protestantischen Ländern (Preussen, Hannover, Nassau, Baden, Württemberg u.a.) will man auf die Einflussnahme der Bischofsernennungen nicht verzichten. Eine Alleinernennung durch den Papst lehnen sie ab. In solchen Ländern greift Rom wieder auf das Wahlrecht der Domkapitel zurück und regelt das Bischofswahlrecht in bilateralen Abkommen. Mit Preussen (1821), mit Hannover (1824), mit den südwestdeutschen Staaten (1827), mit den Schweizer Kantonen des Bistums Basel (1828) und St. Gallen (1845) setzt Rom das Wahlrecht des Domkapitels neu fest. Normalerweise hat der Staat ein Streichungsrecht von ihm weniger genehmen Kandidaten. Aus dem Rest wählt das Domkapitel den Bischof, welcher von Rom bestätigt wird. Das ist übrigens das Vorgehen, wie es noch heute für das Bistum St. Gallen gilt. Nur in Ländern, wo Kirche und Staat getrennt sind, ernennt der Papst die Bischöfe direkt (Belgien, NL, Grossbritannien). Ausserdem gilt die römische Ernennung grundsätzlich in den Ländern ausserhalb Europas.

Im 20. Jahrhundert kommt es durch die politischen Veränderungen – die Landkarte verändert sich grundlegend – immer mehr dazu, dass sich das römische Recht der Bischofs*bestätigung* zum Recht der Bischofs*ernennung* entwickelt. Rom gewährt seither kein Ernennungsrecht mehr. Auch die Länder mit Domkapitel-Wahlverträgen dürfen nurmehr aus einer von Rom vorgelegten Dreierliste auswählen (ausser Bistum Basel und St. Gallen!). Dies gilt auch für das Bistum Chur, dessen Wahlrecht ja 1948 auf diesen römischen Dreiervorschlag eingeengt wurde. Es ist klar, dass im Aufstellen einer Dreierliste mehr Einfluss verborgen ist, als in der schlussendlichen Auswahl aus der Dreierliste. So betrachtet, hält Rom faktisch die Fäden der Bischofswahlen in der Hand. Die alte Tradition, auf die sich «Traditionalisten» so gerne berufen, wonach es dem Papst obliege, Bischöfe zu ernennen, ist also ein kirchengeschichtliches Kleinkind. Noch keine hundert Jahre alt.

10. Das Bistum Basel ist sich sicher

Die intensiven Diskussionen um die Rechtmässigkeit der Ernennung von Wolfgang Haas zum Koadjutor greifen auch auf die Nachbarbistümer über. Zwar mischen sich die andern schweizerischen Diözesen nicht öffentlich in die Streitfrage mit ein. Immerhin aber wird da und dort die Frage laut, ob gleiches auch in den andern beiden Schweizer Bistümern (Basel und St. Gallen) möglich wäre, welche nebst Chur mit dem Vatikan Sonderregelungen der Bischofswahl eingegangen sind. Vor allem im Bistum Basel, welches die zehn Kantone LU, BE, SO, ZG, AG, TG, BS, BL, SH und JU umfasst, wird diese Frage heftig diskutiert. Dies nicht zuletzt darum, weil das Bistum Basel wegen seiner Grösse nebst dem Diözesanbischof (Otto Wüst) gleich zwei Weihbischöfe (Joseph Candolfi und Martin Gächter) im Amt hat. Weihbischöfe, die allerdings nicht mit dem Nachfolgerecht ausgerüstet sind. Aber auch darum, weil Basel das freiste Bischofswahlrecht aller Bistümer der Welt kennt. Denn der Bischof im Bistum Basel wird grundsätzlich frei gewählt und von Rom «nur» noch bestätigt. In breiten Kreisen der Öffentlichkeit geht daher die Angst um, Rom könnte durch die Ernennung eines Koadjutors für das Bistum Basel dieses Recht ebenfalls einschränken.

Die Domherren des Bistums Basel jedoch zerstreuen diese Befürchtung. Anders als im Bistum Chur, so erklären sie, sei das Bischofswahlrecht im Bistum Basel durch ein Konkordat vom 26. März 1828 vertragsrechtlich geregelt. Die Abmachungen zwischen Rom und Solothurn (Bischofsitz des Bistums Basel) seien daher völkerrechtlich bindend; und zwar für alle Vertragspartner. Die Domherren weisen auch darauf hin, dass das 1983 revidierte Kirchenrecht (CIC Can. 3) keine bestehenden Vereinbarungen auflöse. Die Bulle «*Inter praecipua*» von Papst Leo XII. vom 7. Mai 1828 gibt den Domherren ausdrücklich das «*Recht, innert dreier Monate, unter Beobachtung der kanonischen Vorschriften den künftigen und jeweiligen Bischof von Basel aus dem Diözesanklerus zu wählen*». Und im Konkordat heisst es unter Artikel 12, Absatz 1 wörtlich: «*Die den Senat des Bischofs bildenden Domherren haben das Recht, aus der Diözesangeistlichkeit den Bischof zu wählen.*» Diese klare Aussage lässt keinen Zweifel offen, dass die Domherren des Bistums Basel selber und ohne Einfluss Roms den Bischof wählen dürfen.

Anders als beim Dekret «*Etsi salva*» im Bistum Chur regelt die Bulle für das Bistum Basel auch die Frage des Weihbischofs. Der erste Weihbischof wird durch den Diözesanbischof ernannt. Das heisst, dass der leitende Bischof des Bistums Basel einen ersten «Hilfs»bischof in freier Wahl ernennen darf. Dies war übrigens sowohl bei Otto Wüst (ernannt durch Bischof Anton Hänggi) wie auch bei Joseph Candolfi (ernannt durch Otto Wüst) der Fall.

Interessant wird es nun bei einem zweiten Weihbischof. Dieser wird nicht mehr nach dem Konkordat, sondern nach den allgemeinen Regeln des kanonischen Rechts (Kirchenrecht) aus einer vom Diözesanbischof in Rom eingegebenen Liste ernannt. Im Bistum Basel geniessen die Weihbischöfe kein Nachfolgerecht. Weihbischöfe können also nur durch die Wahl des Domkapitels auf den Bischofssitz gelangen. Auf diese Weise ist gewährleistet, dass kein Weihbischof, der vom Diözesanbischof oder von Rom ernannt wurde, «automatisch» den Bischofssitz besteigen kann. Das letzte Wort hat hier das Domkapitel als Wahlgremium.

Aber nicht nur die Bistumsleitung in Solothurn gibt sich ihrer Sache sicher. Dass ein «Fall Haas» im Bistum Basel undenkbar wäre, davon ist auch die sogenannte Diözesankonferenz überzeugt. Sie besteht aus den politischen Vertretern der zehn im Bistum Basel zusammengeschlossenen Kantonen und hat bei der Bischofswahl ein beschränktes Mitspracherecht. Am 12. September 1989 argumentiert sie in einem öffentlichen Schreiben genau gleich wie die Bistumsleitung. Die *«völkerrechtliche Verbindlichkeit»* des Konkordates mit Rom *«ist unbestritten»*, sind die Bistumskantone überzeugt. Basel fühlt sich mit seinem Konkordat rechtlich auf sicherem Fundament.

Als am 26. Oktober 1993 bekannt wird, dass Bischof Otto Wüst demissioniert hat, beginnt das Konkordat tatsächlich zu spielen. Sofort übernimmt das Domkapitel das Ruder und bestimmt Weihbischof Joseph Candolfi zum interimistischen Leiter des Bistums Basel. Zugleich werden erste Massnahmen für die innerhalb von drei Monaten durchzuführende Bischofswahl getroffen. Eine breite Vernehmlassung an der Kirchenbasis soll Aufschluss über Kandidaten und Profil des neuen Bischofs geben und als Grundlage für die zu erstellende Sechserliste dienen. Gegenüber den Medien betont die Bistumsleitung erneut, dass das Konkordat spiele und es auch von Rom nicht in Frage gestellt werde. Das Domkapitel wird also im Januar 1994 den neuen Bischof von Basel frei wählen.

EXKURS II

Ein gallisches Dorf im römischen Reich

Der Widerstand Zürichs ist Bischof Wolfgangs härteste Nuss

1. «Jetz isch gnue Heu dunne»

Die Grossregion Zürich wird vom Fall Haas ganz besonders ergriffen und gebeutelt. Moritz Amherd, Sekretär der Zürcher Zentralkommission (Exekutive der Zürcher Kantonalkirche) bezeichnet das Ganze gar als *«Tragödie für die Zürcher Katholiken»*[1] und spricht vom *«Unheil»*,[2] welches Wolfgang Haas über seine Diözese gebracht habe. Die überaus heftige Reaktion Zürichs auf den «Fall Haas» hat wohl viele Gründe. Die Mentalität der Menschen in der Wirtschaftsmetropole Nummer eins in der Schweiz ist von derjenigen in den engen Tälern Graubündens und der Innerschweiz grundverschieden. Sie ist gezeichnet von der Weltoffenheit der grössten Schweizer Stadt, vom pulsierenden Leben eines wirtschaftlichen Zentrums, von den Licht- und Schattenseiten einer Grosstadt. Pluralismus und Säkularisierung haben andere Spuren hinterlassen als in den traditionell katholischen Gebieten, wo heute noch ein grosser Teil des alltäglichen Lebens durch religiöse Tradition geprägt ist.

Darüber hinaus leben die Zürcher Katholikinnen und Katholiken in einer von der Geschichte her reformierten Stadt. Sie haben gelernt, nicht nur über das Zusammenleben mit andern Konfessionen zu sprechen, sondern die Oekumene auch weitgehend in die Tat umzusetzen. Allein im Jahre 1992 sind zwei

---

[1] Amherd Moritz: Wolfgang Haas: Bischof ohne Volk - Volk ohne Bischof, NZN Buchverlag, 1991, S. 16

[2] a.a.O., S. 15

Drittel der in den katholischen Kirchen Zürichs geschlossenen Ehen Mischehen. In einer Zeit, da die Kirche ihre normative Kraft zu verlieren droht, haben die engagierten Christen aller Konfessionen längst gemerkt, dass man eigentlich im gleichen Boot sitzt. Zwischenkonfessionelle Spannungen und Sticheleien tragen nur dazu bei, dass die Kirchen in den Augen der Öffentlichkeit an Glaubwürdigkeit verlieren. Dies tun sie für viele ohnehin. Die Austrittszahlen der katholischen Kirche Zürich bewegten sich in den letzten Jahren stets zwischen 3000 und 3500 Personen.

Ein weiterer Grund für die heftige Reaktion Zürichs auf den Fall Haas dürfte darin liegen, dass sich die Katholische Kirche Zürichs im Bistum Chur nie ganz zu Hause gefühlt hat. Denn die Zugehörigkeit Zürichs zum Bistum Chur ist ein altes und dauerhaftes Provisorium. Im Jahre 1819 wird nämlich das Gebiet Zürichs, nach der Aufteilung des Bistums Konstanz, provisorisch dem Bischof von Chur zugeschlagen. Das Bistum Chur seinerseits, ohnehin mehr ein territorialer Flickenteppich denn ein homogen gewachsener Raum, hat sich mit den Städtern weitab des bischöflichen Sitzes ebenfalls kaum je richtig anfreunden können. Bei den stets wieder aufflackernden Diskussionen um die Neueinteilung der Schweizer Bistümer jedenfalls ist immer klar, dass Zürichs Zwangsehe mit Chur wohl geschieden werden dürfte. Verschiedene Bischöfe, so auch Haas-Vorgänger Johannes Vonderach, signalisieren, dass sie eine Abtrennung Zürichs vom Bistum Chur nur begrüssen würden. Zu gross sind wohl die pastoralen Unterschiede zwischen dem Lugnez und dem Kreis 5. Zu verschieden die Sprache der Seelsorger am Hinterrhein und an der Limmat. Zu sehr fühlen sich die Zürcher von den Churer Bischöfen von «oben» herab behandelt, zu herrschaftlich, zu kurial, zu sehr nach der Gnädigen-Herren-Mentalität. Umgekehrt verhalten sich die Zürcher in den Augen der Churer Kurie zu aufmüpfig und säkularisiert, zu aufgeklärt und zu wenig gehorsam. Das zeigt sich unter anderem im Jahre 1956, als auf Drängen der Nuntiatur die Schaffung des Generalvikariates Zürich durchgesetzt wird – gegen den erklärten Willen des Bischofs von Chur. Denn mit dieser bischöflichen Statthalterei, die gewisse bischöfliche Arbeiten weitab von Chur erledigt, erreichen die Zürcher eine gewisse Selbständigkeit gegenüber dem Churer Hof.

*

Die Reaktionen auf die Amtsübernahme der Bistumsleitung durch Wolfgang Haas (22. Mai 1990) fallen in Zürich überaus heftig aus. Zum Zeichen des Protests, der Wut und Trauer läuten in der Stadt Zürich die Kirchenglocken. Als nur gerade drei Tage später der bisherige Generalvikar für Zürich, Gebhard Matt, von Haas in seinem Amt nicht bestätigt und darüber hinaus auch als Vizeoffizial (stv. Leiter des kirchlichen Gerichts) abgesetzt wird, ist in Zürich «gnue Heu dunne». Die Animositäten zwischen Zürich und Chur wachsen sich zum handfesten Streit und schliesslich zum fast totalen Bruch aus.

Die Zürcherinnen und Zürcher geben sich mit symbolischen Handlungen und Protestnoten nicht mehr zufrieden. Um weiteren unerwünschten Personalentscheidungen vorzubeugen und um den Einfluss des neuen, von Zürich abgelehnten Generalvikars Christoph Casetti zu beschneiden, kündigt die Leitung der kantonalen Kirche Zürichs (Zentralkommission) am 22. Juni die Verträge mit der Bistumsleitung. Zürich befürchtet, dass der Intimus von Bischof Haas zentrale Seelsorgestellen mit Opus Dei-Leuten besetzen könnte. Das will man unter allen Umständen verhindern. Die Zentralkommission unterstreicht ihre Absicht damit, dass sie den ersten katholischen AIDS-Seelsorger ohne bischöfliche Beauftragung («missio canonica») durch Bischof Haas anstellt. Ähnlich wird am 28. Juni 1991 der Trägerverein der Paulus-Akademie, eine kirchliche Einrichtung für Erwachsenenbildung, reagieren. Durch eine Statutenänderung verhindert sie eine mögliche Einflussnahme von Chur auf Programm und Personal der Akademie. Casetti verliert durch diese Statutenänderung seinen Sitz im Vorstand. Begründet wird die Massnahme damit, dass man in der Paulus-Akademie die geistige Unabhängigkeit bewahren wolle.

Nur sechs Tage nach dieser Vertragskündigung mit der Bistumsleitung beschliesst das Zürcher Kirchenparlament (Synode) weitere einschneidende Massnahmen:

- Kein Geld für die Bistumskasse Chur.
- Ausschluss des neuen Generalvikars von den Sitzungen der Zentralkommission (Die Exekutive konnte bis anhin nur im Beisein des Generalvikars rechtsgültig tagen).
- Verweigerung von Lohn und Büro für den neuen Generalvikar.

Dass der Streit zwischen Chur und Zürich plötzlich auf die finanzielle Ebene verlagert werden kann, hat seinen Grund im Status, den die Landeskirchen in der Schweiz innehaben. Da dieser öffentlich-rechtlicher Status Sache der Kantone ist, kennt die Schweiz 26 staatskirchliche Ordnungen. Für die römisch-katholische Kirche bedeutet dies, dass es auf Gemeindeebene nebst der kirchenrechtlichen Pfarrei die staatskirchenrechtliche Kirchgemeinde gibt. Ihr obliegt die finanzielle und administrative Verantwortung und deshalb auch die Steuerhoheit. Geistliche und pastorale Anliegen fallen den Gremien der Pfarrei zu. Auch auf der Ebene der Kantone gibt es diese staatskirchenrechtlichen Organisationen, die sogenannten Kantonalkirchen. Zusammengeschlossen in der *«Römisch-katholischen Zentralkonferenz»* (RKZ) sind die Kantonalkirchen für die Administration und Finanzierung gesamtschweizerischer Aufgaben zuständig. Die Kantonalkirchen sind teilweise durch spezielle Vereinbarungen auch an der Finanzierung von Aufgaben im eigenen Bistum beteiligt. Die staatskirchenrechtlichen Organisationen kennen wie die staatlichen Organisationen die Gewaltentrennung. Sie bestehen also aus Parlament (Legislative) und Leitung (Exekutive), welche, je nach Kanton, unterschiedlich bezeichnet werden. Im Kanton Zürich heisst das Parlament Synode, die Exekutive Zentralkommission.

*

Der Zürcher Aufstand kommt in seinem Ausmass für Chur doch etwas überraschend. Wolfgang Haas reagiert, wie er immer reagiert. Die Beschlüsse der Synode verstiessen gegen die Kirchenordnung, wettert Haas Richtung Zürich und droht mit rechtlichen Schritten. Die Synode jedoch stellt sich auf den Standpunkt, dass zwar die Ernennung des Generalvikars kirchenrechtlich in den Kompetenzbereich von Bischof Haas gehöre. Die Besoldung des Generalvikars sei jedoch eine staatskirchenrechtliche Frage und gehöre deshalb in den Kompetenzbereich des Kirchenparlamentes. Das Parlament könne deshalb rechtsgültig die Verweigerung der Besoldung beschliessen. Doch solchermassen demonstriertes Selbstbewusstsein einer staatskirchlichen Behörde gerät Hochwürden in den falschen Hals. Das Zürcher Kirchenparlament sei eine *«zivile Einrichtung»* und habe sich darauf zu beschränken, der Kirche die materiellen Grundlagen für deren Existenz zu gewährleisten – und nichts weiter, poltert es aus Chur. Mit andern Worten: Die Kirche zu finanzieren, ist Sache der Synode, die Kirche zu führen, allein Sache der Geistlichkeit.

Henri Truffer, Präsident des Verbandes der katholischen Kirchgemeinden, reagiert sauer auf diese bischöfliche Belehrung. Truffer hat die Nase voll davon, dass die demokratisch und repräsentativ gewählten staatskirchenrechtlichen Behörden von der Bistumsleitung *«wie ein Kindergarten behandelt und bewertet»* werden. Doch das dürfte eine Sprache sein, die Haas aus zwei Gründen nicht versteht. Erstens kommt darin Aufmüpfigkeit gegenüber der kirchlichen Obrigkeit zum Ausdruck und zweitens beinhaltet sie ein spezifisch «schweizerisches», ein demokratisches Argument. Doch die Churer Autokratie fürchtet die Zürcher Demokratie wie der Teufel das Weihwasser.

Noch einmal pocht Wolfgang Haas auf sein Recht, Generalvikare frei ernennen zu dürfen. Ein Recht, welches ihm formaljuristisch auch niemand abspricht. Aber Wolfgang Haas will nicht verstehen, dass er nicht alles tun sollte, was ihm der Buchstabe des Gesetzes erlaubt. Dass er mit der Nichtbestätigung von Gebhard Matt gegen die Mehrheit der Zürcher Gläubigen handelt, glaubt Haas sowieso nicht. Darauf angesprochen, meint er nur: *«Es ist möglich, dass einzelne Leute diesen Entscheid kritisieren. Ich muss damit leben, dass alles, was ich tue, sehr genau beobachtet und entsprechend beurteilt wird.»* Haas tut den Aufstand als Kritik «einzelner Leute» ab. Schliesslich wirft er der Synode noch vor, Christoph Casetti keine Chance gegeben zu haben. Hätte die Synode auch nur ein bisschen zugewartet, so Haas, hätte sie mit der Zeit festgestellt, *«dass in allen Dekanaten des Kantons das Vertrauen in Generalvikar Casetti dank seines Einfühlungsvermögens und seines ausgewogenen Wirkens wächst»*. Nur ein frommer Wunsch? Tatsache ist, dass in den folgenden Monaten in allen Dekanaten des Kantons das Vertrauen in alle drei von Haas ernannten Generalvikare schwindet.

*

Auch wenn die Beschlüsse der Synode in erster Linie gegen Chur gerichtet sind, so ist man sich in Zürich bewusst, dass sie sich auch gegen das eigene Aufbauwerk der Zürcher Kirche und deren Repräsentanten richten. So hilft nämlich – Ironie des Schicksals – Finanzexperte Moritz Amherd (Sekretär der Zentralkommission) Beiträge in jene Kasse zu verhindern, die er selber geschaffen hatte. Im Jahre 1969 fasst er nämlich von Haas-Vorgänger Johannes Vonderach den Auftrag, die Verwaltung der Bistumsfinanzen zu reorganisieren. Das von ihm daraufhin ausgearbeitete Dekret bildet ab 1971 die Grundlage für die Beitragsleistungen der Kantone an die Bistumsleitung in Chur.[1]

Auch das Ausladen des neuen Generalvikars von den Exekutiv-Sitzungen bedeutet einen Rückschritt in der erreichten Zusammenarbeit. Seit den frühen sechziger Jahren ist nämlich der Generalvikar an den rund 400 Sitzungen stets dabei. Durch die Verweigerung von Lohn und Büro wird der neue Generalvikar zudem von Chur aus operieren müssen. Ein Generalvikar für Zürich mit Sitz in Chur pervertiert jedoch, das sehen auch die Zürcherinnen und Zürcher, Sinn und Zweck eines bischöflichen Statthalters vor Ort. Um den neuen Umständen kräftig entgegenwirken zu können, ist man also in Zürich bereit, um nicht zu sagen, gezwungen, gut eingespielte Strukturen und eine gewachsene Zusammenarbeit zwischen kirchlichen und staatskirchlichen Gremien aufs Spiel zu setzen. Damit spielt die Zürcher Synode ungewollt Wolfgang Haas in die Hände. Haas empfindet die staatskirchenrechtlichen Strukturen ohnehin nur

[1] vgl. a.a.O., S. 17

als störend und apostrophiert sie als nicht mehr katholisch zu verstehende *«Parallelkirche»*.

*

Das verbale Hickhack zwischen Zürich und Chur macht echte Gespräche zwischen beiden Lagern immer unmöglicher und führt zu einem regelrechten Schlagabtausch. Anfang August 1990 macht der Sekretär der Zentralkommission, Moritz Amherd, in einem Schreiben klar, dass die schwierige Situation einzig und allein von Wolfgang Haas und dessen Vorgänger Johannes Vonderach geschaffen worden sei. Haas habe bis jetzt die Situation nur verschärft. Ausser leeren Worten der Versöhnung sei von seiner Seite her nichts geschehen. Amherd wehrt sich dagegen, dass die Zürcher diese Situation durch eine bedingungslose Unterwerfung unter die Haas'sche Ideologie entschärfen sollten.

Im November 1990 bricht im Kanton Zürich ein Streit um die anstehende Dekanenwahl aus. Drei der vier Zürcher Dekanate, Winterthur, Zürich-Oberland und Zürich-Stadt verschieben die Wahl, da sie unter Aufsicht von Generalvikar Casetti durchgeführt werden soll. Die Dekanate sind entschlossen, die Wahlen solange zu torpedieren, bis ein anderer Wahlleiter zur Verfügung steht. Überraschend lenkt Wolfgang Haas schliesslich ein. Er verzichtet auf Christoph Casetti als Wahlleiter und schlägt Dekan Martin Kopp zum neuen Wahlleiter vor. Er tut dies jedoch nicht aus einer tieferen pastoral-psychologischen Überlegung heraus. Denn einerseits verzichtet er auf Casetti nur deshalb, weil dies gemäss *«Richtlinien möglich»* sei, andererseits erhofft er sich durch diese Geste ein Entgegenkommen der Zürcher in andern Fragen.

Doch auch dieses Einlenken geht nicht ohne Lektion über bischöfliche Amtsbefugnisse ab. In einem offenen Brief wehrt sich Haas gegen den Vorwurf, dass der Entscheid, die Dekanenwahlen unter dem Vorsitz des unbeliebten Generalvikars Casetti stattfinden zu lassen, eine bischöfliche Machtdemonstration hätte sein sollen. Als Bischof habe er im Interesse der Gläubigen lediglich die *«normale Kirchlichkeit»* bzw. die *«kirchliche Normalität»* gewährleisten wollen. «Normale» Dekanenwahlen aber finden unter dem Vorsitz der Generalvikare statt. Hier mag Wolfgang Haas das kirchliche Erschütterungsvermögen der Gläubigen überschätzen. Denn viele, auch engagierte Katholikinnen und Katholiken, wissen nicht, dass Dekanenwahlen «normalerweise» in den Überwachungsbereich eines Generalvikars gehören. Sie würden sich deshalb kaum verunsichern lassen, wenn jemand anders diesen Wahlen vorstünde. Vielmehr zeigt es sich, dass Wolfgang Haas selber Mühe bekundet, von dieser kirchlichen Normalität abzuweichen, und er es nur deshalb tut, weil ihm die Richtlinien diesen Freiraum auch rechtlich geben.

Schliesslich äussert er im gleichen Schreiben noch eine seltsame Bitte. Er möchte, dass die Seelsorgerinnen und Seelsorger allen *«Gläubigen versichern, dass ich mich als Bischof von allen und für alle fühle und es weiterhin sein möchte»*. Hier verrät Wolfgang Haas erstmals erkennbar eine innere Unsicherheit. Plötzlich ist er sich nicht mehr so sicher, dass alle Gläubigen ihn im Grunde genommen mögen. Plötzlich ist nicht mehr nur von den Medien die Rede, die aus den Churer Ereignissen einen «Fall» gemacht haben. Plötzlich streitet er nicht mehr rundweg ab, dass es vielleicht doch so sein könnte, *«dass ein grosser Teil der Zürcher Katholiken mich nicht haben»* will. Bleibt die Frage: Warum geht er nicht selber zu den Leuten, um ihnen seine guten Absichten kundzutun? Warum bittet er die Seelsorger, diese Botschaft an die Gläubigen weiterzugeben? Warum ist es überhaupt nötig, diese Botschaft weiterzugeben? Spüren die Gläubigen denn seine guten Absichten nicht? Der Spalt zwischen Bistumsleitung und Kirchenbasis muss gross sein, wenn ein Bischof mit einer solchen Bitte an seine Seelsorger gelangt.

Doch trotz dieser Bitte, kommt das bischöfliche Adventsschreiben in Zürich schlecht an. Das Dekanat Zürich-Stadt reagiert mit einer offenen und heftigen Antwort. Die Dekane werfen Wolfgang Haas vor, er müsse sich auf die Amtsautorität zurückziehen, weil es ihm an natürlicher Autorität mangle. Zudem litten die Seelsorger von Zürich unter dem *«feudalistischen und monarchisch-absolutistischen Amtsstil»*. Seelsorger würden übergangen, von Gemeinschaft werde nur gesprochen, sie werde aber nicht gelebt. Es bleibt dabei: Der Streit um die Dekanenwahlen unter Aufsicht der Generalvikare bleibe eine Machtdemonstration. Und den Schluss von Haas' Brief kontert Zürich mit der Feststellung: Sie sind nicht Bischof von allen. Sie können es gar nicht sein, wenn man die Umstände der Amtsernennung betrachtet. Harrsche Töne aus Zürich.

Mehrere Umfragen belegen diese Behauptung auch statistisch. Eine Umfrage, die die Zürcher Kantonalkirche in Auftrag gegeben hat, ergibt, dass nur gerade zwischen 9 und 14% sich für Wolfgang Haas ausgesprochen haben. Bei einer Volkswahl hätte er gar nur 8,6% der Stimmen erhalten. 71% der Befragten würden einen Rücktritt von Haas befürworten. Klare Zahlen, die jedoch von Chur in Zweifel gezogen werden. Wie hoch dabei die Fehlerquote auch sein mag, die Behauptung seiner Anhänger, Wolfgang Haas sei mittlerweile der *«beliebteste Bischof»* der Schweiz, werden dadurch Lügen gestraft.

2. Ein Generalvikariat ohne Generalvikar

Die Arbeit im Generalvikariat Zürich, zuständig für rund 400'000 Gläubige, geht trotz der Verbannung von Christoph Casetti nach Chur weiter. Die meisten Arbeiten sind von der sturen Abwehrhaltung Zürichs nicht tangiert. Die Arbeit in den verschiedenen Räten, in der Oekumene oder in Finanzfragen laufen autonom, ohne Generalvikar. Es habe sich ohnehin gezeigt, dass Christoph Casetti gar nicht gewusst habe, was als Generalvikar zu tun sei, erklärt das Generalvikariat. Verschiedene Kontakte mit Wolfgang Haas und Christoph Casetti führen in Zürich zur Überzeugung, dass keine gemeinsame Basis der Zusammenarbeit vorhanden sei. Casetti erhält daraufhin Raumverbot im Zürcher Generalvikariat.

Was von höherer Instanz abgesegnet werden muss, schickt man nach Chur. Dort werden die nötigen Unterlagen in Sachen Personalfragen, Stiftungen oder Protokolle unterschrieben und auch notarielle Arbeiten erledigt. Die übrigen Arbeiten erledigt

Zürich alleine. Selbst von einer der Hauptaufgaben, der Erteilung der Firmung, bleibt das bischöfliche Chur fast vollständig ausgeschlossen. Im Jahre 1992 spendet im Kanton Zürich weder Wolfgang Haas noch alt Bischof Vonderach noch der zuständige Generalvikar Christoph Casetti auch nur eine einzige Firmung. Die meisten Firmungen werden vom dafür am 17. Januar 1992 neu beauftragten Domherr Franz Stampfli durchgeführt. Ein Zugeständnis von Wolfgang Haas, nachdem er demselben Franz Stampfli die Firmvollmacht vorübergehend entzogen hatte, danach aber einsehen musste, dass der Zürcher Firmwiderstand gegen Chur nicht zu brechen ist.

Dieser Umstand bringt es mit sich, dass der ohnehin fast hoffnungslos gestörte Austausch zwischen Zürich und Chur sich zur veritablen Eiszeit entwickelt. Chur reagiert nämlich auf die kompromisslose und für die Bistumsleitung unakzeptable Haltung Zürichs seinerseits mit einer Art passivem Widerstand. Gegenüber Anfragen aus Zürich bleibt es stumm und abweisend. Gläubige und Ortspfarrer beschweren sich auf dem Generalvikariat in Zürich, dass die nötige Dienstleistung der Bistumsleitung in keiner Weise funktioniere. Schliesslich kommt es sogar soweit, dass Chur nicht einmal mehr Tauf- und Eheformulare nach Zürich schickt. Solche Formulare sind aber für die Pfarrer wichtige Voraussetzung für die Spendung der beiden Sakramente der Taufe und der Ehe. Das Generalvikariat muss diese Papiere für die rund 3000 Taufen und über 900 Eheschliessungen schliesslich aus andern Bistümern anfordern, um sie ihren Pfarrern aushändigen zu können. Aber auch das bischöfliche Hirtenwort aus Chur, in Zürich an vielen Orten sicher nicht eben willkommen, bleibt schliesslich aus. An bestimmten Festtagen ist es nämlich üblich, dass der Bischof einen sogenannten Hirtenbrief an die Gläubigen schreibt, der dann jeweils anstelle der Sonntagspredigt in den Kirchen verlesen wird. Im Bewusstsein des Zürcher Widerstandes gibt Chur es auf, solche Hirtenbriefe nach Zürich zu schicken. Wiederum behilft sich das Generalvikariat damit, dass es bistumsfremde Hirtenbriefe importiert.

Diese Form der «Selbsthilfe» geht aber noch weiter und mündet gar in amtlichen Ungehorsam. Denn mit der Abwesenheit von Generalvikar Casetti fehlt in Zürich ein Mann mit Unterschriftenkompetenz. Dem bisher ebenfalls unterschriftenberechtigten Informationsbeauftragten und Domherrn Franz Stampfli wird diese Berechtigung entzogen. Somit kann in Zürich beispielsweise im Ehedispenswesen keine Unterschrift mehr gegeben werden. Ehen können nach katholischem Kirchenrecht nur nach bestimmten Kriterien und Regeln gültig und erlaubt geschlossen werden. Erfüllen zwei Partner aus bestimmten Gründen diese Kriterien nicht, kann die zuständige Stelle sie individuell von dieser Vorschrift dispensieren. Solche unterschriebene Dispensen sind beispielsweise bei Religionsverschiedenheit der Partner vorgeschrieben. Aber auch für eine Mischehe (konfessionsverschiedene Partner) braucht es eine schriftliche Erlaubnis. Unterschriften bedarf es schliesslich auch bei Eheungültigkeitserklärungen. All diese Dinge werden normalerweise auf dem Generalvikariat vom zuständigen Generalvikar erledigt. Doch dieser sitzt im Falle von Zürich in Chur. Da sich jedoch viele Pfarrer in den Pfarreien weigern, die Unterlagen zur Unterschrift nach Chur zu senden, sie stattdessen gleichwohl ins Generalvikariat Zürich schicken, entschliesst man sich in Zürich, solche Dispensen dennoch zu unterschreiben. Allein im Jahre 1992 sind dies auf 952 geschlossenen Ehen über 200 Dispensunterschriften und 633 Erlaubnisse zu Mischehen. In Zürich hofft man, Chur werde darauf reagieren. Doch Chur schweigt. Zum erstenmal lässt es unwidersprochen eine Kirchenrechtsverletzung und damit das Problem der Rechtsunsicherheit der Betroffenen zu.

*

Doch die Situation im Generalvikariat Zürich ist darob nicht eben fröhlich. Die Nichtbestätigung von Gebhard Matt hat den Angestellten schwere Stunden und auch Tränen bereitet. Die darauffolgende Zeit ist eine Zeit der Unsicherheiten und Angst. Es fehlen die Perspektiven für die Zukunft. Denn niemand weiss, wie es weiter geht. «*Wir fühlten uns im Niemandsland, zwischen Stuhl und Bank*», drückt es ein Angestellter aus. Da ist auf der einen Seite die durch die Stadtsituation ganz unterschiedliche pastorale Situation Zürichs, auf der andern Seite die

Bistumsleitung in den Bergen. Dazwischen liegt die gestörte Kommunikation. Im Generalvikariat geht deshalb auch die Angst um. Denn die teilweise eigenmächtigen Handlungen, zu denen man sich schliesslich gezwungen sieht, um den Betrieb aufrecht zu erhalten, könnten, so fürchtet man, Suspensionen zur Folge haben.

Doch wenn immer Wolfgang Haas in solchen Fragen rasch und konsequent reagiert hat, diesmal tut er es nicht. Fast macht es den Anschein, dass er sich mit dem überaus schwierigen Fall Zürich gar nicht beschäftigen mag und er deshalb die Zügel schleifen lässt. Was im Generalvikariat in dieser Zeit jedoch auffällt, sind die vielen Solidaritätsbekundungen – vor allem auch von Ortspfarrern. Sie und ein guter Zusammenhalt im Team machten es möglich, so ein Angestellter, dass *«man diese drei schwierigen Jahre überhaupt durchstehen konnte»*. Mit der Ernennung von Weihbischof Peter Henrici zum neuen Generalvikar für Zürich – mit Sitz in Zürich – beginnt im Sommer 1993 eine neue Zeit. Nun hat man wieder einen kurialen Vertreter, der vor Ort lebt, sich konkret in die Situation Zürichs vertieft und der von beiden – heillos zerstrittenen – Seiten als Ansprechpartner akzeptiert wird. Doch die fehlenden Sondervollmachten werden es Peter Henrici schwer machen, das nötige Gewicht gegenüber Chur geltend zu machen. Dies besonders bei ernsthaften Fragen. Und solche stehen gleich mehrere an. So muss beispielsweise eine Lösung gesucht werden für die durch den Priestermangel priesterlos gewordenen Pfarreien. Vorgesehen sind da die Leitung durch Diakone, aber auch durch Laientheologen und Laientheologinnen. Und hier dürfte Haas wieder sein Veto einlegen. Geklärt werden muss auch die Frage nach den öffentlichen Bussfeiern mit sakramentaler Sündenlossprechung.

3. Eigenes Bistum oder Administratur? – Das Tauziehen um eine Lösung für das störrische Zürich

Der Fall Haas legt mit einem Schlag die Problematik der provisorischen Zugehörigkeit Zürichs zum Bistum Chur offen. Die

Frage, ob aus dem Grossraum Zürich ein eigenes Bistum werden solle, wird jedoch nicht erst durch den Fall Haas aufgeworfen. Die Diskussion um die Bistumseinteilung in der Schweiz wird damit lediglich neu aktualisiert. Schon bald werden auch in der Zürcher Kantonalkirche Stimmen laut, die wieder von einem Bistum Zürich träumen. Mit dem Synodenentscheid vom 28. Juni 1990 wird beschlossen, diesen Weg verstärkt zu prüfen. Damit wird eine alte Diskussion neu aktualisiert.

Anfang der achtziger Jahre denkt die Schweizer Bischofskonferenz intensiv über die Neueinteilung der Schweizer Bistümer nach. Abgesehen von der heiklen Frage des konfessionellen Friedens – ein Bischofssitz in der Zwingli-Stadt Zürich könnte alte Kulturkampf-Reflexe aufleben lassen und bewegt die Evangelische Volkspartei der Schweiz (EVP), eine solche Idee abzulehnen – ist von der Sache her ein Bistum Zürich eher unbestritten, lässt die von der Bischofskonferenz eingesetzte Kommission verlauten. Nicht zuletzt aufgrund dieser Einschätzung gelangt die Zürcher Kirche im Februar 1988, also noch bevor der Fall Haas aktuell wird, mit dem Wunsch an Bischof Johannes Vonderach, ein eigenes Bistum Zürich zu schaffen. Vonderach gibt grünes Licht für weitere Abklärungen und beauftragt die Zentralkommission (Exekutive der Zürcher Kirche) im Januar 1990 – Haas ist mittlerweile schon fast zwei Jahre Weihbischof mit Nachfolgerecht – weitere Schritte zur Bildung eines eigenen Bistums in die Wege zu leiten.

Der gegenüber Rom eher ängstlich agierende Vonderach wäre wohl nicht unglücklich, das renitente Zürich endlich loszusein. Vier Monate später jedoch ist Wolfgang Haas Bischof von Chur. Er macht bald einmal klar, dass er von der Schaffung eines Bistums Zürich *«im Moment»* nichts hält. Nur vier Tage nach seinem Amtsantritt als Bischof von Chur meint er dazu: *«Persönlich habe ich den Eindruck, es sei nicht der Zeitpunkt, eine solche Lösung zu treffen. Dies verlangt einen sehr langen Prozess.»* Sachlich neue Überlegungen bringt er für seine Haltung keine vor. Es dürfte ihm dies auch aus Loyalitätsgründen zu seinem Vorgänger schwerfallen, weil ja Vonderach die

Schaffung eines Bistums Zürich als gerechtfertigt erachtet. Immerhin lässt Haas klar durchblicken, dass er als neuer Leiter des Bistums in dieser Frage nicht so einfach Hand zu einer schnellen Lösung bieten wird. Zwar kann auch ein Wolfgang Haas kaum Freude haben an den Problemen, die ein Verbleiben von Zürich im Bistum Chur mit sich bringt. Dass er aber diesen in Gange gekommenen Prozess der Bistumsbildung stoppt, kann nur mit machtpolitischen Gründen erklärt werden. Haas möchte nicht so ohne weiteres auf rund 60% seines Territoriums verzichten. Er möchte nicht als Bischof in die Geschichte eingehen, bei dessen Antritt das zweitgrösste Bistum der Schweiz, territorial betrachtet, mit einem Schlag zu einer inneralpinen kirchlichen Provinz schrumpfte und damit weltkirchlich beinahe völlig bedeutungslos würde.

Dass solche machtpolitischen Überlegungen durchaus eine Rolle spielen, zeigt eine Aussage des neuen Generalvikars Christoph Casetti. Casetti, wohl persönlich getroffen und wütend über die Beschlüsse der Synode (kein Lohn und kein Büro für ihn), macht gegenüber der Synode laut Amherd die schon fast drohende Aussage: *«Zur Schaffung eines Bistums Zürich geht kein Weg am Bischof vorbei»*.[1] Im Klartext sollte dies wohl heissen, dass bei solchen churfeindlichen Beschlüssen der Bischof kaum Hand für eine Bistumslösung bieten werde. Da die Synode jedoch keine Anstalten macht, auf ihren Entscheid zurückzukommen, wird es ewige Spekulation bleiben, ob Haas die Zürcher bei einer eventuellen Rücknahme der Beschlüsse hätte «ziehen lassen». Dies darf aber mit Fug bezweifelt werden. Vielmehr ist anzunehmen, dass auch in der Frage eines Bistums Zürich eine gleichsam pharaonische Hinhaltetaktik eingesetzt hätte, wie sie Haas selbst gegenüber der Bischofskonferenz lange Zeit meisterlich beherrscht (siehe Teil I, Kapitel III).

Die durch Casetti der Synode angedrohten rechtlichen Schritte gegen die Beschlüsse zeigen zudem klar, dass Chur das Territorium Zürich mit allen Mitteln halten will, durch die

[1] Zitiert nach a.a.O., S. 27

Synodenbeschlüsse aber seiner bewährten Hinhaltetaktik beraubt worden ist. Es begegnet der Provokation der Synode mit Drohungen. Beide Seiten haben ihre Positionen eingenommen. Je länger der Konflikt dauert, desto schwieriger wird es für beide Seiten, durch etwelche Zugeständnisse das Gesicht zu wahren. Die Synode rückt von ihrem Entscheid nicht ab. Aber auch Haas bleibt stur. Am 31. August 1990 stellt die Zentralkommission der katholischen Landeskirche Zürich bei der Schweizer Bischofskonferenz einen Antrag auf die Schaffung eines Bistums Zürich. Wie ernsthaft wirklich daran gearbeitet wird, ist schwer zu sagen. Jedenfalls ist Kantonsrichter Urs Cavelti (SG) überzeugt, dass es *«in diesem Jahrhundert ein Bistum Zürich nicht geben»* wird. Staatliche Hemmnisse, historisches Beharrungsvermögen gewachsener Grenzen sowie die kirchliche Grosswetterlage liessen solches unwahrscheinlich erscheinen. Und dieses latente Tiefdruckgebiet schwemmt seine Ausläufer auch in die Schweiz. Die Bischofskonferenz erachtet die Lage in Zürich als *«sehr besorgniserregend»*. Und, so hört man ebenfalls aus der Bischofskonferenz, in Rom urteile man hart über die Schweizer Kirche. Auch im Jahresbericht 1990 der Zürcher Kirche ist die Schlechtwetterstimmung Hauptthema: Verlorenes Vertrauen, verhärtete Fronten, festgefahrene Situation, massiv gestiegene Kirchenaustritte.

*

Im November 1991 jedoch – Haas betont zum x-ten Male, dass er Casetti als Generalvikar von Zürich nicht ersetzen werde – lässt er gegenüber Zürcher Kirchenvertretern einen Versuchsballon steigen. Er sei nicht grundsätzlich gegen ein Bistum Zürich. Er lasse jedoch nur mit sich reden, wenn die Zürcher Katholikinnen und Katholiken ihn zuerst als Bischof voll und ganz akzeptieren würden. Womöglich kann sich Haas in der immer schwierigeren Situation vorstellen, Zürich in ein eigenes Bistum zu entlassen. Dies jedoch nur, wenn er dabei nicht sein Gesicht verliert und nicht als Bischof erscheint, der zu unguter Letzt doch noch vor dem Widerstand kapitulieren muss. Denkbar ist aber auch, dass er sich langsam in Richtung Lösung vorantasten will, die mittlerweile schon in der Luft liegt und die er als Bischof von Chur nicht mehr alleine treffen wird.

Denn in der Zwischenzeit erlebt die Schweizer Kirche die Mission Rauber. Immer mehr hört man, schon bevor die Zentralkommission Mitte Dezember 1990 offiziell darum bittet, dass die Schaffung einer *«Apostolischen Administratur»* in Erwägung gezogen werden könnte. Zürich bliebe demnach zwar Teil des Bistums Chur, würde aber verwaltungstechnisch und seelsorglich von der Bistumsleitung in Chur abgetrennt und einem Apostolischen Verwalter unterstellt, welcher wiederum direkt dem Papst, nicht aber dem Churer Bischof, unterstellt wäre. Auf diese Weise wäre Zürich dem Einfluss von Wolfgang Haas entzogen, ohne dass es vom Bistum Chur abgetrennt würde. Durchaus möglich, dass Haas von solchen Ideen schon bald einmal zu hören bekommt und fürchten muss, dass ihm Zürich – auf Befehl von oben, von Rom – «weggenommen» werden könnte. Denn schon kurz nach seinem «Angebot» an die Zürcher Kirchenvertreter äussert sich Kardinal Schwery öffentlich zu dieser möglichen Lösung. Für Haas kann also die Zeit eng werden, in welcher er noch selber Entscheidungen treffen kann. In Rom ist man aktiv. Haas fühlt, dass er wohl zu lange gewartet hat.

Derweil setzt sich die Idee einer Administratur in vielen Köpfen langsam fest und verdichtet sich zu einer ernsthaften Lösungsmöglichkeit. Sowohl Weihbischof Joseph Candolfi als auch der Sekretär der Bischofskonferenz, Pater Roland-Bernhard Trauffer, sprechen von der Möglichkeit dieser Lösung. Generalvikar Christoph Casetti hingegen spricht sich gegen einen Administrator aus, weil ein solcher nicht *«zugleich Haas-Gegner und Haas-Befürworter zufriedenstellen»* könnte. Der Streit wäre für Casetti damit vorprogrammiert. Und vorbeugend meldet Casetti auch Bedenken an gegen den ehemaligen Leiter des Priesterseminars Chur, Professor Joseph Pfammatter, der als Wunschkandidat der Haas-Gegner für diesen Posten bereits herumgeboten wird.

Aber auch in der Innerschweiz will man sich mit der Idee einer Apostolischen Administratur Zürich nicht so recht anfreunden. Dort befürchtet man nämlich eine Teilung des Bistums und damit eine Zerschlagung der Anti-Haas-Front. Die Innerschweiz setzt auf die Solidarität des ganzen Bistums im Widerstand gegen Wolfgang Haas und wird dabei auch aus Zürich selbst kräftig unterstützt. Im Gespräch mit dem Bundesrat macht der Justitzminister des Kantons Schwyz, Egon Bruhin, klar, dass ein Administrator für Zürich keine Lösung des Problems darstellte. Erstens müsste die Urschweiz für sich dann ebenfalls einen solchen reklamieren können, und zweitens müssten bei der Wahl eines Administrators die Domherren mitwirken können, was allerdings nicht verbrieft sei.

Bald zeigt sich aber dann, dass die «Administrator-Lösung» auch in Rom als ernsthafte Möglichkeit ausscheidet. Dazu beigetragen haben dürfte die Mission des päpstlichen Vermittlers Karl Joseph Rauber. Er legt nach seinen Gesprächen im Sommer 1991 in Rom verschiedene Lösungsmöglichkeiten vor. Darunter befindet sich auch die Möglichkeit zweier Weihbischöfe. Der Papst selber sollte sich schliesslich gegen die Administrator-Lösung und für die Weihbischof-Lösung entscheiden.

Dass einer der beiden Weihbischöfe, Peter Henrici, schliesslich neuer Generalvikar für Zürich, mit Sitz in Zürich, wird, lässt die Menschen an der Limmat aufatmen. Doch auch hier bekommt man bald die seltsamen Machenschaften um die nicht erteilten Sondervollmachten Roms an die beiden neuen Bischöfe mit. Sie lassen Ungutes ahnen. Das Begehren nach einem eigenen Bistum, offiziell bei der Bischofskonferenz deponiert, wird auf jeden Fall nicht zurückgezogen. Man weiss ja nie...

ANHANG

1. CHRONOLOGIE

Frühjahr 1987:
Bischof Johannes Vonderach sammelt in einer geheimen Umfrage Kandidaten für das Amt eines Weihbischofs.

September 1987:
Nuntius Edoardo Rovida startet eine zweite – ebenfalls geheime – Umfrage und forscht auch nach Kandidaten, die sich für das (leitende) Bischofsamt eignen würden.

26. Oktober 1987:
Bischof Johannes Vonderach eröffnet dem Domkapitel, dass Rom keinen Weihbischof, sondern einen Koadjutor ernennen werde.

17. November 1987:
21 der 24 Domherren protestieren beim apostolischen Nuntius gegen die Ernennung eines Koadjutors und die damit verhinderte Bischofswahl.

25. Januar 1988:
Der Kanton Schwyz protestiert beim apostolischen Nuntius gegen die anstehende Koadjutorenernennung und weist auf das verbriefte Recht hin, wonach die beiden Schwyzer Domherren bei der Bischofswahl mittun dürften.

25. März 1988:
Wolfgang Haas erfährt durch den Apostolischen Nuntius, dass er zum Bischofskoadjutor ernannt worden ist.

5. April 1988:
Papst Johannes Paul II. ernennt den 40jährigen Kanzler und Offizial Wolfgang Haas zum Weihbischof mit Nachfolgerecht für das Bistum Chur.

15. April 1988:
Der Schwyzer Kantonsrat Toni Dettling reicht ein dringliches Postulat ein, welches von der Regierung verlangt, die verbrieften Rechte durchzusetzen.

10. Mai 1988:
Die Schwyzer Regierung macht klar, dass für sie bei der Ernennung von Wolfgang Haas zum Koadjutor verbrieftes Recht verletzt wurde.

22. Mai 1988:
Wolfgang Haas wird in der Kathedrale von Chur zum Bischof geweiht. Die Feier wird begleitet von vielen Protestaktionen. Unter anderem verhindert ein Menschenteppich den feierlichen Einzug in die Kathedrale. 14 von 24 Domherren bleiben der Feier aus Protest fern.

26. April 1989:
Nuntius Edoardo Rovida macht in einem Interview klar, dass Johannes Vonderach von der Ernennung eines Koadjutors gewusst hat.

23. Mai 1989:
Der Kanton Schwyz wird beim Bundesrat vorstellig und verlangt die Rücknahme des Nachfolgerechtes von Wolfgang Haas.

22. Mai 1990:
Wolfgang Haas übernimmt nach dem überraschenden Rücktritt von Johannes Vonderach die Bistumsleitung von Chur.

25. Mai 1990:
Bischof Wolfgang Haas verweigert dem bisherigen Generalvikar von Zürich, Gebhard Matt, die Bestätigung in seinem Amt. Matt muss das Amt eines Generalvikars abgeben.

29. Mai 1990:
Bischofsvikar Christoph Casetti gibt am Fernsehen bekannt, dass er neuer Generalvikar für Zürich wird.

1. Juni 1990:
Die Bündner Kantonsregierung verweigert Bischof Haas die Anerkennung. Nach ihrer Ansicht sind bei der Wahl verbriefte Rechte des Domkapitels verletzt worden. Die Wahl sei «irregulär».

7. Juni 1990:
500 Haas-Anhänger versammeln sich in der Liebfrauenkirche und verurteilen die Angriffe auf Wolfgang Haas.

7. Juni 1990:
Der Bündner CVP-Nationalrat Theo Portmann verlangt in einem Postulat die Einsetzung eines schweizerischen Botschafters im Vatikan.

12. Juni 1990:
Verschiedene Urner Landräte verlangen die Überprüfung der Zugehörigkeit des Kantons Uri zum Bistum Chur.

13. Juni 1990:
Die Urner Regierung will die Bistumsbeiträge vorderhand sistieren.

14. Juni 1990:
Der katholische Frauenbund Nidwalden verlangt die Abberufung von Wolfgang Haas.

17. Juni 1990:
7000 Leute demonstrieren in Chur gegen Bischof Haas. Gleichentags findet in Wil/SG und Sachseln ein Gebetstreffen von Haas-Anhängern statt, welches etwa halb soviele Leute zu mobilisieren vermag.

20. Juni 1990:
Der Berner EVP-Nationalrat Otto Zwygart verlangt die Abschaffung der Apostolischen Nuntiatur in der Schweiz.

21. Juni 1990:
Mehrere Obwaldner ParlamentarierInnen verlangen die Überprüfung der Zugehörigkeit des Kantons Obwalden zum Bistum Chur.

22. Juni 1990:
Die Zürcher Kantonalkirche kündigt alle Verträge mit der Bistumsleitung in Chur, welche die zentralen Seelsorgestellen betreffen.

23. Juni 1990:
Die SeelsorgerInnen des Dekanates Innerschwyz bitten bei der Bischofskonferenz um die Ablösung von Bischof Wolfgang Haas.

28. Juni 1990:
Die römisch-katholische Kantonalkirche von Zürich beschliesst, dem neuen Generalvikar Lohn und Büro zu verweigern. Überdies wird der jährliche Beitrag an die Bistumskasse (Fr. 400'000.-) sistiert.

3. Juli 1990:
Staatssekretär Klaus Jacobi vom Eidgenössischen Departement für

auswärtige Angelegenheiten (EDA) zitiert Nuntius Edoardo Rovida ins Bundeshaus und informiert ihn über die breite Beunruhigung, die die Ernennung von Wolfgang Haas zum Bischof von Chur in der Schweiz ausgelöst hat.

12. Juli 1990:
Der Luzerner Jurist Walter Gut kommt in einer Studie zum Schluss, dass bei der Ernennung von Wolfgang Haas zum Koadjutor verbrieftes Recht verletzt worden sei.

28. August 1990:
Der St. Galler Kantonsrichter Urs J. Cavelti kommt in einem Gutachten zum Schluss, dass die Ernennung von Wolfgang Haas zum Koadjutor gegen «Treu und Glauben» verstossen habe.

31. August 1990:
Die Zürcher Kantonalkirche stellt bei der Schweizer Bischofskonferenz den Antrag auf die Schaffung eines Bistums Zürich.

6. September 1990:
Bischof Wolfgang Haas bittet die Bischofskonferenz um ihre guten Dienste.
Die Bischöfe setzen eine Dreierdelegation ein, welche durch Gespräche eine Lösung herbeiführen soll.

20. September 1990:
Botschafter Jenö Staehelin, Chef der Politischen Abteilung I im EDA, kommt ohne konkrete Ergebnisse von einem Gespräch mit Kurienvertretern aus Rom zurück.

26. September 1990:
Die Innerschweizer Seelsorgerinnen und Seelsorger treffen sich zu ihrer ersten URS-Versammlung in Altdorf. Der Widerstand gegen Wolfgang Haas wird offensichtlich. Weitere URS-Versammlungen folgen in regelmässigen Abständen. Wolfgang Haas wird mehrmals zum Rücktritt aufgefordert.

23. Oktober 1990:
Wolfgang Haas verweigert dem am 16. April 1990 gewählten Rektor der Churer Hochschule, Albert Gasser, die Approbation.

5. Dezember 1990:
Eine Umfrage im Auftrag der Zürcher Kantonalkirche ergibt eine überwältigende Ablehnung von Bischof Haas durch die Zürcher KatholikInnen. 71% würden einen Rücktritt befürworten.

2. Februar 1991:
Bischof Wolfgang Haas eröffnet Regens Franz Annen, dass er das Seminar St. Luzi zu einem «reinen» Priesterseminar umstrukturieren werde.

7. März 1991:
Die Bischofskonferenz gibt offiziell das Scheitern der Dreierdelegation bekannt. Wolfgang Haas habe die unterbreiteten Vorschläge abgelehnt.

11. März 1991:
Die konstituierende Sitzung des Seelsorgerates platzt. Der Rat will die Zusammenarbeit mit Wolfgang Haas sistieren.

12. März 1991:
Wolfgang Haas macht gegenüber seinen Bischofskollegen klar, dass er am dritten Bildungsweg in Chur nicht mehr interessiert sei. Im September 1991 wird es öffentlich: Der dritte Bildungsweg wird aus Chur verbannt.

29. April 1991:
Die Schweizer Bischöfe legen Johannes Paul II. in Rom die heikle Situation persönlich dar.

13. Mai 1991:
Wolfgang Haas führt per Dekret ein Pflichtvorbereitungsjahr («Lauretanum») für angehende Priesteramtskandidaten ein.

22. Mai 1991:
Der Priesterrat wirft Wolfgang Haas «menschenverachtendes» Verhalten vor.

26. Juni 1991:
Der Seelsorgerat konstituiert sich ohne Wolfgang Haas und will die Arbeit unabhängig von Chur aufnehmen.

26. Juli 1991:
Wolfgang Haas ernennt den Opus Dei-Mann Peter Rutz zum «Moderator/Koordinator» des neuen Seminars. Dieser Personalentscheid löst heftige Kritik aus.

Juli – 5. September 1991:
Erzbischof Karl Joseph Rauber führt als päpstlicher Vermittler Gespräche in der Schweiz.

1. September 1991:
Die haastreuen Churer Studenten gründen den «Verein Studierender für das Bistum Chur» (VSBC).

September 1991:
Die Schweizerische Kirchenzeitung veröffentlicht die Ernennungsbulle von Wolfgang Haas zum Koadjutor. Daraus geht hervor, dass Johannes Vonderach in Rom einen Koadjutor erbeten hat.

30. Oktober 1991:
Der Protestant Jenö Staehelin wird zum Botschafter in Sondermission beim Heiligen Stuhl ernannt. Diese Ernennung löst bei den Protestanten Kritik aus.

17. Dezember 1991:
Die Bischöfe geben bekannt, dass der Papst ihnen in «sehr kurzer Zeit» konkrete Schritte versprochen habe.

10. Januar 1992:
Sonderbotschafter Jenö Staehelin trifft in Privataudienz mit Papst Johannes Paul II zu einem Gespräch zusammen.

5. März 1992:
Bischof Pierre Mamie gibt bekannt, dass der Papst nun die Sache Haas selber in die Hand genommen habe.

9. September 1992:
Vertreter der sieben Bistumskantone (GR, ZH, UR, SZ, OW, NW, GL) treffen in Bern mit Bundespräsident René Felber und Bundesrat Jean-Pascal Delamuraz zusammen. Dabei bitten die Kantone den Bundesrat, sich für eine Entspannung im Bistum Chur einzusetzen.

24. Oktober 1992:
Wolfgang Haas weiht den deutschen Peter M. zum Priester. obwohl dieser in Sachen Ausbildung lediglich zweifelhafte Zeugnisse vorweisen kann.

November 1992:
Ein Expertenbericht kommt zum Schluss, dass bei der Ernennung von Wolfgang Haas zum Koadjutor Völkerrecht verletzt wurde. Der Bericht wird sowohl von der Bischofskonferenz als auch von Chur abgelehnt.

18. November 1992:
Der Bundesrat will diplomatische Schritte einleiten. Erstmals seit dem Bestehen der Churer Bistumskrise fordert der Bundesrat den Sonderbotschafter Jenö Staehelin offiziell zu einer «diplomatischen Intervention» beim Heiligen Stuhl auf. Der Besuch wird auf den 4. Dezember 1992 festgelegt.

4. März 1993:
Die Schweizer Bischöfe geben bekannt, dass der Papst Wolfgang Haas zwei Weihbischöfe mit Sondervollmachten zur Seite stellen will. Wenig später wird bekannt, dass Erzbischof Karl Joseph Rauber neuer Nuntius in der Schweiz werden soll.

März – Mai 1993:
Hinter den Kulissen kommt es zu einem Gerangel um die angekündigten Sondervollmachten. Sie werden unter anderem von Wolfgang Haas erfolgreich bekämpft.

31. Mai 1993:
Die beiden neuen Weihbischöfe Peter Henrici und Paul Vollmar empfangen in der Klosterkirche Einsiedeln die Bischofsweihe. Weihespender ist Kardinal Bernardin Gantin.

Sommer 1993:
Nach und nach bestätigt sich die Vermutung, wonach die beiden Weihbischöfe keine Sondervollmachten erhalten werden. Bischof Wolfgang Haas ernennt sie zu Generalvikaren.

29. August 1993:
Wolfgang Haas setzt eigenmächtig fünf neue Lehrbauftragte für die Theologische Hochschule in Chur ein.

23. September 1993:
Die Zürcher Kantonalkirche spricht einen Kredit von Fr. 150'000.-, um für den neuen Weihbischof und Generelvikar Peter Henrici in Zürich eine Wohnung einrichten zu können.

2. Oktober 1993:
Bundesrichter Giusep Nay kritisiert die Ernennung von Wolfgang Haas zum Koadjutor als Verstoss gegen das Kirchen- und Völkerrecht.

27. Oktober 1993:
Das Parlament der Bündner Kantonalkirche (Corpus Catholicum) spricht einen Betrag von Fr. 180'000.– für das Generalvikariat in Chur. Damit fliesst das Geld nicht an Bischof Wolfgang Haas, sondern an Weihbischof Paul Vollmar.

2. SACHWORTREGISTER

Apostolische Administratur:
Gemäss Kirchenrecht (Can. 371 2) ist eine Apostolische Administratur ein bestimmter Teil des Gottesvolkes, der wegen besonderer und wirklich schwerwiegender Gründe vom Papst nicht als Diözese errichtet wird. Die A.A. kommt vor für ein Teilgebiet einer Diözese, das von diesem abgegrenzt, nicht aber förmlich abgetrennt ist und wird vor allem dann errichtet, wenn kirchenpolitische Schwierigkeiten es nahelegen. Die Gläubigen einer A.A. unterstehen nicht mehr dem Diözesanbischof, sondern einem Apostolischen Administrator, der im Namen des Papstes die A.A. leitet.

Apostolische Sukzession:
Die katholische Kirche versteht den Bischof als Nachfolger der Apostel. Diese Verbindung zu den Aposteln betrachtet die Kirche, gemäss der Praxis der Amtsübergabe in der Urkirche, durch eine ununterbrochene Reihe der Weitergabe des apostolischen Amtes durch Handauflegung als gewährleistet. Diese Handauflegung (und die damit verbundene Weitergabe des Amtes) erfolgt in der Bischofsweihe und ist Voraussetzung für die Rechtmässigkeit des Bischofsamtes.

Bischof:
(griech. episkopos = Aufseher) Leiter eines Bistums (Diözese). Gilt nach kath. Lehre als direkter Nachfolger der Apostel (sog. apostolische Sukzession). Wird in den meisten Diözesen vom Papst ernannt und steht unter dessen Oberhoheit. Der Bischof besitzt für sein Bistum die oberste geistliche Gerichtsbarkeit sowie die Lehr- und Weihegewalt. Die Priester in den Pfarreien sind dem Bischof unterstellt. Zu den bischöflichen Insignien gehören das Brustkreuz, der Bischofsring, der Bischofsstab sowie die Bischofsmütze (Mitra).

Bischofskonferenz (Schweizer):
Die Schweizer Bischofskonferenz steht als Kollegium der Bischöfe an der Spitze der sechs Schweizer Bistümer. Sie setzt sich zusammen aus den Diözesanbischöfen und Weihbischöfen aller Bistümer sowie der Aebte der Klöster Einsiedeln und St. Maurice. Es sind dies während des in diesem Buch behandelten Zeitraumes:

Bistum Basel:
- Otto Wüst
  (seit 1982 Diözesanbischof)
- Joseph Candolfi
  (seit 1983 Weihbischof)
- Martin Gächter
  (seit 1987 Weihbischof)

Bistum Chur:
- Johannes Vonderach
  (Diözesanbischof von 1962 bis 1990)
- Wolfgang Haas
  (seit Mai 1990 Diözesanbischof)
- Peter Henrici
  (seit Juni 1993 Weihbischof)
- Paul Vollmar
  (seit Juni 1993 Weihbischof)

Bistum St.Gallen:
- Otmar Mäder
  (seit 1976 Diözesanbischof)

Bistum Lausanne, Genf und Freiburg:
- Pierre Mamie
  (seit 1970 Diözesanbischof)
- Gabriel Bullet
  (seit 1971 Weihbischof)

Amédée Grab
(seit 1987 Weihbischof)
Bistum Sitten:
Henri Schwery
(seit 1977 Diözesanbischof, überdies seit 1992 Kardinal)
Bistum Lugano:
Eugenio Corecco (seit 1986 Diözesanbischof)
Abtei St. Maurice:
Abt-Bischof Henri Salina
Abtei Einsiedeln:
Abt Georg Holzherr

Bistum: siehe Diözese

Bistum Chur:
Das Bistum Chur ist mit rund 700'000 Gläubigen das zweitgrösste Bistum der Schweiz. Man unterscheidet das *«eigentliche Bistumsgebiet»* sowie die *«Administrationsgebiete»*. Zum eigentlichen Bistumsgebiet gehören der Kanton Graubünden, das Urserental (UR) sowie das Fürstentum Liechtenstein. Der Kanton Schwyz (ohne Einsiedeln) wird 1824 durch einen Vertrag dem Bistum Chur angegliedert. Ab 1819 kommen als Administrationsgebiete noch dazu: die Kantone Zürich, Glarus, Uri (ohne Urserental), Obwalden und Nidwalden. Als ehemalige Gebiete des 1803 aufgelösten Bistums Konstanz werden diese deutschschweizer Gebiete von Papst Pius VII. dem Bischof von Chur provisorisch unterstellt. Versuche von Uri und Nidwalden, sich dem Bistum Basel anzuschliessen sowie der Versuch der Gründung eines Bistums Urschweiz scheitern. Das Provisorium wird zum Dauerzustand.

Bistumseinteilung:
Die Schweiz ist in sechs Bistümer eingeteilt:

1 Bistum Basel: AG, BL, BS, BE, JU, LU, SH, SO, TG, ZG
2 Bistum Chur: GR, SZ, UR, ZH, GL, OW, NW, FL (siehe auch Stichwort «Bistum Chur»!)
3 Bistum St. Gallen: SG, AI, AR
4 Bistum Lausanne/Genf/Freiburg: VD (ohne Aigle), FR, GE, NE
5 Bistum Sitten: VS und Bezirk Aigle
6 Bistum Lugano: TI

Bussfeiern:
Traditionellerweise empfangen KatholikInnen das Bussakrament in Form der priesterlichen Lossprechung nach der individuellen Ohrenbeichte. Seit der «Synode 72» sind auch gemeinsame, öffentliche Bussfeiern mit sakramentaler Lossprechung (Generalabsolution) üblich geworden. Diese Form der Busse wurde von den Schweizer Bischöfen aufgrund bestehender Partikularnormen Roms erlaubt. Bischof Wolfgang Haas bestreitet die Rechtmässigkeit solcher Bussfeiern. Sie seien nicht im Sinne Roms. Es hat sich gezeigt, dass Bussfeiern im Gegensatz zur Ohrenbeichte bei vielen Gläubigen grossen Anklang finden.

Codex Iuris Canonici (CIC):
Der CIC ist das Rechtsbuch der römisch-katholischen Kirche. 1917 entstanden und 1983 revidiert, enthält es in 1752 Paragraphen (Canones) grundlegende Bestimmungen über Aufbau und Hierarchie der Kirche, über Rechte und Pflichten der Amtsträger und der Gläubigen sowie über die kirchlichen Strafbestimmungen. Der CIC untersteht dem Papst.

Communione e Liberazione:
Bezeichnet sich in der Schweiz als nicht strukturierte Gemeinschaft. Ein Grossteil der rund 400 Mitglieder stammen aus dem Tessin. Darunter befinden sich rund 100 Studenten. Die Anfänge der Bewegung gehen auf die italienischen Mittelschulen zurück («Gioventu Studentesca»). Sie sieht Jesus Christus als das Zentrum des Kosmos und der Geschichte und legt Wert auf das Leben in Gemeinschaft (communio) als Methode des christlichen Lebens.

Dekan:
Der Dekan ist der Leiter eines Dekanates, welches, meist aus mehreren Pfarreien bestehend, die nächst kleinere Einheit einer Diözese bildet. Der Dekan wird normalerweise vom Bischof ernannt, oft auf Vorschlag der Pfarrer des betreffenden Dekanates. Der Dekan kann vom Bischof auch seines Amtes enthoben werden. Der Dekan beaufsichtigt die Pfarrer seines Dekanates, besucht die Pfarreien seines Dekanates und erstellt regelmässig Berichte über sein Dekanat zu Handen des Bischofs.

Dekanat:
Das Dekanat ist eine Art Untereinteilung des Bistums/der Diözese und ist gleichzeitig der Amtsbezirk des Dekans. Meist bilden sinnvolle regionale Einheiten von mehreren Pfarreien ein Dekanat. Das Bistum Chur kennt beispielsweise 16 Dekanate. Fragen von regionaler Bedeutung, Koordination der Seelsorge oder einheitliche Durchführung seelsorglicher Aufgaben sind Hauptaufgaben in einem Dekanat.

Diakon:
Das Amt des Diakons geht auf das Neue Testament zurück. Der Diakon versteht sich als Diener an der Sache Christi. Der Diakon wird heute nach dem Theologiestudium durch die Diakonatsweihe in sein Amt eingeführt. Normalerweise bildet die Diakonatsweihe die Vorstufe zur Priesterweihe. Das Zweite Vatikanische Konzil wertete das Amt des Diakon insofern auf, als dass es das sogenannte «ständige Diakonat» ermöglichte. Man kann sich also zum Diakon weihen lassen, ohne anschliessend die Priesterweihe anzustreben. Davon machen vor allem verheiratete Männer Gebrauch, da das Diakonat nicht an den Zölibat (Ehelosigkeit) gebunden ist. Die ständigen Diakone werden heute oft als Pfarrei- und Gemeindeleiter eingesetzt. Ausser der Feier der Eucharistie dürfen die Diakone die gleichen Aufgaben übernehmen wie die Priester. Die Diakonatsweihe ist nur Männern vorbehalten. Denn kirchenrechtlich gehört der Diakon durch seine sogenannt «niedere» Weihe zum Klerus.

Diözese:
Gleichbedeutend mit Bistum. Verwaltungsbezirk eines regierenden Bischofs. Alle Katholiken einer Diözese sind dem Diözesanbischof unterstellt. Die Diözesankurie (siehe auch: Ordinariat) umfasst die Beamten, die den Bischof in der Regierung seiner Diözese unterstützen (siehe auch: Generalvikar, Offizial, Kanzler, Domkapitel).
Als Teilkirchen gelten nebst den Diözesen auch die *Gebietsprälaturen* (Gebiet, welches aus bestimmten Gründen einen Prälaten oder einem Abt anvertraut wird), die *apo-*

stolischen Vikariate bzw. *apostolischen Präfekturen* (Gebiet, welches noch nicht als Diözese errichtet worden ist und einem apostolischen Vikar bzw. Präfekten anvertraut ist) sowie die *apostolischen Administraturen* [Gebiet, welches vom Papst nicht als Diözese errichtet wird. Siehe auch: Apostolische Administratur]).
Die Einteilung eines Territoriums in Diözesen geht auf Diokletian zurück, der das römische Kaiserreich in 12 Diözesen aufgeteilt hatte.

Domherr:
Gewählte Mitglieder des Domkapitels (siehe dort). Spezielle Ämter: Dommsextar, Dompropst, Domvikar, Domdekan.
Im Bistum Chur gibt es 24 Domherren.

Domkapitel:
Das Domkapitel, bestehend aus einer bestimmten Zahl gewählter Domherren, ist ein Gremium, welches den Bischof in seiner Arbeit unterstützt. Das Domkapitel hat gegenüber dem Bischof Zustimmungs- und Beratungsrecht. Es übernimmt bei Sedisvakanz (bei verwaistem Bischofssitz) interimistisch die Leitung des Bistums.
In den Bistümern St. Gallen, Basel und Chur, hat das Domkapitel überdies in je unterschiedlichem Ausmass das Recht, bei der Wahl des Diözesanbischofs mitzuwirken, bzw. den Bischof selber zu wählen (Bistum Basel). Siehe auch Anhang «Bischofswahlrechte» in der Schweiz.

Domdekan:
Mitglied des Domkapitels mit Ehrenvorrang und gewissen Ehrenrechten.

Dritter Bildungsweg:
Das Theologiestudium setzt in der Schweiz normalerweise eine Matura voraus. Je nach Werdegang setzen Studentinnen und Studenten nach dem Mittelschulabschluss ihre Studien an einer der Theologischen Fakultäten fort.
Eine zweite Möglichkeit (2. Bildungsweg) besteht darin, dass Berufstätige die Matura in Abend- oder Fernkursen nachholen, um sich anschliessend immatrikulieren zu können. Um aber auch Berufsleuten ohne Matura ein Theologiestudium zu ermöglichen, wird Mitte der siebziger Jahre der sogenannte 3. Bildungsweg ins Leben gerufen. Zugelassen werden Frauen und Männer mit abgeschlossener Berufslehre und einer bestimmten theologischen Vorbildung. Als solche gelten beispielsweise die dreijährige Ausbildung am Katechetischen Institut in Luzern oder der mehrjährige Glaubenskurs. Zusätzlich wird ein mindestens zweijähriger Einsatz in einer Pfarrei verlangt.
Da der dritte Bildungsweg vor allem für Interessenten mit mehrjähriger Erfahrung im praktischen Berufsleben in Frage kommt, kennt der dritte Bildungsweg vor allem auch bereits verheiratete Frauen und Männer oder Interessenten, die später als Laien, das heisst als Nicht-Geweihte, in einer Pfarrei arbeiten wollen.
Dritt-Bildungsweg-StudentInnen studieren, nach Erlangung der erwähnten Vorbildung, zwei Jahre an der Theologischen Hochschule Chur und absolvieren anschliessend den sogenannten Pastoralkurs, eine theoretisch-praktische Einführung in die Pfarreiseelsorge.

Generalvikar:
Der Generalvikar ist der allgemeine Vertreter des Ortsbischofs. Er nimmt für bestimmte Gebiete des Bistums eine Art Statthalterfunktion ein. Der G. ist dem Ortsbischof unterstellt und ist mit beschränkter Amtsgewalt ausgestattet.

Kanzler:
Leiter der bischöflichen Kanzlei. Er übernimmt vor allem Aufgaben der Korrespondenz und der Verwaltung des Bistums.

Koadjutor:
Weihbischof mit Nachfolgerecht. Der Koadjutor wird vom Papst ernannt und wird bei Rücktritt oder Tod des Ortsbischofs automatisch dessen Nachfolger.

Offizial:
Der Offizial ist der Leiter des bischöflichen Gerichtes. Er hat in bezug auf den Bischof stellvertretende, ordentliche Gewalt. Obwohl letztlich der Bischof oberster Gerichtsherr seines Bistums ist, soll normalerweise in kirchlichen Gerichtsangelegenheiten der Offizial Recht sprechen. Da der Offizial ein Kirchenamt bekleidet, muss er geweihter Priester sein.

Ordinariat:
Das bischöfliche Ordinariat stellt die Zentralbehörde der Diözesanverwaltung dar. Zum Ordinariat gehören die Beamten, die den Bischof in seinem Amt unterstützen. Dazu gehören unter anderem der Kanzler (Leiter der Kanzlei) und der Offizial (Leiter des bischöflichen Gerichts). Normalerweise untersteht das Ordinariat dem Generalvikar. Aufgaben des Ordinariats sind beispielsweise die Finanzverwaltung, die Rechtsprechung, die Archivverwaltung, das Bauwesen, die Ausbildung sowie der Schriftverkehr.

Pro Ecclesia:
Konservative, haastreue Volksbewegung. Sieht durch moderne Strömungen Papsttum und katholische Tradition in Gefahr. Pro Ecclesia legt wert auf den Glaubensgehorsam sowie die Treue zum Papst.

Priesterrat:
Ausschliesslich aus Priestern bestehendes Beratungsgremium des Bischofs. Gegenstand der Beratungen sind die Anliegen der Diözese, der Dekanate und Pfarreien. Der P. hat keine demokratischen Rechte.

Seelsorgerat:
Mehrheitlich aus Laien bestehendes Beratungsgremium des Bischofs. Mitglieder sind Delegierte und gewählte Laien. Der S. berät den Bischof in pastoralen Problemen. Er hat keine demokratischen Rechte.

Weihbischof:
Auch «Auxiliar-Bischof» (Hilfs-Bischof) genannt. Der W. ist vollgültig geweihter Bischof. Rechtlich jedoch ist er dem leitenden Diözesanbischof unterstellt. Der Weihbischof unterstützt den Bischof in all seinen Aufgaben. Der W. hat kein Recht auf automatische Nachfolge bei Rücktritt oder Tod des Diözesanbischofs.

3. PERSONENANGABEN

Wolfgang Haas
(Bischof von Chur):
Geboren am 7.8.1948 in Vaduz/FL als Bürger von Mauren. Besuch des Kollegiums. 1968 Abitur. Studium der Philosophie und Theologie an der Universität Fribourg. 1974 Abschluss mit Lizentiat. 1974 Priesterweihe in Chur. 1975–1978 kirchenrechtliches Zusatzstudium an der päpstlichen Universität Gregoriana in Rom. 1978 wird er zum Kanzler des Bistums Chur ernannt. 1980 wird er in den Administrationsrat (zuständig für Vermögensverwaltung) bestellt. 1982 wird er Offizial des Diözesangerichts. 1986 wird er residierender Domherr. Im April 1988 Ernennung zum Weihbischof mit Nachfolgerecht (Koadjutor). Im Mai 1988 wird er in Chur zum Bischof geweiht. Seit Mai 1990 ist er Diözesanbischof des Bistums Chur.

Peter Henrici
(Weihbischof von Chur):
Geboren am 31. März 1928 in Zürich. Studierte Philosophie in Pullach (D) und Rom und doktorierte dort. Anschliessend studierte er Theologie in Löwen (B) und machte das Lizentiat. 1958 Priesterweihe. Seit 1960 war Henrici an der Päpstlichen Universität Gregoriana unter anderem als Professor für moderne Philosophie tätig. Ab 1968 ordentlicher Professor. Henrici war auch Gründer des «Zentrums für soziale Kommunikation» und Mitherausgeber der Zeitschrift «Communio». 1947 trat er in den Jesuitenorden ein, wo er 1965 das Ewige Gelübde ablegte.

Paul Vollmar
(Weihbischof von Chur):
Geboren am 11. Oktober 1934 in Überlingen (Konstanz). Bereits mit 16 Jahren kam er zu den Marianisten und besuchte deren Kollegium in Fribourg, wo er 1958 die Matura machte. 1959 legte er die Ewigen Gelübde bei den Marianisten ab. Studierte Theologie und Philosophie an der Uni Fribourg. 1964 Priesterweihe. 1967 Doktorat an der Uni Fribourg. 1968 kam er als Lehrer und Hausgeistlicher der Marianisten nach Zürich. 1976 wurde er eingebürgert. 1972–1984 war er Rektor der «Freien katholischen Schule Sumatra» in Zürich. 1984 wurde er Provinzoberer der Schweizer Marianisten. Seit 1986 war er geistlicher Begleiter (Spiritual) im Priesterseminar des Bistums Sitten und seit 1990 zudem Spiritual des Seminars des Bistums Freiburg/Lausanne/Genf.

Johannes Vonderach
(Alt-Bischof):
geboren am 16.5.1916 als Bürger von Spiringen. Eltern stammen aus Deutschland. Mit 14 Vollwaise. Gymnasium in Altdorf. Theologiestudium in Venegano (b. Mailand) und Luzern. 1940 Priesterweihe. 1944 Dissertation an der Uni FR. 1946–1958 bischöflicher Kanzler in Chur. 1952–1962 Generalvikar des Bistums. 1952–1955 residierender Domherr und 1955–1962 Domdekan. 1957 Ernennung zum Koadjutor durch Papst Pius XII. 1962 Bischof von Chur (Nachfolger von Christianus Caminada). 1967–1971 Präsident der Bischofskonferenz. Zuständig für Kirche und gesell-

schaftliche Fragen sowie Mitverantwortlicher für Gesundheitswesen und kirchliche Heime. 1965 Wahl in den Rat der Europäischen Bischofskonferenzen (CCEE).

1962–1965 Konzilsbischof während des Zweiten Vatikanischen Konzils. 1990 Rücktritt als Bischof von Chur. Seither im Ruhestand.

SUB SECRETO PONTIFICIO

APOSTOLISCHE NUNTIATUR

Hochwürdiger Herr

wurde dem Apostolischen Stuhl für das Bischofsamt vorgeschlagen.

Daher bitte ich höflich, mir auf der Grundlage des umseitigen Fragebogens alle jene Informationen zu geben, die auf persönlicher Kenntnis beruhen, ohne sich auf Aussagen anderer zu beziehen, wobei gebeten wird, die Beantwortung möglichst vollständig zu geben und nicht einfach stichwortartig, und alle Beobachtungen, die für nützlich und dazugehörig erachtet werden, hinzuzufügen. Diese Konsultation und die Dokumente, die sich darauf beziehen, bleiben immer unter dem Päpstlichen Geheimnis bewahrt, welches unter schwerer Sünde zur grössten Zurückhaltung gegenüber jedermann, in erster Linie, wie es selbstverständlich ist, auch gegenüber dem Betreffenden verpflichtet. Die Verletzung dieser Geheimhaltung ist ausserdem eine strafwürdige Tat (cf. Instruktion vom 4. Februar 1974).

Um dieses Geheimnis zu schützen, bitte ich Sie deshalb, das vorliegende Blatt zusammen mit Ihrer geschätzten Antwort rückzuerstatten, ohne davon eine Abschrift aufzubewahren.

In Erwartung Ihrer baldigen Rückäusserung danke ich Ihnen im voraus für Ihre wertvolle Mitarbeit und empfehle mich

Ihr im Herrn

Apostolischer Nuntius

FRAGEBOGEN

0. Zu beschreiben sind, welche Beziehungen zum Kandidaten bestehen, seit wann man ihn kennt.

1. **Angaben zur Person** – Äussere Erscheinung; Gesundheit; Belastbarkeit; Familienverhältnisse, insbesondere bezüglich eventueller Anzeichen von Erbkrankheiten.
2. **Menschliche Eigenschaften** – Spekulative und praktische geistige Fähigkeiten; Temperament und Charakter; inneres Gleichgewicht; Ausgewogenheit des Urteils; Sinn für Verantwortung.
3. **Menschliche, christliche und priesterliche Bildung** – Besitz und Zeugnis menschlicher, christlicher und priesterlicher Tugenden (Klugheit, Gerechtigkeit, Rechtschaffenheit, Redlichkeit, Sachlichkeit, Glaube, Hoffnung, Liebe, Gehorsam, Demut, Frömmigkeit; tägliche Feier der Eucharistie und des Stundengebetes, marianische Frömmigkeit).
4. **Verhalten:** – Sittliche Haltung; Verhalten zu den Mitmenschen und in Ausübung des priesterlichen Dienstes; Fähigkeit, freundschaftliche Beziehungen anzuknüpfen; Beziehungen zu staatlichen Autoritäten (Achtung und Unabhhängigkeit).
5. **Bildung und geistige Fähigkeiten** – Sachkenntnis und ständige Weiterbildung in den kirchlichen Wissenschaften; Allgemeinbildung; Kenntnis und Gespür für die Probleme unserer Zeit; Kenntnis anderer Sprachen; eventuelle Veröffentlichungen von Büchern oder Zeitschriftenartikeln von Bedeutung.
6. **Rechtgläubigkeit** – Überzeugte und treue Anhänglichkeit an die Lehre und das Lehramt der Kirche. Insbesondere Einstellung des Kandidaten zu den Dokumenten des Heiligen Stuhles über das Priesteramt, die Priesterweihe der Frauen, die Ehe und Familie, die Sexualethik (insbesondere die Weitergabe des Lebens gemäss der Lehre der Enzyklika «Humanae Vitae» und des Apostolischen Schreibens «Familiaris Consortio») und die soziale Gerechtigkeit. Treue zur wahren kirchlichen Überlieferung und Engagement für die vom II. Vatikanischen Konzil und von den darauffolgenden päpstlichen Unterweisungen eingeleitete echte Erneuerung.
7. **Disziplin** – Treue und Gehorsam gegenüber dem Heiligen Vater, dem Apostolischen Stuhl, der Hierarchie, Achtung und Annahme des priesterlichen Zölibats, wie er vom kirchlichen Lehramt vorgestellt wird; Beachtung und Befolgung der allgemeinen und besonderen Normen betreffend den Vollzug des Gottesdienstes sowie hinsichtlich der geistlichen Kleidung.

8. **Seelsorgerische Eignung und Erfahrung** – Fähigkeit, Erfahrung und erlangte Erfolge im seelsorgerischen Dienst: Verkündigung des Evangeliums und Katechese; Predigt und Unterweisung (Vorbereitung, Fähigkeit öffentlich zu sprechen); sakramentale und liturgische Pastoral (besonders bei der Spendung des Sakramentes der Busse und bei der Eucharistiefeier); pastorale Tätigkeit zur Förderung von geistlichen Berufen; Einsatz für die Missionen; ökumenische Geisteshaltung; Ausbildung der Laien zum Apostolat (Familie, Jugend, Förderung und Verteidigung der Menschenrechte, Welt der Arbeit, der Kultur und der Medien); menschliche Förderung und soziale Tätigkeit mit besonderer Aufmerksamkeit den Armen und Notleidenden gegenüber.

9. **Führungseigenschaften** – Väterliche Haltung, Dienstbereitschaft und Fähigkeit zu Initiativen; Befähigung zur Führung, zum Dialog; Fähigkeit, Mitarbeiter anzuregen und entgegenzunehmen; Fähigkeit zur Analyse und Planung, zur Entscheidung und Durchsetzung; Orientierung zu geben und gemeinsame Arbeiten zu begleiten; ein Gespür für die Rolle und Zusammenarbeit mit Ordensleuten und Laien (Männer und Frauen) und für eine gerechte Verteilung der Verantwortung; Interesse für die Probleme der Gesamt- und Teilkirche.

10. **Verwaltungsfähigkeiten** – Achtung und guter Gebrauch der Güter der Kirche; Geschick und Tüchtigkeit in der Verwaltung; Gerechtigkeitssinn und Geist der Loslösung von irdischen Gütern; Bereitschaft, für Fachfragen Sachverständige heranzuziehen.

11. **Öffentliche Wertschätzung** – Seitens der Mitbrüder, des Volkes und der Behörden.

12. **Gesamturteil über die Persönlichkeit des Kandidaten und seine Eignung für das Bischofsamt** –

    Bei positiver Beurteilung, angeben ob sich der Kandidat eher zum Diözesanbischof oder zum Weihbischof eignet, sowie für welche Art von Diözese er besser geeignet scheint (städtische, industrielle, ländliche, bedeutende, mittlere oder kleinere Diözese).

    – Eventuelle andere Informationen.

13. Schliesslich wird darum gebeten, Namen, Wohnadresse und Stellung weiterer Personen anzugeben (Priester, Ordensleute – Männer und Frauen – sowie Laien), die infolge ihrer Urteilsfähigkeit, Unbefangenheit und Verschwiegenheit zuverlässig erscheinen und den Kandidaten gut kennen.